DU SON À L'ESPACE

DU MÊME AUTEUR À LA MÊME LIBRAIRIE

Carnap et la question transcendantale, 2021.

Lire les Recherches logiques *de Husserl*, J.-B. Fournier et D. Pradelle (dir.), 2025.

MOMENTS PHILOSOPHIQUES

Jean-Baptiste FOURNIER

DU SON À L'ESPACE

LES LIMITES DU SENS EXTERNE

PARIS
LIBRAIRIE PHILOSOPHIQUE J. VRIN
6 place de la Sorbonne, V[e]
2025

Imprimé en France
ISSN 0249-7980
ISBN 978-2-7116-3228-2
www.vrin.fr

INTRODUCTION

ESPACE AUDITIF ET PHÉNOMÉNOLOGIE TRANSCENDANTALE

Here I stand (here I stand)
Look around, around, around, around, around
But you won't see me
Now I'm here (now I'm here)
Now I'm there (now I'm there)

Queen[1]

I.

Lorsque le cyclope Polyphème entend Ulysse se moquer de lui depuis son bateau prenant le large, le son de sa voix lui semble provenir d'un lieu tellement déterminé qu'il lui est possible de jeter des rochers dans la direction exacte où se trouve la flotte et d'en détruire une partie importante, malgré sa cécité[2]. Certes, ce que vise Polyphème n'est pas l'objet sonore lui-même, mais

1. Queen, « Now I'm here », Sheer Heart Attack, London, EMI, 1974.

2. Homère, *Odyssée*, chant IX, v. 480-488, puis IX, v. 537-540, trad. fr. V. Bérard, t. 2, Chants VIII-XV, Paris, Les Belles Lettres, rééd. bilingue 2015, p. 82-83 et p. 86-87.

l'objet matériel, Ulysse ou son bateau, d'où *provient* le son. Certes, donc, il n'est pas nécessaire d'attribuer une objectivité au son lui-même pour rendre compte de la possibilité pour Polyphème de détruire la flotte d'Ulysse par simple recours à l'ouïe. En ce sens, la question posée dans ce livre se tient dans une forme de retrait par rapport à la question plus redoutable encore, et remarquablement traitée par Pauline Nadrigny dans *Le voile de Pythagore*, du statut d'*objet* du son[1]. Mais, qu'on reconnaisse ou non une objectivité au son lui-même et une forme d'indépendance ontologique par rapport à sa *source*, il faut bien reconnaître que, pour qu'il soit possible de situer un objet matériel dans l'espace grâce au son qu'il émet, il faut au moins que le son ne soit pas en lui-même purement et simplement un objet immanent ou exclusivement temporel. Il faut bien, en d'autres termes, que le son possède en lui-même, dans sa texture sensible, et quelle que soit par ailleurs sa réalité ou son objectivité, certaines propriétés spatiales. Si le cyclope aveuglé peut situer le bateau d'où provient la voix d'Ulysse quelque part, par exemple à droite, à quelques centaines de mètres au large et à quelques pieds plus bas que lui, c'est bien qu'en un sens qu'il nous reste encore à déterminer, le son lui-même se présente à lui avec cette *orientation*.

Qu'il faille distinguer, comme le soulignent Roberto Casati et Jérôme Dokic dans leur ouvrage *Philosophie du son*[2], la question « où est le son ? » de la question « d'où vient le son ? » (donc l'objet sonore de l'objet sonnant),

1. P. Nadrigny, *Le voile de Pythagore. Du son à l'objet*, Paris, Classiques Garnier, 2021.

2. R. Casati et J. Dokic, *Philosophie du son*, Paris, J. Chambon, 1998, p. 50 *sq*.

cela ne doit pas nous conduire à négliger le fait que la deuxième question ne peut se poser que sur la base de la première. Autrement dit, quoique l'acte de déterminer la provenance du son (dans l'espace tridimensionnel usuel) se superpose à l'acte de déterminer une situation pour le son lui-même (dans un *champ* spatial ou pré-spatial) sans se confondre avec lui, le premier acte suppose le second, si bien que l'objectivation à proprement parler semble faire fond sur un *premier niveau d'objectivation dans lequel l'ancrage du son lui-même dans un certain rapport à l'espace paraît nécessaire.*

Si une philosophie du son doit nécessairement se confronter au problème de la stratification et des différents sens de l'objectivité sonore, la question du rapport du son à l'espace permet au moins d'en clarifier la position. En effet, comme la philosophie transcendantale kantienne l'a montré, le lien entre l'espace et un sens particulièrement prégnant de l'objectivité – celui des objets du sens externe, permanents et attestés intersubjectivement – semble inextricable. L'espace, on le sait, vaut pour Kant comme condition de possibilité des phénomènes externes – à savoir, non pas condition de possibilité des phénomènes quant à leur contenu, mais quant à leur forme, c'est-à-dire, ultimement, en tant précisément qu'ils apparaissent comme *externes*. On connaît la critique que la phénoménologie adressera, dès les *Recherches logiques* de Husserl[1], à ce que nous nommerons dans ce

1. Voir en part. la critique que Husserl mène à la fois de la notion lockienne d'extériorité et de la notion brentanienne de « phénomène physique », § 6 de l'Appendice à la sixième *Recherche logique* (E. Husserl, *Logische Untersuchungen*, VI. Untersuchung, Hua XIX/2, éd. E. Holenstein, XIX/2, Den Haag, Nijhoff, 1984, p. 237 *sq.* ; trad. fr. H. Élie, A.-L. Kelkel, et R. Schérer, *Recherches logiques*, t. 3 : *Éléments d'une élucidation phénoménologique de*

livre la « triade kantienne », à savoir la triple corrélation entre *espace*, *extériorité* et *objectivité* : l'extériorité ne doit plus être pensée comme conditionnée par l'espace entendu comme forme pure de notre intuition externe, mais comme transcendance vis-à-vis du flux de vécus dans lequel elle se présente. L'espace serait au contraire lui-même *constitué* sur la base du rapport purement intentionnel à l'objet. À première vue, l'exemple du son plaiderait en faveur d'une telle critique du schéma kantien, dans la mesure où le son peut être conçu comme un *objet-de-temps* (*Zeitobjekt*)[1] sans pour autant être vécu comme immanent, « collé » au flux de conscience, ou, pourrait-on dire, comme simple objet « interne » au même titre que mes sentiments ou mes sensations. Je perçois un son, je me rapporte intentionnellement à lui comme à un objet externe – cela ne signifierait pas que j'en aie nécessairement conscience comme d'un objet situé ou qui se déploierait dans l'espace.

Si donc le son était essentiellement un objet-de-temps, alors il faudrait donner raison à la phénoménologie contre Kant et considérer que l'espace se constitue dans un rapport intentionnel à l'extériorité au lieu de fonder ce rapport, à moins d'accepter la thèse pour le

la connaissance, Paris, Puf, 1959-1962, p. 285 *sq.*). La notion de *transcendance* apparaît alors comme un apax dans la première phénoménologie de Husserl, qui emploie bien plus volontiers le concept d'immanence ; ce n'est qu'avec le tournant transcendantal que le projet de la philosophie de la connaissance sera reformulé en termes d'accès à la transcendance. Je remercie P.-J. Renaudie d'avoir attiré mon attention sur cette dissymétrie, dans les *Recherches*, entre les concepts de transcendance et d'immanence.

1. E. Husserl, *Zur Phänomenologie der inneren Zeitbewusstseins (1893-1917)*, Hua X, éd. R. Boehm, Den Haag, Nijhoff, 1966 ; trad. fr. partielle H. Dussort, *Leçons pour une phénoménologie de la conscience intime du temps*, Paris, Puf, 1964.

moins incohérente selon laquelle ce qui vaudrait pour la perception visuelle (où l'espace serait effectivement la forme pure de l'intuition externe et le fondement de l'extériorité de l'objet) ne vaudrait pas pour le son qui posséderait l'étrange propriété de se situer dans un *no man's land* transcendantal, entre le sens interne et le sens externe. La cohérence de la notion kantienne de sens externe, et avec elle de tout un pan de la philosophie transcendantale, est au moins ébranlée par le statut particulier du son relativement à l'espace. Pourtant, la critique phénoménologique de Kant autant que celle qu'en fait par exemple Strawson en imaginant une expérience non spatiale d'un univers purement sonore[1] semblent porter à faux, pour la simple raison qu'elles *reposent sur une description lacunaire de ce qu'est essentiellement le son.* Si la description faisait apparaître l'espace comme une dimension irréductible (au sens prégnant où elle résisterait à la réduction) du son, alors la validité de la thèse kantienne serait préservée.

Il apparaîtra cependant que pour garantir le statut transcendantal de l'espace au sens plein, c'est-à-dire comme condition de possibilité de l'expérience objective externe, le modèle kantien devra subir certains reformatages majeurs. En effet, même si le son se présente dans l'espace, et même si une trace, une esquisse ou une ombre de spatialité s'avère présente à tous les niveaux d'approfondissement phénoménologique du phénomène sonore, il est très peu probable que l'espace ainsi expérimenté possède les mêmes propriétés, pour ne pas dire la même « géométrie », que l'espace tridimensionnel

1. P. F. Strawson, *Individuals*, London, Routledge, 1959, p. 59 *sq.* ; trad. fr. A. Shalom et P. Drong, *Les individus*, Paris, Seuil, 1973, p. 62 *sq.*

euclidien de la perception visuelle normale. C'est pourquoi le problème de l'extériorité du son rejoint en réalité un autre problème posé classiquement à la notion kantienne d'espace : celui de l'articulation du statut transcendantal de l'espace en général à celui des *axiomes*, et de la fondation du caractère *a priori* de ces derniers directement dans l'espace. Rompre ou déstabiliser cette articulation, c'est de toute évidence rejeter le projet transcendantal kantien *dans sa lettre*, puisque la fonction de la philosophie transcendantale n'était autre que de légitimer la géométrie comme connaissance *a priori* en montrant que l'apriorité de ses propositions était directement fondée dans le même espace qui était reconnu comme condition de possibilité des phénomènes externes.

Mais, pour reprendre l'expression de Helmholtz, l'espace ne peut-il pas « être transcendantal sans que les axiomes le soient »[1] ? L'intuition directrice de ce livre est que l'exemple du son étaye fortement cette tentative de rester fidèle à l'*esprit* du projet transcendantal kantien contre certains de ses aspects en apparence les plus importants : aussi l'exigence de rendre à l'ouïe son statut de sens externe tout en préservant la cohérence de cette notion implique-t-elle de renoncer à conférer à l'espace comme forme pure de l'intuition sensible un haut niveau de détermination. Si le son doit toujours pouvoir se donner dans l'espace, et dans le *même* espace que je

1. H. v. Helmholtz, Suppléments à la conférence « Die Tatsachen in der Wahrnehmung », in *Schriften zur Erkenntnistheorie*, Berlin, Springer, 1921, p. 140 ; trad. fr. C. Bouriau, « Les faits dans la perception », Suppléments traduits par A. Bienvenu, dans H. v. Helmholtz, *Théorie de la connaissance. L'édition du centenaire, 1821-1921*, trad. fr. dirigée par J.-B. Fournier, Paris, Vrin, 2022, p. 197.

peux par ailleurs voir et sentir, cet espace qui confère leur extériorité aux phénomènes par rapport à moi, alors il faut penser ce dernier comme une structure souple, fluante, adaptable aux différents contextes perceptuels, et non comme la structure tridimensionnelle euclidienne à laquelle notre perception visuelle normale nous a habitués.

II.

L'enjeu de la description du son dans son inscription dans l'espace est donc tout autant de fournir un fondement à son objectivité que d'interroger le statut transcendantal de l'espace, et à travers lui, le sens même de la philosophie transcendantale. C'est là, semble-t-il, l'intuition fondamentale de Strawson dans les deux premiers chapitres d'*Individuals* : après avoir élaboré une philosophie que nous qualifierons de *quasi*-transcendantale et fondé sur elle la *quasi*-objectivité de l'expérience *sur la base d'un schème conceptuel issu de la perception visuelle*, le philosophe oxonien s'interroge sur l'ampleur des reformatages qu'un changement de paradigme impliquerait pour ce modèle – à savoir, le passage de la perception visuelle à la perception auditive, supposée non intrinsèquement spatiale. L'expérience auditive nous amène à repenser le fondement de l'objectivité de nos énoncés, lequel, dans la perception visuelle, était précisément le cadre spatio-temporel. Cependant, comme nous le verrons dans les deux premiers chapitres de ce livre, la proximité entre le problème de Strawson et le problème transcendantal au sens kantien ne doit pas nous conduire à négliger une différence fondamentale, qui nous imposera de déployer une *phénoménologie* du son : dans le cas de Strawson, le problème transcendantal se réduit à la nécessité pour nos énoncés de pouvoir *faire référence* au réel[1]. Or, pour pouvoir faire référence à un son, il peut être suffisant d'organiser les sons dans un espace qui, loin de correspondre à l'espace « réel »[2], peut très bien n'être qu'un pseudo-espace ou une analogie d'espace, un « espace sonore » qui pourrait aussi bien n'avoir aucun lien avec l'espace visuel tout en remplissant la fonction fondatrice que ce dernier jouait pour les énoncés se rapportant aux particuliers matériels.

Une fois établie cette distinction, il n'en demeure pas moins possible d'effectuer sur le rapport du son à l'espace *réel* un travail similaire à celui effectué par Strawson sur l'espace en un sens plus large – à savoir toute structure d'ordre pouvant servir de cadre (*framework*) pour identifier des particuliers. Il s'agit, en d'autres termes, d'interroger le modèle transcendantal (en particulier – mais pas seulement – kantien) à partir d'un paradigme différent de celui, visuel et euclidien, à partir duquel il a initialement été pensé. De même que Strawson montre que, si le modèle spatio-temporel standard est difficilement détachable de la perception visuelle, toute (quasi)-objectivité doit néanmoins pouvoir être fondée dans une forme d'espace, de même prendrons-nous au

1. Voir par ex. P. F. Strawson, *Individuals*, *op. cit.*, p. 16 ; trad. fr. p. 16. Pour une explicitation du rapport du problème de la référence au problème transcendantal, voir l'article de Gareth Evans, « *Things Without the Mind. A Commentary upon Chapter Two of Strawson's* Individuals », *in* Z. Van Straaten (ed.), *Philosophical Subjects*, Oxford, Oxford University Press, 1980.

2. Entendons par là l'espace même dans lequel nous évoluons et qui, pour réel qu'il soit, peut être conçu comme forme subjective pure de l'intuition externe.

sérieux l'affirmation par Kant de la relativité de l'intuition pure de l'espace en remarquant que cette relativité n'est pas seulement anthropologique (l'espace n'étant la forme pure de l'intuition externe que « pour nous, hommes ») mais également paradigmatique, l'intuition de l'espace dépendant de la perception *visuelle.* Le son remet profondément ce modèle en question : l'espace auditif (si tant est qu'une telle notion existe indépendamment de l'espace visuel) n'est ni clairement tridimensionnel, ni certainement euclidien, ni peut-être de nature à pouvoir faire l'objet d'une *géométrie.* Si donc l'espace doit en général posséder une fonction transcendantale et conférer leur extériorité à *tous* les phénomènes du sens externe, il faudra donc *déplacer* le niveau où l'espace reçoit sa fonction transcendantale ou, pourrions-nous dire, sa *transcendantalité* – le déplacer à un niveau où les différentes structures spatiales ou les différents sens de la spatialité ne se distinguent pas encore.

Un tel projet de *déplacement du transcendantal* trouve son inspiration dans les travaux de théorie de la connaissance de Helmholtz[1]. Non seulement « l'espace peut être transcendantal sans que les axiomes le soient », mais il est même *nécessaire* qu'il le soit pour qu'on puisse sauver le modèle kantien – qui pour Helmholtz offre la meilleure fondation possible à la science – des contradictions dans lesquelles semblent le noyer les géométries non euclidiennes. Négativement, comme nous l'avons déjà signalé, ce constat impose de découpler ce qui, chez Kant, était nécessairement lié, à

1. Voir les articles réunis par P. Hertz et M. Schlick dans H. v. Helmholtz, *Schriften zur Erkenntnistheorie*, Berlin, Springer, 1921 ; trad. fr. J.-B. Fournier (dir.), *Théorie de la connaissance. L'édition du centenaire, 1821-1921*, Paris, Vrin, 2022.

savoir la fondation de l'expérience externe elle-même et celle des axiomes géométriques. Mais positivement, ce découplage implique l'ouverture d'un niveau d'espace plus profond ou en tout cas plus général que l'espace visuel euclidien dans lequel *toutes* les géométries et *toute* l'expérience externe puissent trouver leur fondement.

Nous nommerons le concept d'espace au niveau duquel l'espace recevrait pleinement sa fonction transcendantale la « *chôra* spatiale »[1]. Cette *chôra* spatiale correspond au concept d'espace visé par Helmholtz, à savoir un espace suffisamment général et aux structures suffisamment souples pour pouvoir accueillir toutes les expériences et fonder toutes les géométries, mais un espace malgré tout *donné intuitivement*. L'intuition, bien sûr, doit donc pouvoir être élargie au-delà des frontières dans lesquelles ce qui se donne à nous se donne avec simplicité et rapidité – l'intuition, pourrons-nous préciser par la suite, peut très bien reposer sur une construction, voire sur les résultats de la géométrie – mais elle n'en demeure pas moins une véritable intuition.

Aussi pouvons-nous, avec Helmholtz, faire éclater le modèle transcendantal kantien en y distinguant plusieurs niveaux : sur la *chôra* spatiale, véritable condition nécessaire et universelle de toute expérience externe, s'édifient plusieurs formes d'espace (correspondant chacun à une géométrie particulière, possédant tel ou tel nombre de dimensions et tel ou tel système d'axiomes plus ou moins restrictifs) qui, à mi-chemin entre l'empirique

1. Nous employons ici ce terme en un sens assez différent de celui élaboré par Derrida dans l'essai qu'il consacre à cette notion, et qui prend son ancrage dans l'usage démiurgique qu'en fait Platon dans le *Timée*. Voir J. Derrida, *Khôra*, Paris, Galilée, 1993, et nos analyses *infra*, p. 221-225.

et le transcendantal, conditionnent chacun certaines expériences possibles d'objets. Mais il est essentiel que chacun de ces espaces puisse faire l'objet d'une *intuition*, certes plus ou moins directe, mais néanmoins véritable – et cela d'autant plus que c'est sur cette possibilité que se fonde la *phénoménologie* grâce à laquelle pourront être décrites ces différentes strates de l'espace auditif.

III.

Une telle relecture du transcendantal adossée à un élargissement de l'intuition conduit à l'élaboration d'une phénoménologie qui romprait résolument avec la recherche d'un fondement absolu. Or, la possibilité d'une telle voie nous paraît inscrite dans une ambiguïté fondamentale de la phénoménologie husserlienne. En effet, même si ce type de caractérisation comporte nécessairement une part de caricature, on peut observer une tension interne à la phénoménologie husserlienne, laquelle déboucherait sur deux interprétations fort distinctes du geste phénoménologique. D'un côté, une dimension tendanciellement idéaliste, qui serait corrélée à la reconnaissance d'un *abîme* de sens entre la conscience et la réalité ; d'un autre côté, une attention purement descriptive à la finesse de grain du réel, aux différences régionales et au feuilletage du monde – attention sans cesse exigée par Husserl, et sans laquelle la réduction phénoménologique serait précisément *réductrice*.

Une solution de facilité consisterait à voir dans cette distinction, non pas une tension interne à la phénoménologie, mais le résultat d'un *tournant*, le premier Husserl insistant sur la description phénoménologique du réel, le second absolutisant l'abîme de sens et tombant ainsi dans l'idéalisme. Or, premièrement, s'il fallait reconnaître un tel tournant, la redéfinition que nous avons donnée du transcendantal impliquerait de ne pas le qualifier de « tournant transcendantal », mais bien plutôt, *dans un cadre d'emblée transcendantal*, d'y voir un tournant *idéaliste*, les deux termes n'étant pas équivalents[1]. Deuxièmement, une telle lecture diachronique manque un fait essentiel : la phénoménologie porte en elle-même cette double dimension. Si décrire le flux des vécus implique de mettre entre parenthèses les thèses d'existence, afin de satisfaire à l'exigence de neutralité métaphysique, cette seule mise entre parenthèses semble ouvrir un « abîme de sens » entre l'instance effectuant ces thèses et l'instance dont l'existence est soumise à l'effectuation de ces thèses – donc entre la « conscience » et la « réalité »[2], cette

1. Plus précisément, on pourrait considérer que le tournant transcendantal consisterait en une prise en compte explicite de ce qui peut apparaître, dans les *Recherches logiques*, comme *déjà* transcendantal, à condition de prendre le terme « transcendantal » en ce sens élargi, et non encore idéaliste. C'est en ce sens qu'on peut lire notamment les analyses de la première partie de la sixième *Recherche* comme pré- ou infra-transcendantales, comme nous le faisons dans « De l'intentionnalité à la connaissance : le processus de remplissement », dans J.-B. Fournier et D. Pradelle (dir.), *Lire les* Recherches logiques *de Husserl*, Paris, Vrin, 2025, p. 291-327.

2. E. Husserl, *Ideen zu einer reinen Phänomenologie und phänomenologischen Philosophie*, *Erstes Buch : Allgemeine Einführung in die reine Phänomanologie*, Hua III/1, rééd. K. Schuhmann, § 49 p. 93 ; trad. fr. P. Ricœur, *Idées directrices pour une phénoménologie et une philosophie phénoménologique pures*, t. 1 : *Introduction générale à la phénoménologie pure*, Paris, Gallimard, 1950, p. 163 ; trad. fr. J.-F. Lavigne, *Idées directrices pour une phénoménologie pure et une philosophie phénoménologique*, Paris, Gallimard, 2018, p. 151. Nous citerons dorénavant seulement la pagination du volume des Husserliana et de la traduction de J.-F. Lavigne.

dernière se présentant alors comme relative à la première qui, par contraste, reçoit un caractère absolu.

S'ouvrent alors deux voies pour la phénoménologie. Dans la première voie, on insiste sur l'abîme de sens entre la conscience et la réalité et sur l'interprétation du flux de vécus comme sol *absolu* de fondation de toute réalité. Mais la recherche d'un absolu phénoménologique conduit au dépassement de la phénoménologie vers une philosophie spéculative. La phénoménologie d'Alexander Schnell est caractéristique de cette tendance[1] : si l'essence de la phénoménologie est de découvrir un absolu de fondation de toute réalité, alors le flux des vécus ne peut constituer un tel absolu, puisqu'il doit lui-même pouvoir être fondé ou *généré* à partir d'un niveau pré-immanent qui constituerait certes un absolu, mais un absolu extra-phénoménologique, accessible spéculativement. À vouloir pousser jusqu'au bout sa dimension idéaliste, la phénoménologie aboutit à sa propre *Aufhebung*, l'absolu étant toujours au-delà du domaine auquel nous restreint le « principe des principes » phénoménologique, à savoir le domaine des données directement attestées dans l'intuition[2].

L'autre voie, que nous emprunterons résolument dans ce livre, exigera également un dépassement de la phénoménologie, mais en un sens tout à fait

1. Voir A. Schnell, *Le clignotement de l'être*, Paris, Hermann, 2021 ; voir aussi *Qu'est-ce que la phénoménologie transcendantale ?*, Grenoble, Million, 2020.

2. Pour une critique plus détaillée de la recherche de l'absolu en phénoménologie, voir notre article « Peut-on penser le transcendantal à partir de ses limites ? Sur la recherche d'un absolu phénoménologique », dans I. Fazakas et P. Slama (dir.), *La phénoménologie transcendantale aujourd'hui*, Paris, Hermann, 2023, p. 31-58.

opposé. Cette voie repose sur le double refus d'une absolutisation d'un niveau phénoménologique (le flux de vécus, la pré-immanence, etc.) et corrélativement de l'abîme de sens entre la conscience et la réalité. Lorsque Husserl définit la phénoménologie comme philosophie *transcendantale* dans la *Krisis*[1], il la définit comme recherche d'une fondation *ultime* (*letzte*) des actes conférant une validité aux phénomènes considérés. Mais *ultime* n'est pas *absolu*. Rechercher un fondement ultime, c'est se placer, par la réduction phénoménologique, au niveau où l'acte en question trouve sa clarification et sa légitimation *optimales*, sans qu'il soit nécessaire que ce niveau puisse être considéré comme un absolu ni que soit niée toute continuité entre la conscience et la réalité.

Plus précisément, la reconnaissance d'un abîme de *sens* radical entre ces deux sphères peut très bien ne pas déboucher sur un idéalisme radical ou spéculatif. Le projet de constitution du monde de l'*Aufbau* carnapien peut ici nous servir de modèle, puisque l'attention aux distinctions de sphère et aux discontinuités dans le feuilletage ontologique du monde y est adossée à la reconnaissance du flux de vécus comme sol ultime, mais précisément pas absolu, de fondation de tout objet. Carnap apparaît ici comme l'héritier d'une phénoménologie radicalement fidèle au principe de neutralité métaphysique attaché

1. Voir le § 26 de la *Krisis* : « Ce motif est celui de la question-en-retour sur l'ultime source de toutes les formations de connaissance », lequel prend la forme d'une « auto-méditation du sujet connaissant sur soi-même et sur sa vie de connaissance », E. Husserl, *Die Krisis der europäischen Wissenschaften und die transzendentale Phänomenologie*, Hua VI, éd. W. Biemel, Den Haag, M. Nijhoff, 1976, p. 100 ; trad. fr. de G. Granel, *La crise des sciences européennes et la phénoménologie transcendantale*, Paris, Gallimard, 1976, p. 113.

inextricablement à sa méthode, mais qui précisément aboutirait à son dépassement. Dans la *Construction logique du monde*, Carnap met en effet en place un système qui, en apparence, paraît strictement parallèle à celui de la phénoménologie : les vécus autopsychiques sont les « éléments de base » du système, et sur cette base s'édifient progressivement les sphères d'objets qui composent la réalité objective : espace, chose matérielle, êtres animés, hétéropsychiques, culturels, sociaux, etc. Chacun de ces niveaux de constitution correspond à une sphère d'objets séparée des autres, et la sphère autopsychique possède effectivement une position à part dans le système, celle de sphère « de base » ou « fondamentale », à laquelle tous les objets peuvent *ultimement* être rapportés. Ainsi, un objet culturel par exemple se manifeste toujours dans la sphère des objets matériels sous forme d'un « témoignage » ou d'un « document » qui *indique* la présence, au sein des objets matériels, d'un objet de niveau supérieur (ici, culturel), et cet objet matériel lui-même (le document par exemple) possède à son tour un *Kennzeichen* phénoménal par lequel il se signale dans l'immanence des vécus autopsychiques *comme* objet matériel. En d'autres termes, l'objet culturel se réduit *ultimement* à sa *trace* au sein des vécus autopsychiques, à savoir par la configuration particulière des vécus dans laquelle il prend son sens et peut être constitué[1].

1. *Cf.* notre article « Mes vécus sont-ils vécus ? De quelques faux-amis phénoménologiques de la constitution carnapienne », dans J. Farges, J.-B. Fournier et D. Pradelle (dir.), *Édifier un monde. La notion d'*Aufbau *chez Carnap et en phénoménologie*, Paris, SUP, 2022, p. 215-236.

Mais il est nécessaire de remarquer le caractère purement relatif de cette fondation dans les vécus. Les vécus comme les autres objets (physiques, hétéropsychiques, culturels, etc.) font tous partie du *monde*, c'est-à-dire de l'unité idéale des objets d'une science possible, constituables dans le système de constitution : il n'y a donc pas d'objet qui soit *absolument* premier, mais tout *Aufbau* est nécessairement une simple « reconstruction rationnelle », laquelle doit instaurer une relation et des éléments fondamentaux et opérer des scissions entre les sphères d'objets ainsi qu'une stratification de ces dernières, mais ne peut le faire qu'arbitrairement. Le choix de la base autopsychique pour le système de constitution est précisément un *choix* et il aurait été aussi bien possible de prendre pour base les choses physiques, les atomes, les objets culturels – bref n'importe quelle classe d'objets dans la mesure où l'unité du monde, corrélat de l'unité de la science, garantit la possibilité de constituer n'importe quel objet à partir de n'importe quel autre. Le choix des vécus autopsychiques comme base du système ne possède donc aucun privilège objectif, mais permet d'asseoir le système de constitution sur une phénoménologie pré-constitutionnelle dans laquelle l'étagement des objets se trouve établi[1].

Le système carnapien n'est donc pas phénoménologique dans la mesure où la phénoménologie n'y est précisément intégrée que comme une possibilité ; le choix de la base n'y est aucunement fondé sur quelque privilège ontologique de la sphère autopsychique par

1. Cette lecture, que nous développons dans *Carnap et la question transcendantale* (Paris, Vrin, 2021), est liée à ce que nous appellerons ici le « transcendantalisme faible » et dont les principes sont exposés au chapitre v.

rapport à la réalité mondaine, mais il est au contraire, sinon arbitraire, au moins *pragmatique*. Reste que, une fois choisie la base autopsychique, celle-ci reçoit effectivement un statut privilégié tel que, là où le monde comportait une continuité entre les différentes sphères d'objets, le système de constitution instaure une discontinuité entre conscience et réalité qu'il devient pertinent de qualifier d'« abîme de sens ». Dans un système de constitution à base physique, les vécus autopsychiques seraient tout à fait *constituables*, au sens où il serait possible de ramener les vécus à leur fondement physique, par exemple les échanges entre neurones; les vécus ont donc des « constituants » objectifs au même titre que n'importe quel autre objet. Mais à partir du moment où les vécus ont été *choisis* comme base du système de constitution, ils ne peuvent plus faire l'objet d'une constitution, mais seulement d'une *pseudo-constitution*; ils ne peuvent plus être considérés comme possédant des constituants (puisqu'ils sont ce que le système de constitution comporte de plus élémentaire) mais seulement des « quasi-constituants » accessibles par « quasi-analyse »[1]. En d'autres termes, et en mesurant ce que cette affirmation comporte d'anti-phénoménologique : les vécus sont le fondement *ultime* de la constitution, mais précisément pas son fondement absolu.

Est-il cependant possible d'appliquer cette distinction à la phénoménologie tout en maintenant la spécificité de la réduction phénoménologique par rapport à la réduction

1. *Cf.* Carnap, *Der logische Aufbau der Welt*, Berlin, Springer, 1998, § 71, p. 97; trad. fr. T. Rivain, *La construction logique du monde*, Paris, Vrin, 2001, p. 149.

carnapienne ? De toute évidence, le phénoménologue ne peut se résoudre à considérer que le choix des vécus autopsychiques comme base constitutionnelle serait seulement arbitraire, ne posséderait aucun privilège constitutionnel en lui-même et serait donc effectué uniquement pour des raisons pragmatiques ; la réduction conduit *nécessairement* aux vécus. Mais la reconnaissance d'un privilège phénoménologique des vécus n'implique pas nécessairement de leur conférer un être absolu. On peut pour s'en convaincre partir du constat auquel conduit précisément la recherche phénoménologique d'un absolu : les vécus qui, en un sens, doivent pouvoir être considérés comme un fondement ultime, doivent aussi pouvoir être considérés eux-mêmes comme *produits* – non pas au sens d'une constitution mais d'une genèse. *Les vécus constituent en ce sens un point auquel il est possible et pertinent d'arrêter la réduction* : non pas qu'il soit impossible de la poursuivre plus loin et d'atteindre un niveau de fondation plus profond encore, mais parce qu'avec eux serait atteint un niveau phénoménologiquement privilégié.

Pour rendre compte du privilège phénoménologique des vécus, il faut en revenir à une exigence si fondamentale pour Husserl qu'il la qualifie de « principe des principes » :

> Toute intuition donatrice originaire est une source de droit pour la connaissance ; tout ce qui s'offre à nous dans « l'intuition » de façon originaire (dans sa réalité corporelle pour ainsi dire) doit être simplement reçu pour ce qu'il se donne, mais sans non plus outrepasser les limites dans lesquelles il se donne alors[1].

1. E. Husserl, *Ideen I*, *op. cit.*, § 24, p. 43-44 ; trad. fr., p. 71.

Le principe d'intuitivité ne doit pas être considéré comme le corollaire méthodologique de la phénoménologie : il est l'exigence première, et c'est au contraire *parce que* la phénoménologie y obéit plus que toutes les autres disciplines qu'elle constitue la meilleure des méthodes. Or, si tel est le cas, c'est précisément parce que les vécus ont une manière de se donner telle que, de prime abord et le plus souvent en tout cas, ils définissent le niveau où l'intuitivité est *maximale*. Pour la phénoménologie en tant que discipline transcendantale posant la « question-en-retour (*Rückfrage*) » sur « l'ultime source de toutes les formations de connaissance »[1], le fondement « ultime (*letzt*) » désigne donc – et désigne *seulement* – le niveau où ce qu'il s'agit de constituer se donne avec une intuitivité maximale. Certes, comme le remarque Natorp critiquant Husserl[2], et comme le reconnaît tardivement Husserl, par exemple dans les *Méditations*, les vécus ne se donnent pas *absolument*[3] ; certes, certains objets exigent, pour être proprement clarifiés, qu'on remonte au-delà des vécus vers un niveau pré-immanent ; toujours est-il qu'*on trouve le plus souvent dans les vécus un degré de clarté maximal et donc un niveau de fondation ultime pour la plupart des champs d'objets.*

1. E. Husserl, *Krisis, op. cit.*, § 26, p. 100 ; trad. fr., p. 113.

2. *Cf.* P. Natorp, « Husserls *Ideen zu einer reinen Phänomenologie* », *Logos* VII, 1917-1918, p. 224-246 ; trad. fr. J. Servois, « Les *Idées directrices pour une phénoménologie* de Husserl », *Philosophie* 74, 2002, p. 15-39. Voir en part p. 233-234 et 236 ; trad. fr., p. 25-26 et 28.

3. E. Husserl, *Cartesianische Meditationen und pariser Vorträge*, Hua I, éd. S. Strasser, Den Haag, Nijhoff, 1950 puis 1963, § 9, p. 61 ; trad. fr. M. B. de Launay, *Méditations cartésiennes et conférences de Paris*, Paris, Puf, 1994, p. 65.

À la tendance idéaliste de la phénoménologie à la recherche de l'absolu, on peut donc répondre par l'élaboration d'une phénoménologie *pragmatique*, non pas au sens où elle aurait renoncé au primat des vécus, mais au sens où elle se soumettrait résolument au principe des principes. Cette insistance sur l'exigence d'intuitivité possède une conséquence négative et une conséquence positive. Négativement, ce rappel conduit à une critique de l'introduction du spéculatif en phénoménologie : à vouloir pousser au-delà des vécus la réduction phénoménologique pour atteindre le niveau de proto-constitution de ces derniers, le phénoménologue doit recourir à des constructions et abandonner le sol des phénomènes donnés en personne. L'intuitivité gagnée à un certain niveau de la réduction finirait donc par décroître au cours de son prolongement. Positivement, penser la phénoménologie à partir de l'exigence d'intuitivité implique de repenser le sens de la réduction. La réduction sur laquelle s'appuie la phénoménologie pragmatique est une réduction *progressive* jusqu'au *point critique* où les objets reçoivent leur clarification optimale. Deux points essentiels méritent d'être soulignés ici :

1. *Ce point critique est tout d'abord fonction du domaine d'objets considéré*, et la tâche de la phénoménologie consiste précisément à mettre au jour la strate constitutionnelle en question. Dominique Pradelle en donne un exemple frappant dans son ouvrage sur la phénoménologie des objets mathématiques, *Intuition et idéalités*[1]. Rendre compte de la constitution

1. D. Pradelle, *Intuitions et idéalités. Phénoménologie des objets mathématiques*, Paris, Puf, 2020.

des idéalités mathématiques exige de se situer phénoménologiquement à un autre niveau que pour la constitution des objets perceptifs. Il serait ainsi illusoire de prétendre saisir un niveau où ces objetités seraient données de manière purement intuitive sans qu'un certain degré de discursivité ne soit déjà impliqué, et il serait même inutile autant qu'égarant de chercher à utiliser, pour rendre compte de leur constitution, la méthode phénoménologique de réflexivité consistant à « prendre la conscience mathématicienne sur le fait »[1], tant il est vrai que ce n'est pas à ce niveau que se révèle l'essence du domaine mathématique. Au contraire, la description phénoménologique doit d'emblée se situer au niveau intersubjectif, historique, dans lequel les objetités se constituent dans une intuition irréductiblement liée à l'emploi d'un certain *langage*. Aussi, si le « renouveau de la phénoménologie [semble] ne pouvoir venir que d'une *centration première sur une phénoménologie régionale*, susceptible ensuite de rayonner et de prendre une valeur paradigmatique par confrontation avec d'autres domaines »[2], la première tâche de cette phénoménologie doit-elle être de déterminer, pour chaque domaine d'objets, le niveau d'approfondissement de la réduction pertinent pour atteindre ce qui, pour de tels objets, est véritablement essentiel.

2. La réduction n'est pas seulement clarifiante lorsqu'elle atteint ce point critique, mais, *dans sa progressivité même, elle met au jour des niveaux de constitution* où certains aspects de l'objet trouvent une

1. D. Pradelle, « La constitution des idéalités mathématiques est-elle transcendantale ? », dans J.-B. Fournier et L. Tavernier, *Les limites du transcendantal*, Paris, SUP, 2023, p. 228.

2. D. Pradelle, *Intuition et idéalités*, *op. cit.*, p. 52.

clarification particulière. C'est, typiquement, le cas de la phénoménologie du son : si comme nous le verrons il demeure toujours possible de ramener le son à un archi-phénomène dans lequel toute externalité aurait été réduite, s'il est même possible de noyer le son dans la temporalité interne de la conscience pour n'en faire qu'un objet temporel qui en épouserait la fluance, la question se pose de savoir si un son ainsi réduit peut s'attester dans une véritable intuition, et si l'essence du son ne se manifeste pas à un autre niveau constitutionnel. Si, au lieu de se projeter directement au niveau des purs vécus supposés non spatiaux, on adopte une réduction phénoménologique progressive mettant au jour l'une après l'autre les différentes strates constitutionnelles de l'objet sonore, peut-être devra-t-on reconnaître une bien plus grande résistance du rapport entre le son et l'espace.

IV.

Ainsi pensée, la phénoménologie demeure transcendantale, mais au sens – helmholtzien, pourrait-on dire – indiqué ci-dessus : en dégageant par réduction progressive les strates constitutives du phénomène sonore, elle *met au jour l'espace comme condition de possibilité des phénomènes externes*, mais un espace épuré, désaxiomatisé, adaptable aux différents niveaux de la constitution, et non pas soumis à un système d'axiomes déterminé qui posséderait une valeur absolue. On se gardera cependant de conférer ici à la notion de condition de possibilité un sens idéaliste afin de préserver fermement la *neutralité métaphysique* à laquelle prétend la phénoménologie. L'écart entre le transcendantalisme et l'idéalisme se marque au fait que dire de l'espace qu'il demeure la condition de possibilité des phénomènes externes ne revient pas à dire que l'espace serait la forme pure de notre intuition, ni même plus généralement qu'il serait lui-même idéal. Maintenue dans les strictes limites de la description, la phénoménologie atteste le fait que *nous ne percevons jamais d'objets externes sans espace*, au sens où, dès l'instant qu'on peut parler d'extériorité (et d'objectivité au sens prégnant du terme), une trace de spatialité doit pouvoir être reconnue ; en d'autres termes, la phénoménologie nous conduira, y compris dans le cas du son qui pourtant paraissait à première vue le plus difficile, à affermir la triade kantienne : espace-extériorité-objectivité.

Doit-on voir dans cette thèse un affaiblissement du transcendantal (ou un niveau pré-transcendantal) ou peut-on au contraire y déceler *le sens prégnant, quoique métaphysiquement neutre, du transcendantal* – le sens auquel aussi bien Kant que Fichte, Husserl ou même Strawson auront pu assimiler leur projet philosophique – le sens dont l'idéalisme constituerait déjà un dépassement ? Il s'agit là d'une simple question de termes : soit on considère le transcendantalisme à partir de son origine kantienne et on interprète toute sortie de l'idéalisme comme une sortie du transcendantal *en ce sens strict*, soit on prend d'emblée compte des emplois non kantiens de ce terme – comme dans les « arguments transcendantaux » d'une certaine philosophie analytique – et on se doit d'affirmer que *l'idéalisme constitue seulement une limite du transcendantal, et non son essence.*

Contrairement à ce que la conception traditionnelle du son comme objet quasi-interne et purement temporel pourrait laisser penser, le fait d'aborder le son à partir de l'espace semble plaider en faveur d'un élargissement radical du transcendantal et d'une stricte neutralité métaphysique. Car nous observerons dans le phénomène sonore un brouillage des frontières métaphysiques les plus rarement remises en cause, aussi bien par le réalisme que par la phénoménologie. En nous intéressant à la distinction entre bruit, son et note, nous observerons que cette distinction, présentant un panel de nuances strictement continues, peut être interprétée de quatre manières : 1. dans une perspective réaliste comme autant de nuances de la réalité, 2. dans une perspective phénoménologique comme autant de niveaux d'approfondissement de la réduction du son jusqu'au pur vécu, 3. en termes d'idéalisation progressive et de passage de l'individu à l'essence et 4. en termes de plus ou moins grande localisabilité du son dans l'espace. Loin de tirer de ce constat quelque grande tentative de synthèse entre le réalisme et la phénoménologie en général (et d'autant moins que cette dernière aura été au maximum ramenée à sa dimension descriptive et éloignée de toute interprétation strictement idéaliste, ce qui, sans surprise, facilite la réconciliation), nous affirmerons qu'il s'agit là d'une *spécificité du son*, en particulier par rapport aux objets visuels, et qu'on peut y déceler l'origine de la difficulté à appréhender philosophiquement ce phénomène et à déterminer le schème conceptuel pertinent pour le décrire.

Le son, de manière générale, brouille les distinctions philosophiques, et c'est ce que montre clairement le problème de son inscription dans l'espace, problème si éminemment lié à celui, visuel, de la fondation de la géométrie, qu'il nous paraîtra bien difficile d'en sortir. Or, finalement, cette difficulté nous paraîtra découler d'un fait que nous avions remarqué dès le départ – le brouillage, lorsqu'on s'intéresse au phénomène sonore, de la *frontière entre le sens interne et le sens externe*. Mais ce fait trouvera au terme de notre analyse une explication : dans le cas du son, semble se vérifier une idée qui, déjà présente chez Kant, constituera le projet impossible de Heidegger, à savoir la fondation du sens externe dans le sens interne, ou, mieux encore, de l'espace dans le temps. Illusoire dans le cas de l'espace visuel, cette idée trouve dans le son une possibilité de réalisation qu'il nous incombera d'élucider, puisque c'est bien *temporellement* que l'espace sonore s'édifie, et que les sons se constituent comme objets *externes*.

CHAPITRE PREMIER

LE PROBLÈME TRANSCENDANTAL DES LIMITES DU SENS EXTERNE

La question du caractère spatial de la perception sonore revêt une signification toute particulière dans le cadre de la philosophie transcendantale, dans la mesure où cette dernière, au moins dans sa formulation kantienne, définit l'espace comme *condition de possibilité* des phénomènes externes – à savoir condition de possibilité de l'apparition de ces phénomènes *comme* externes. La radicalité de notre problème se trouve ainsi soulignée : même si, par la suite, nous pouvons être amenés à signaler les limites de ce cadre transcendantal, en tout cas dans sa forme kantienne, force est de reconnaître que le lien établi par Kant entre la spatialité et l'extériorité demeure prégnant, au point qu'il puisse sembler difficile, à ce sujet, de sortir du transcendantal. Afin donc de mieux saisir la difficulté que pose la question du caractère spatial du son et de mesurer l'ampleur du reformatage que nous devrons imposer au modèle transcendantal kantien, il nous semble nécessaire de revenir brièvement sur les difficultés que soulève la notion d'extériorité construite dans l'« Exposition métaphysique du concept d'espace ».

Or, de ce point de vue, la manière dont Kant construit le rapport entre extériorité, espace et géométrie et définit l'espace comme condition de possibilité des phénomènes externes semble traversée par une profonde ambiguïté. Les néokantiens de Marbourg, à commencer par Hermann Cohen, ont en ce sens raison de déceler dans ce qui par ailleurs peut être considéré comme le geste philosophique fondamental de Kant, puisque s'y instaure la distinction entre le phénomène et la chose en soi, un reste ou un vestige d'une conception précritique de l'espace[1]. Il suffit pour s'en convaincre de relire le premier résultat de « l'examen » de l'espace et de ce qui « appartient » à son concept :

> L'espace n'est pas un concept empirique qui ait été tiré (*abgezogen*) d'expériences externes. En effet, pour que certaines sensations puissent être rapportées à quelque chose d'extérieur à moi (*auf etwas ausser mir bezogen*), c'est-à-dire à quelque chose dans un autre lieu de l'espace que celui où je me trouve (*auf etwas in einem andern Orte des Raumes, als darinnen ich mich befinde*), et de même, pour que je puisse me représenter les choses comme en dehors *et à côté* les unes des autres (*als ausser und neben einander*) – par conséquent comme n'étant pas seulement distinctes, mais placées dans des lieux différents – il faut que la représentation de l'espace soit posée comme fondement[2].

1. Voir par ex. E. Cassirer, « Kant und die moderne Mathematik », *Kantstudien* XII, 1907, p. 32. Cette référence est en particulier pointée par M. Fichant dans « Espace esthétique et espace géométrique chez Kant », *Revue de métaphysique et de morale* 44, 4, 2004, p. 531.

2. I. Kant, *Kritik der reinen Vernunft, Kants gesammelte Schriften, herausgegeben von der Königlich Preussischen Akademie der Wissenschaften*, Ak III-IV, Berlin, Reimer, 1900, rééd. Berlin, De Gruyter, 2010, A 23/B 38 ; trad. fr. A. Delamarre et F. Marty, *Critique de la raison pure*, dans *Œuvres philosophiques*, t. 1, Paris, Gallimard, 1980, p. 785.

Si l'intention de cet argument est claire, puisqu'il s'agit de préparer l'Exposition *transcendantale* du concept d'espace en montrant qu'on ne peut dériver l'espace d'une observation des rapports spatiaux entre les phénomènes puisque ceux-ci ne peuvent précisément être déterminés que relativement à l'espace, il n'en est pas moins vrai que Kant aplanit ici deux sens de la notion d'extériorité qui mériteraient d'être soigneusement distingués. En effet, dire que les sensations peuvent être rapportées à « quelque chose en dehors (*ausser*) de moi », est-ce dire, comme semble le faire Kant, que cette extériorité doive être interprétée comme une différence de *lieu*, au sens où l'objet externe serait perçu comme « quelque chose dans un autre lieu de l'espace (*in einem andern Orte des Raumes*) que celui où je me trouve » ?

Kant semble confondre ici deux choses qu'une lecture d'inspiration phénoménologique permettrait de distinguer et qui engage la compréhension de l'articulation entre espace et extériorité : 1. D'un côté, les rapports spatiaux mondains, à travers lesquels les choses se présentent à nous comme à côté les unes des autres, ou plus précisément par lesquels les choses se distinguent les unes des autres *par le fait d'être à côté les unes des autres*. En ce sens, les choses sont dans une certaine forme déterminée d'extériorité au sujet, lequel se situe dans un « lieu de l'espace », à côté d'elles. Mais une telle extériorité présuppose l'espace plus qu'elle ne le fonde : de même donc que je ne peux percevoir les choses comme en dehors les unes des autres sans faire fond sur une pré-donation de l'espace, de même il ne peut être question de réduire l'extériorité des choses au sujet à une extériorité *dans l'espace*. 2. Il faudrait donc, d'un autre côté, penser un sens *transcendantal* ou en tout cas pré-mondain voire pré-spatial de l'extériorité, un rapport du sujet à ce qui n'est pas lui, qui serait fondateur de l'espace sans pour autant être déjà spatial – un sens, en d'autres termes, en vertu duquel être « en dehors de moi » ne signifierait pas d'emblée être « dans un autre lieu de l'espace » que moi. Pour pouvoir penser les choses comme à côté les unes des autres, et même pour pouvoir penser les choses comme *extérieures*, au sens spatial, par rapport au sujet, il faut bien que ce dernier possède une ouverture pré-spatiale au monde – à l'extériorité en un sens plus fondamental.

Pour éclairante qu'elle soit sur le statut transcendantal de l'espace, cette interprétation n'en est pas moins problématique. Il faut en effet, sur ce point, naviguer entre deux écueils : le premier consisterait à exagérer la portée de ce premier paragraphe de l'« Esthétique » en accusant Kant d'utiliser circulairement et de manière précritique une notion spatiale d'extériorité pour fonder l'espace – une telle lecture serait en effet corrigée, au moins partiellement, par les développements ultérieurs de la *Critique*, où sera précisée la distinction entre le plan phénoménal et le plan transcendantal. Le second écueil consisterait à attribuer au contraire un rôle fondamental à une distinction qui n'est jamais explicitement formulée par Kant et qui corrige un raccourci qui, comme nous le verrons, traverse en profondeur toute la *Critique* – et pour des raisons non pas accidentelles mais essentielles. Car à vouloir distinguer le niveau où les phénomènes nous apparaissent comme organisés *dans l'espace* et un niveau de rapport non spatial à l'extériorité qui serait *fondateur* de l'espace en tant que tel, ne risque-t-on pas finalement de réduire la conception kantienne de l'espace comme condition de possibilité des phénomènes externes à une conception – disons provisoirement : phénoménologique – dans laquelle les relations spatiales, y compris entre le sujet et l'objet, seraient elles-mêmes fondées sur une relation *intentionnelle* et perdraient ainsi leur caractère transcendantal ?

Toute la difficulté vient, chez Kant, du double sens que reçoit la question transcendantale, ou plus précisément d'un écart entre sa définition stricte et sa portée réelle. Dès l'introduction de la *Critique*, Kant délimite en effet de manière assez stricte la portée de la philosophie transcendantale qui, pour être « d'une étendue trop vaste pour ce qui concerne son dessein »[1], ne se cantonne pas moins à la critique de la seule « raison pure simplement spéculative »[2] et « s'occupe moins des objets que de nos concepts *a priori* des objets »[3]. Plus précisément, ce qui se joue dans la philosophie transcendantale n'est pas autre chose que les conditions de possibilités d'une connaissance *a priori* des objets en général ou d'un domaine d'objets particulier, comme le confirme l'« Esthétique transcendantale » où l'« exposition transcendantale » d'un concept se trouve définie comme « explication [de ce] concept considéré comme un principe capable d'expliquer la possibilité d'autres connaissances synthétiques *a priori* », ce qui « suppose deux choses : 1. Que des connaissances de cette nature découlent réellement du concept donné ; 2. Que ces connaissances ne sont possibles que sous

1. I. Kant, *Kritik der reinen Vernunft*, B 25 ; trad. fr. (modifiée), p. 777.
2. *Ibid.*, B 29 ; trad. fr., p. 779.
3. *Ibid.*, B 25 ; trad. fr., p. 777.

la supposition d'un mode d'explication donné de ce concept »[1].

Ainsi, dans le cas de l'espace, l'approche transcendantale consistera – et consistera *seulement* – à déterminer, par un mouvement pour ainsi dire rétrograde ou « à rebours »[2], ce que doit être originairement l'espace pour pouvoir nous donner des connaissances que nous savons être des connaissances synthétiques *a priori*, à savoir toutes les propositions de la géométrie et plus particulièrement les axiomes, qui ne peuvent être dérivés d'autres propositions plus fondamentales. Remontant donc des connaissances effectives à leur fondement nécessaire, l'exposition kantienne présente donc *transcendantalement* l'espace comme la forme donnée subjectivement et *a priori* de l'intuition externe. La philosophie transcendantale se meut donc de prime abord dans un questionnement épistémologique auquel une certaine tradition philosophique allemande, en particulier néokantienne, restera profondément fidèle[3].

Il n'en demeure pas moins vrai que la portée réelle de la philosophie transcendantale excède très largement le cadre des conditions de possibilité de la connaissance *a priori* et semble concerner également la question des

1. I. Kant, *Kritik der reinen Vernunft*, B 40; trad. fr., p. 787.

2. Husserl a particulièrement bien souligné cette dimension de la démarche transcendantale dans la définition déjà citée qu'il en donne au § 26 de la *Krisis*. Voir *supra*, p. 20.

3. Alan Richardson, dans un article intitulé « Logical Idealism and Carnap's Construction of the World » (*Synthese*, 93, 1992, p. 59-92), distingue ainsi deux sens de la question transcendantale et nomme la question strictement épistémologique des conditions de possibilité des connaissances objectives « question néokantienne », par opposition à la « question kantienne » qui, corrélativement, interrogerait les conditions de possibilité *de l'expérience*.

conditions de possibilité de l'expérience même, non pas seulement d'un point de vue épistémique, mais bien d'un point de vue que nous serons tentés de qualifier d'ontologique, à savoir de l'expérience en tant que telle – en tant que ce que nous *avons*. Sans interpréter comme Husserl cette tendance comme un mouvement téléologique de la philosophie transcendantale vers la phénoménologie, qui en serait en quelque sorte la résolution, nous pouvons plutôt noter que cette dimension phénoménologique de la pensée transcendantale ne vient pas s'y surajouter accidentellement, mais en constitue, dès la *Critique de la raison pure*, une dimension essentielle. Pour pouvoir être la condition de possibilité de la géométrie en tant que science *a priori*, l'espace doit être *effectivement* pour nous la condition de possibilité de toute expérience d'objet comme objet *externe*. Il doit donc répondre à deux objectifs qui, pour ne pas être contradictoires, ne se recoupent pas non plus : celui de fonder les axiomes géométriques et celui de rendre possible notre rapport à des objets externes.

Force est de constater, en effet, que l'effort de fondation des axiomes géométriques détourne Kant de ce que pourrait être l'espace comme pur rapport à l'extériorité, l'espace tel qu'il se présente phénoménologiquement, avant tout travail discursif, dans sa pureté. Car pour que les axiomes reçoivent leur légitimité en tant que connaissances *a priori* de l'espace, et comme ils ne peuvent pas être dérivés analytiquement du concept d'espace mais demeurent des propositions synthétiques, il faut qu'ils soient d'une certaine manière déjà donnés, quoique de manière non encore thématique ni discursive, *dans* l'intuition même de l'espace. La condition de possibilité de la géométrie comme science *a priori* ne peut pas être la pure et simple intuition d'un espace en général, indéterminé quant à sa structure, car elle ne pourrait servir de fondation qu'à un concept lui-même indéterminé d'espace et ne saurait nous donner aucune connaissance *a priori* quant à son nombre de dimensions, quant à la possibilité de délimiter un espace avec deux ou trois points, quant aux propriétés des droites parallèles, etc. Or, si cette thèse correspond effectivement à une certaine conception moderne de la géométrie, elle demeure parfaitement inadmissible pour Kant.

La philosophie transcendantale devra donc sans cesse naviguer entre deux concepts d'espace, l'un directement tourné vers la géométrie et recevant autant de déterminations qu'il est nécessaire pour fonder l'apodicticité des axiomes, l'autre tourné vers les profondeurs de la conscience en tant qu'elle s'ouvre à l'extériorité, et, pour reprendre les termes de Heidegger, s'auto-affecte ou se donne à elle-même une structure spatiale.

La tentation serait sans doute de distinguer ici deux niveaux de spatialité et d'articuler ces deux concepts, tout en maintenant leur séparation, au lieu de prétendre mettre au jour une intuition originaire de l'espace qui aurait à la fois la capacité de fonder l'extériorité en général et les axiomes géométriques. On peut lire en ce sens la refonte par Kant, dans la seconde édition de la *Critique de la raison pure*, de l'« Esthétique transcendantale » autour de la distinction entre « exposition métaphysique » et « exposition transcendantale » du concept d'espace.

Dans son article de la *Revue de métaphysique et de morale* consacré à la question de l'espace géométrique chez Kant[1], Michel Fichant interroge la pertinence d'une telle lecture en confrontant le texte de l'Esthétique aux notes rassemblées par Kant pour défendre la doctrine transcendantale de l'espace contre les articles de Kästner. Kant y distingue radicalement l'espace purement intuitif qu'il nomme « espace métaphysique » de l'espace « géométrique ». Ainsi, l'espace métaphysique est caractérisé comme :

> Donné [*gegeben*] Originaire [*ursprünglich*]
> Un (unique) espace [*Ein* (*einziger*) *Raum*]
> Donné subjectivement [*subjectiv gegeben*]
> *Actu infinitum a parte cogitantis* [« infini en acte du côté du sujet »]
> Fondement de la construction [*Grund der Construction*]
> Idéal [*Idealität*]

Tandis que l'espace géométrique serait au contraire :

> Factice ou décrit [*gemacht* = *beschrieben*]
> Dérivé [*abgeleitet*]
> [Plusieurs] espaces [(*viele*) *Raüme*]
> Donné objectivement [*objectiv gegeben*]
> *Potentiale infinitum* [« infini potentiel »][2]

1. M. Fichant, « Espace esthétique et espace géométrique chez Kant », art. cit., p. 530-550.

2. I. Kant, *Zur Rezension von Eberhards Magazin*, « Über Kästners Abhandlungen », Ak XX, Berlin, De Gruyter, 1971, p. 419-420; trad. fr. M. Fichant, « Réponse à Kästner », *Philosophie* 56, 1997, p. 17-18. Nous reprenons ici la présentation qu'en fait M. Fichant dans l'article cité précédemment (« Espace esthétique et espace géométrique chez Kant », art. cit., p. 531).

L'intérêt de ce texte est de rendre à l'espace intuitif sa pureté par rapport à l'espace géométrique puisqu'il posséderait la très phénoménologique caractéristique d'être une donnée originaire. À la lumière de ces lignes, on pourrait ainsi être tentés de rendre à l'« Exposition métaphysique de l'espace » son indépendance par rapport à l'« Exposition transcendantale », la première correspondant alors à l'espace métaphysique, la seconde à l'espace géométrique. Force est cependant de constater qu'il n'en va pas ainsi et que cette distinction ne recoupe pas celle de l'« Esthétique transcendantale » : si, comme le remarque Michel Fichant, il est tout à fait légitime de rapprocher cet « espace métaphysique » de l'espace décrit dans l'« Exposition métaphysique » de la *Critique de la raison pure*, on ne saurait à l'inverse rapprocher l'espace géométrique de celui de l'« Exposition transcendantale ». C'est bien un seul et même espace que les deux expositions visent, la première en tant qu'il nous apparaît, la seconde en tant qu'il fonde la géométrie, et il s'agit bien dans les deux cas du même espace *intuitif*. Or, dans la description que donne Kant dans sa réponse à Kästner de l'espace intuitif, l'ambiguïté que nous avons signalée demeure, puisque cet espace « donné originairement » (*ursprünglich gegeben*) est également « fondement de la construction » (*Grund der Konstruktion*).

En vertu de cette ambiguïté, on pourrait se croire autorisés, soit à insister sur le caractère pur de la donation de l'espace métaphysique, soit à y voir déjà une structure pré-géométrique sur la base de laquelle pourront s'édifier les axiomes. Mais dédoubler l'espace en isolant l'espace géométrique de l'espace intuitif reviendrait à retirer ce que précisément l'« Esthétique transcendantale » avait pour fonction d'établir : *la fondation directe de la géométrie dans la forme pure de l'intuition externe.* Toute propriété formelle qui n'aurait pas déjà été reconnue comme appartenant à l'intuition pure de l'espace ne pourra donc aucunement être considérée comme une propriété légitime ou fondée de l'espace géométrique, et il semble donc bien qu'il faille investir l'espace intuitif lui-même d'une certaine structuration axiomatique (ou plutôt de nature à pouvoir faire l'objet d'une axiomatisation). Toute la valeur de l'« Esthétique transcendantale » tient donc à ce que l'espace reconnu comme sol phénoménologique de la donation des phénomènes externes ne soit pas distinct du sol transcendantal de fondation des axiomes géométriques.

Le projet kantien porte donc une exigence forte d'unité entre le concept géométrique et le concept métaphysique d'espace, entre l'espace en tant que donnée originaire et l'espace comme fondement de la géométrie, et plus profondément entre les deux sens de la question transcendantale, dans sa dimension phénoménologique et, pourrions-nous dire, néo-kantienne. Or, on peut mesurer les problèmes posés par cette conception en la confrontant à deux difficultés.

La première, qui ne nous occupera pas directement ici mais constitue l'horizon de nos réflexions, consiste en un problème très classique que l'on pourrait nommer « le problème de Helmholtz », et qui trouve sa formulation dans les quatre articles réunis en 1921 par Moritz Schlick et Paul Hertz sous le titre *Schriften zur Erkenntnistheorie*[1]. Selon Helmholtz, Kant n'aurait pas été « assez critique dans sa critique » : il aurait

1. H. v. Helmholtz, *Schriften zur Erkenntnistheorie*, *op. cit.*

cédé à l'apparente nécessité intuitive de la géométrie euclidienne, s'interdisant d'élargir le concept d'espace aux géométries non euclidiennes et de prendre en charge le concept analytique d'espace dérivé par Riemann du concept de multiplicité *n*-dimensionnelle au lieu d'être fondé directement dans l'intuition. Le diagnostic de Helmholtz repose sur une lecture de l'« Esthétique transcendantale » selon laquelle Kant distinguerait les traits *a priori* de l'espace à partir du critère de l'*impossibilité de se représenter autrement l'espace*, au risque de conférer une apparence de nécessité à des contraintes dérivées de l'expérience ou relatives à la forme particulière de nos organes sensoriels[1]. Tout l'enjeu de l'analyse helmholtzienne consiste alors à montrer que les géométries non euclidiennes sont, au moins pour certaines d'entre elles, parfaitement *représentables* (*vorstellbare*) et que l'intuition de l'espace n'est donc pas euclidienne en vertu de quelque forme *a priori* de notre sensibilité, mais en vertu de considérations empiriques, relatives notamment aux propriétés physiques des corps matériels[2].

1. Helmholtz s'inscrit ainsi dans le vaste mouvement de « désubjectivation » du transcendantal dont Dominique Pradelle voit le point d'aboutissement chez Husserl, en particulier dans *Par-delà la révolution copernicienne*, Paris, Puf, 2012. C'est cependant en *prenant acte* de la dimension anthropologique de la perception que Helmholtz tente de *mesurer*, par le biais de la physiologie et de la psychologie expérimentale, l'influence de la forme particulière de nos organes sur nos sensations, aboutissant non sans paradoxe à une nouvelle forme de réalisme.

2. Voir à ce sujet notre article « Quel espace pour l'expérience ? Helmholtz, Husserl et la possibilité d'une fondation empirique de la géométrie », dans J. Farges et D. Pradelle, *Husserl. La phénoménologie et les fondements des sciences*, Paris, Hermann, 2019, p. 173-192.

On aurait alors une multiplicité d'espaces intuitifs qui trouveraient leur fondement dans le concept général d'espace et il serait en droit possible de considérer que la véritable condition transcendantale de tous les phénomènes externes ne serait autre que l'espace général visé par ce concept d'espace. Dans les termes de Helmholtz : l'espace pourrait « être transcendantal sans que les axiomes le soient (*der Raum kann transzendental sein, ohne dass es die Axiome sind*) »[1]. Cependant, en essayant de sauver Kant des problèmes posés par la géométrie analytique, Helmholtz déforme profondément les thèses kantiennes, ce qu'Albrecht Krause lui reproche dans son texte polémique intitulé « Kant und Helmholtz ». En effet, la thèse de Helmholtz implique non seulement qu'on reconnaisse l'existence de plusieurs espaces correspondant à plusieurs formes de l'intuition de l'espace, mais qu'on admette en outre que l'espace puisse être dérivé d'un concept au lieu d'être fondé dans une intuition. Se trouvent directement contredits deux résultats de l'« Exposition métaphysique » de l'espace, selon lesquels premièrement il ne peut y avoir plusieurs espaces autrement que comme autant de parties d'un même espace, et donc soumis aux mêmes axiomes, et deuxièmement on ne peut considérer l'espace lui-même comme un concept, tout concept d'espace devant être construit à partir d'une intuition.

Plus précisément, là où l'intuition pure de l'espace kantienne donnait pour ainsi dire par avance corps au concept euclidien de l'espace, le concept analytique d'espace, au contraire, ne pourrait pas recevoir de

1. H. v. Helmholtz, « Die Tatsachen in der Wahrnehmung », in *Schriften zur Erkenntnistheorie*, *op. cit.*, p. 140 ; trad. fr. C. Bouriau, « Les faits dans la perception », p. 197.

remplissement intuitif, en tout cas pas *directement*. Car le travail de Helmholtz sur l'intuition de l'espace montre qu'au prix d'une redéfinition de la notion même d'intuition, et à condition d'admettre que celle-ci puisse être *construite* à l'aide de procédures géométriques, au lieu d'être simplement « donnée » avec « facilité » et immédiateté, il est tout à fait possible de construire un espace intuitif remplissant le concept analytique d'espace. Un tel concept ne pourrait en aucun cas recevoir un contenu intuitif *global*, mais il se remplirait pour ainsi dire par esquisses, non pas au sens husserlien, mais au sens où chaque système d'axiomes, chaque structure spatiale particulière, recevrait, au prix d'une construction plus ou moins complexe et indirecte, un contenu intuitif, lequel aurait la valeur, en même temps, d'un remplissement *partiel* du concept général ou analytique d'espace. Le concept analytique d'espace serait ainsi le fil conducteur de l'élaboration d'une intuition véritablement pure de l'espace, et son remplissement parfait, jamais achevé, serait ce vers quoi tendraient asymptotiquement toutes les intuitions spatiales, immédiates ou médiatisées par la construction géométrique[1]. Aussi serait-il possible de conférer à *ce*

1. Cette thèse n'est pas sans rejoindre celle développée par Dominique Pradelle dans *Intuition et idéalités. Phénoménologie des objets mathématiques*, laquelle consiste à montrer que les « objets mathématiques » ne se donnent pas de la même manière que les objets de la perception (au sens où ils se « donneraient » à la conscience mathématicienne dans une forme d'analogie avec la donation de la chose dans l'intuition sensible), mais qu'on doit cependant faire droit à un *remplissement* progressif des idéalités (remplissement qui, précisément, ne doit pas être compris comme un pur remplissement intuitif, mais comporte également une part de constructions ainsi

concept d'espace, plutôt qu'au concept restreint qu'en donnait l'intuition pure au sens kantien, la fonction de condition de possibilité des phénomènes externes.

Un tel reformatage du modèle transcendantal était un préalable nécessaire pour dégager le niveau auquel la question de la spatialisation du son peut être posée. Car, comme nous le verrons dans les chapitres de ce livre consacrés à la description de l'espace auditif, si le statut spatial du son pose un problème éminent, deux points au moins semblent au contraire évidents : 1. que le son *est bel et bien perçu comme phénomène extérieur*, et qu'il faut donc bien pouvoir rendre compte transcendantalement de son extériorité ; et 2. que l'intuition sonore de l'espace, si tant est qu'elle puisse exister, n'est aucunement euclidienne. Si tel est le cas, alors il semble nécessaire de détacher la question de la source ultime de l'expérience de l'extériorité de la question de la fondation des axiomes de la géométrie euclidienne.

Or, on trouve chez Kant, notamment dans l'*Anthropologie d'un point de vue pragmatique*, des arguments pour étayer les deux constats que nous venons d'établir, celui de l'extériorité du son et celui du caractère non euclidien de l'espace sonore.

1. Dans les premiers paragraphes du texte consacrés à la réévaluation du rapport entre la sensibilité et l'entendement, Kant aborde explicitement le problème du rapport entre les différents sens. L'ouïe est alors définie

que des chaînes de remplissements signitifs). Voir par ex. *Intuitions et idéalités*, *op. cit.*, p. 441 *sq.* : « Désontologisation de l'objet mathématique, remplissement purement discursif et en abîme ».

comme un sens *médiat (mittelbar)*[1], contrairement au toucher qui offre une « perception externe immédiate » (*unmittelbare äussere Wahrnehmung*)[2] et qui constitue donc la référence du sens externe, puisque « sans cet organe des sens, nous ne pourrions nous faire aucune notion d'une forme corporelle ». Aussi l'ouïe ne peut-elle nous donner « la forme (*Gestalt*) de l'objet », puisqu'elle ne nous informe de lui que par l'intermédiaire de l'air mis en mouvement par lui, et que l'oreille ne ressent à proprement parler que ce mouvement, et non l'objet lui-même. Le son ne nous informe donc pas sur l'espace[3] : car s'il est incapable de nous donner comme le toucher la *forme* de l'objet, il ne peut pas davantage nous informer sur la *position* de l'objet hors de nous comme seul le peut le sens de la vue :

> La vue est, elle aussi, un sens de l'impression médiate par le moyen d'une matière en mouvement, la lumière, que seul peut éprouver un organe déterminé (l'œil) : la lumière n'est pas, à la manière du son, simple mouvement ondulatoire d'un élément fluide, mouvement se répandant de tous côtés dans l'espace alentour, mais une émanation déterminant pour l'objet un point dans l'espace (eine Ausströmung, durch welche ein Punkt für das Objekt im Raume bestimmt ist)[4].

1. I. Kant, *Anthropologie in pragmatischer Hinsicht*, Ak VII, Berlin, De Gruyter, 1907, § 18, p. 155; trad. fr. P. Jalabert, *Anthropologie d'un point de vue pragmatique*, dans *Œuvres philosophiques*, t. 3, Paris, Gallimard, 1986, p. 973.

2. *Ibid.*, § 17, p. 155; trad. fr., p. 973.

3. On pourrait voir ici une des sources de la difficulté à penser le rapport du son à l'espace : l'ouïe ne nous donne pas d'*image* des corps au sens propre, de sorte que *le modèle même de la représentation* ne va pas de soi pour qualifier le rapport du son à l'objet.

4. I. Kant, *Anthropologie*, *op. cit.* § 19, p. 156; trad. fr., p. 974.

Reste que l'ouïe, au même titre que le toucher et la vue, « mène, par la réflexion (*durch Reflexion*), le sujet à la connaissance de l'objet comme d'une chose hors de nous »[1]. La tentation est forte de lire cette phrase comme l'affirmation d'une extériorité de l'objet qui ne serait pas ou pas encore spatiale et qui, établie par réflexion, n'en serait pas moins directement fondée dans la sensibilité. Car si l'ouïe, en dépit de son absence d'inscription dans l'espace et du rapport seulement médiat qu'elle établit entre le sujet et l'objet, peut néanmoins présenter ce dernier comme extérieur au sujet, c'est que le critère de l'extériorité a été déplacé. Le sens externe ne se définit plus par la soumission du phénomène à la forme pure de l'espace, mais par le rapport à la *corporéité* : « Les sens, affirme Kant au § 15, se partagent en sens *externes* et sens interne (*sensus internus*) ; dans le premier cas, le corps est affecté par des choses corporelles (*körperliche Dinge*), dans le second par l'âme (*Gemüt*) »[2]. Cette formule peut sembler ramener la distinction fonctionnelle rigoureusement établie par la *Critique* entre le sens externe et le sens interne au fil directeur des formes pures de la sensibilité que sont l'espace et le temps à la distinction précritique mondaine entre le corps et l'âme. Mais on peut aussi la lire comme une tentative *quasi* phénoménologique de penser l'extériorité de l'objet en amont de son rapport à l'espace.

Une telle lecture serait cohérente avec l'affirmation de la primauté du sens du toucher par rapport à l'ouïe et même en un sens par rapport à la vue, en tant que celui-ci garantirait la reconnaissance de l'objet dans sa corporéité, donc comme objet extérieur ; cette lecture

1. *Ibid.*
2. *Ibid.*, § 15, p. 153 ; trad. fr., p. 971.

serait en outre confirmée par la thèse de la passivité de la sensibilité. En effet, dans l'« Apologie de la sensibilité » qui occupe les premières pages de l'*Anthropologie*, Kant s'emploie à distinguer radicalement la sensibilité de l'entendement afin de garantir la pureté des impressions sensibles et de déconstruire l'argument qui les présenterait comme potentiellement trompeuses. Plusieurs formules attestent cette volonté d'ôter à la sensibilité sa fonction structurante et de la présenter comme le lieu d'une donation brute des phénomènes :

> Les sens ne troublent pas. À qui a saisi une diversité donnée sans l'avoir toutefois encore mise en ordre (*noch nicht geordnet*), on ne peut faire grief d'y apporter le trouble [...]; Les sens ne commandent pas à l'entendement (*die Sinne gebieten nicht über den Verstand*). Ils ne s'offrent au contraire à l'entendement que pour lui proposer la disposition de leur service[1].

La sensibilité semble ainsi libérée de sa fonction de structuration pré-catégoriale de l'expérience au profit de l'entendement : « Les représentations sensibles précèdent assurément celles de l'entendement *et se présentent en bloc* (stellen sich in Masse dar) »[2]; plus précisément, toute configuration pré-conceptuelle de l'expérience pourrait ne pas provenir de la sensibilité mais bien de l'entendement lui-même : si les phénomènes sont déjà partiellement organisés, ce n'est pas par la sensibilité mais par ce qu'il conviendrait d'appeler déjà des jugements : « ces jugements n'émanent pas des sens, mais des réflexions réelles, encore qu'obscures, de l'entendement ».

1. I. Kant, *Anthropologie*, *op. cit.* § 9-10, p. 144-145; trad. fr., p. 962-964.

2. *Ibid.*, § 9, p. 144; trad. fr., p. 962.

On se gardera cependant d'exagérer la portée de ces phrases : pour sauver la sensibilité contre les accusations qui verraient en elle une prétention à gouverner l'entendement, Kant insiste sur le fait que la sensibilité *ne préjuge pas*, mais cela ne signifie aucunement que les représentations qu'elle fournit à l'entendement ne soient pas déjà mises en forme. Encore ce passage signale-t-il à nouveau la tension interne à la conception kantienne de l'espace comme condition du sens externe : *pour rendre compte de la capacité de l'ouïe à nous informer sur l'objectivité* – puisque l'ouïe fait partie des sens objectifs par opposition à l'odorat ou au goût qui sont définis comme des sens externes subjectifs[1] –, *il faudrait concevoir la sensibilité comme pur accès pré-spatial à une extériorité par simple contact avec la corporéité*; mais pour fonder la géométrie comme connaissance *a priori* de l'espace, il faut au contraire admettre que la sensibilité organise déjà les phénomènes externes spatialement. À vouloir accomplir la dimension proprement transcendantale de la *Critique*, c'est-à-dire fonder la connaissance, en l'occurrence géométrique, en tant que connaissance *a priori*, il semble qu'on ne puisse que rendre à la sensibilité un certain pouvoir de structuration pré-catégoriale des phénomènes, et donc un certain pouvoir sur l'entendement.

La solution de Helmholtz présente ici encore une issue à cette aporie : en déplaçant le niveau auquel l'espace doit être considéré comme la condition de possibilité des phénomènes externes (de l'espace intuitif déterminé de l'« Esthétique transcendantale » à la « *chôra* » spatiale qui constituerait le corrélat intuitif idéal du concept analytique d'espace), ne peut-on

1. *Ibid.*, § 16, p. 154 ; trad. fr., p. 972.

pas maintenir à la fois sa dimension fondatrice *et réduire au maximum son emprise sur l'entendement*[1] ? Aussi la sensibilité recevrait-elle pour fonction, non pas d'organiser les phénomènes dans un espace déjà déterminé quant à sa structure (et qui servirait de norme et de limite aux élaborations proprement intellectuelles), mais simplement de les présenter *comme* extérieurs à la conscience, les « sens externes » se distinguant ainsi des « sens internes » avant même que se trouve déterminé le type particulier d'espace qu'ils présentent.

Or, comme nous le signalions plus tôt, maintenir cette pureté de l'intuition de l'espace (bien au-delà de ce que fait Kant lui-même) est nécessaire pour éviter le problème que pose au modèle kantien le caractère non euclidien, et même probablement non homogène de l'espace tel que nous le donne l'ouïe.

2. Il faudra déployer une analyse beaucoup plus précise de l'espace sonore pour en caractériser la structure et déterminer le sens que peut avoir, dans le cadre d'un tel espace, d'en développer la géométrie. Dressons à ce stade une brève liste d'exemples signalant

1. C'est en un sens ce que fait Carnap dans un article de 1924 intitulé « Dreidimensionalität des Raumes und Kausalität », dans lequel il présente « l'expérience primaire » du monde comme une expérience *spatiale*, dans laquelle l'espace comporte même un nombre déterminé de dimensions (différent selon chacun des sens) mais ne détermine que des relations *topologiques* entre les objets. L'introduction d'une structure géométrique gouvernée par des systèmes d'axiomes n'intervient que par construction (que Carnap décrit par le terme « Fiktion ») et forme l'expérience secondaire ou de « de second ordre » (*zweiter Stufe*). Voir « Dreidimensionalität des Raumes und Kausalität. Eine Untersuchung über den logischen Zusammenhang zweier Fiktionen », *Annalen der Philosophie* IV, p. 105-130, en part. p. 109-110.

l'inapplicabilité des structures de l'espace visuel à l'espace sonore – exemples sur lesquels nous serons amenés à revenir par la suite. Premièrement, il n'est pas évident que l'espace sonore soit tridimensionnel, et ce en dépit de l'emploi du terme de « son 3D », par analogie aux « lunettes 3D », par la technique du son binaural[1]. S'il est toujours possible de déterminer la provenance d'un son de la gauche ou de la droite, il ne l'est pas toujours en effet de déterminer une profondeur ou une distance par rapport au sujet, ni d'ailleurs de positionner l'objet par rapport à un axe haut-bas[2]. Deuxièmement, la précision de l'évaluation de la position d'un objet varie selon deux critères : 1. sa proximité par rapport au sujet, comme si, en dehors d'une zone située dans la proximité immédiate par rapport à moi, l'espace était affecté d'une profonde indétermination ; 2. certaines propriétés hylétiques du son lui-même, certains sons ne présentant pas le même comportement spatial que d'autres. Ainsi, un son trop intense, par exemple, ou encore trop grave, ne pourra pas être localisé, alors que dans les mêmes conditions perceptives, un son moins intense ou plus aigu pourrait aisément l'être. Lorsqu'un organiste utilise un jeu de flûte léger et aigu, par exemple de quatre pieds, il lui est parfaitement possible de distinguer les tuyaux situés à droite de l'orgue de ceux situés à gauche ; mais une registration plus forte, comme le *tutti* ou le « grand jeu », ou plus grave, comme les grands tuyaux de fonds de 32' des grandes orgues de cathédrales, rend la localisation impossible.

1. *Cf.* le chapitre V de ce livre, p. 179 *sq.*

2. Cette propriété de l'espace sonore nous apparaîtra comme la conséquence de la binauralité. Voir *infra* p. 203 *sq.*

Le caractère non homogène de l'espace auditif semble donc culminer vers une possibilité idéale : celle de la disparition pure et simple du sentiment de spatialité, soit parce que le son provient d'une zone où la localisation devient par essence vague, soit parce qu'il possède certaines propriétés hylétiques. Kant lui-même, dans l'*Anthropologie*, avait reconnu la possibilité qu'une intensité trop forte d'une perception sensible pût faire basculer la perception externe en une perception interne :

> Mais lorsque l'impression est si forte que la conscience de la mise en mouvement de l'organe en vient à dominer celle du rapport à un objet extérieur, les représentations externes se transforment en représentations internes (*so werden äussere Vorstellungen in innere verwandelt*) (…); la violence de l'impression sensible empêche de parvenir au concept de l'objet, l'attention étant au contraire fixée par la représentation *subjective*, à savoir par l'altération de l'organe[1].

Non seulement donc l'espace auditif n'est ni euclidien, ni homogène, mais il manifeste une possibilité qui, certes, existe aussi pour l'espace visuel, mais qui y demeure bien plus exceptionnelle : celle de la disparition de toute perception d'espace, voire de toute extériorité. *Le brouillage de la frontière entre l'interne et l'externe serait ainsi la limite de la déformation de l'espace qui se manifeste particulièrement dans l'espace auditif.*

Le modèle transcendantal doit donc s'adapter pour pouvoir rendre compte de l'espace auditif et, à un second niveau, de son articulation à l'espace visuel. Sur le modèle des réflexions de Helmholtz, nous devrons, pour y parvenir, accomplir un *déplacement du niveau*

1. I. Kant, *Anthropologie, op. cit.* § 19, p. 156 ; trad. fr., p. 975.

de transcendantalité de l'espace – du niveau, donc, où il peut être pertinent de considérer l'espace comme condition transcendantale des phénomènes externes.

Mais un tel déplacement sera-t-il suffisant pour résoudre le second problème auquel le modèle kantien semble devoir se confronter, et qui constituera le thème propre de ce livre : celui du statut de la triade espace-extériorité-objectivité dans les perceptions non visuelles, et en particulier dans les phénomènes auditifs ? Ce second problème a trouvé une formulation particulièrement forte dans le deuxième chapitre d'*Individuals* de Peter Strawson.

On a pu à juste titre interpréter cet ouvrage comme une tentative de reformulation analytique de la question transcendantale kantienne : la question de Strawson serait en effet de déterminer les conditions de possibilité d'une identification et d'une réidentification de « particuliers » publics, donc de ce qu'il conviendrait d'appeler des *objets* externes. Or, dans le premier chapitre, Strawson explicite ce qui, chez Kant, était tacitement admis : le schème conceptuel sur la base duquel nous identifions des particuliers est profondément lié aux propriétés de l'espace visuel. En dehors de cet espace, rien ne dit que les conditions d'une identification des particuliers, de leur réidentification et de leur publicité, soient véritablement remplies.

Strawson établit explicitement le lien entre son problème et celui de Kant :

> Je peux donc indiquer la direction de recherche que j'ai en vue, en posant deux questions qui, par la forme et, en partie, par le contenu, rappellent les questions de Kant. Quelles sont les conditions les plus générales

> que l'on peut formuler, concernant la connaissance des particuliers objectifs ? Ces conditions les plus générales exigent-elles, à titre de conséquence, que les corps matériels soient les particuliers de base, ou est-ce là simplement un trait particulier de notre schème de connaissance des particuliers objectifs ? Ou encore – pour combiner les deux questions en une seule – le statut des particuliers de base accordé aux corps matériels est-il une condition nécessaire de la connaissance des particuliers objectifs ?[1]

Or, cette notion de corps matériel est inséparable de l'espace-temps, dans lequel seul une référence à un particulier peut s'avérer véritablement *définie*. Identifier un particulier, c'est le rapporter ultimement à un corps matériel, lequel se caractérise par le fait d'être situable dans l'espace et dans le temps, ce pourquoi « le fait que les corps matériels soient, dans notre schème, les particuliers de base, peut se déduire du fait que notre schème a une certaine particularité, à savoir qu'il est le schème d'un système unifié spatio-temporel ayant une dimension temporelle et trois dimensions spatiales »[2]. Il est donc nécessaire, pour tester la résistance de la thèse de la primauté des corps matériels, d'envisager la possibilité d'un monde sans espace, et de se demander si des références à des particuliers objectifs y seraient possibles : « Pourrait-il y avoir un schème entièrement non spatial, qui soit cependant en mesure de nous procurer un système de particuliers objectifs ? »[3]. La question « nous fait penser, encore une fois, à Kant », et pour cause : elle pose frontalement le problème (que nous

1. P. F. Strawson, *Individuals*, *op. cit.*, p. 62 ; trad. fr., p. 68.
2. *Ibid.*
3. *Ibid.* ; trad. fr., p. 69.

avons esquissé) du rapport entre objectivité, extériorité et spatialité sous la forme d'une autre triade : espace-objectivité-identifiabilité. Strawson, refusant l'approche phénoménologique par laquelle nous élaborerons cette distinction, assimile extériorité et spatialité – ces deux termes recevant effectivement, au niveau de l'analyse du *langage*, un sens similaire voire indifférenciable –, si bien que le problème se résume à déterminer « s'il pourrait exister un schème susceptible de nous procurer des particuliers objectifs, qui se passerait du sens externe, ainsi que de toutes ses représentations. Je suggère une exploration du monde non spatial »[1].

Le problème de Strawson définit donc un aspect de notre problème (lequel intégrera également la question du rapport entre extériorité et espace), et rejoint par une autre voie le problème que posaient au transcendantalisme kantien les géométries non euclidiennes : dans quelle mesure et à quel niveau l'espace est-il la condition transcendantale de l'objectivité ? Car à supposer que nous n'ayons pas d'espace (ce que, contrairement à ce qu'affirme Kant, nous pouvons, précise Strawson, parfaitement imaginer ![2]), c'est la distinction fondatrice de l'objectivité qui semble fragilisée : « Avec le modèle que j'ai choisi, celui d'un monde non spatial, il faudra remettre en question quelque chose que j'ai accepté [...] comme allant de soi : à savoir la distinction qu'établit celui qui utilise un schème conceptuel entre, d'un côté, lui-même et ses propres états et, de l'autre, d'autres particuliers dont il a connaissance ou qu'il

1. *Ibid.*, p. 63 ; trad. fr., p. 69.

2. Voir *ibid.*., p. 62-63 ; trad. fr., p. 69 ; le passage en question de Kant se situe en B 38 (trad. fr., p. 785).

expérimente »[1]. Dans un monde sans espace, ne perd-on pas l'extériorité, et avec elle, l'objectivité ? La triade kantienne semble ici inextricable – au point qu'au lieu de la dénouer, Strawson affirmera que pour garantir l'objectivité, il faudra nécessairement recourir à une autre forme d'espace, fût-elle analogique.

Or, il est essentiel pour nous que l'exemple choisi par Strawson pour brouiller la frontière entre l'interne et l'externe et interroger le statut transcendantal de l'espace soit précisément celui de la perception *sonore*. Le statut d'objet des objets sonores, ou dans une moindre mesure des objets tactiles, est éminemment problématique parce que leur inscription dans l'espace ne va pas de soi : or peut-on parler d'objet, c'est-à-dire de particulier public et réidentifiable, en dehors de l'espace ? Peut-on en d'autres termes parler d'objet en dehors de ce qu'il conviendra d'appeler, en vocabulaire kantien, le sens externe ?

Le son serait en effet un objet essentiellement temporel, auquel une spatialité ne pourrait être ajoutée que par analogie ou de manière seulement synesthésique ou kinesthésique. L'analyse de Strawson repose sur l'opposition entre les représentations sonores et tactiles de l'espace : s'il est en effet possible de douter de la capacité des seules sensations tactiles pures à nous donner une représentation de l'espace, et plus précisément à donner une signification à des expressions comme « en haut », « à gauche », « plus près », etc., l'adjonction de sensations kinesthésiques à ces sensations élimine la difficulté. La simple rencontre de l'objet avec ma main ne suffit pas à le localiser, certes, mais la corrélation de cette rencontre avec la sensation kinesthésique du

1. P. F. Strawson, *Individuals*, *op. cit.*, p. 64 ; trad. fr., p. 70.

mouvement vers cet objet génère une représentation de l'espace certes différente de celle de l'espace visuel – une représentation peut-être seulement topologique –, mais dont le caractère spatial ne pose pas question. La perception tactile ne poserait donc au modèle kantien que le problème de l'articulation d'un espace n'obéissant pas aux axiomes d'Euclide avec l'espace tridimensionnel euclidien de la perception visuelle, mais le statut d'objets externes des objets tactiles ne serait aucunement mis en cause.

Au contraire, il n'est pas évident qu'une représentation purement auditive de l'espace soit possible. Plus précisément :

> Le fait est que, là où l'expérience sensible est de caractère non seulement auditif mais également tactile et kinesthésique – ou, comme dans la plupart des cas, à la fois tactile, kinesthésique et visuelle –, nous pouvons parfois assigner des prédicats spatiaux par simple recours à l'ouïe. Mais il ne s'ensuit pas que là où l'expérience est supposée être exclusivement de caractère auditif, il y aurait également place pour des concepts spatiaux[1].

Et Strawson de glisser de cette difficulté à l'affirmation du caractère non spatial des sensations auditives :

> Il est évident, à mon avis, qu'il n'y aurait pas place pour de tels concepts. Les objets de l'expérience sensible seraient des sons ; bien entendu, les sons ont entre eux des rapports temporels et leurs caractéristiques peuvent varier de différentes manières : du point de vue de la force, de la hauteur, du timbre. Mais ils n'ont aucune caractéristique intrinsèquement spatiale : les

1. *Ibid.*, p. 65 ; trad. fr., p. 72.

> expressions telles que « à gauche », « vers le haut, dans l'espace », « plus près », « plus loin », n'ont aucune signification intrinsèquement auditive[1].

Si l'espace tactile est un espace « appauvri » par rapport à notre concept d'espace, il faut donc bien dire qu'*a fortiori*, « un concept purement auditif de l'espace est une impossibilité »[2]. Plus précisément, il n'y aurait d'espace sonore qu'en un sens métaphorique, les objets sonores étant en eux-mêmes indifférenciables des objets internes.

Si la musique savante regorge d'exemples illustrant l'ambiguïté de la sensation auditive de distance, on citera celui des pédales expressives que les facteurs d'orgue du XIXe siècle ont pris l'habitude d'associer au clavier du Récit : en actionnant cette pédale, l'organiste peut en effet créer un effet d'éloignement qui se réduirait en réalité à une différence d'intensité et de timbre générée par l'ouverture ou la fermeture des jalousies situées devant la boîte enfermant les tuyaux. Se manifeste ici l'ambiguïté que révélait l'analyse de Strawson, à savoir le brouillage de la distinction entre les propriétés spatiales (ici, l'éloignement) et les propriétés qualitatives du son (ici, le timbre et la durée), et conséquemment le brouillage de la frontière entre le sens externe et le sens interne.

Mais il est essentiel de noter que le problème de Strawson diffère fondamentalement du problème que la phénoménologie du son pose à la philosophie transcendantale kantienne. Il ne s'agit pas pour Strawson de garantir l'objectivité en un sens ontologique, ni

1. P. F. Strawson, *Individuals*, *op. cit.*, p. 65 ; trad. fr., p. 72.
2. *Ibid.*,p. 66 ; trad. fr., p. 73.

même véritablement d'un point de vue épistémique, mais seulement de s'interroger sur les conditions dans lesquelles une référence à un particulier peut être effectuée *dans le langage*, c'est-à-dire dans une situation de communication dans laquelle des interlocuteurs doivent pouvoir se référer à une même chose, et donc la réidentifier. Gareth Evans, dans un article lumineux sur ce chapitre de Strawson, insiste sur le fait que l'analyse de Strawson conduit ainsi à relativiser tous les critères qui, dans le premier chapitre, paraissaient constituer les conditions transcendantales de l'objectivité[1].

Aussi l'espace-temps ne joue-t-il pas pour Strawson le rôle d'une condition de possibilité de l'objectivité *en tant que telle* : il n'est pas nécessaire, pour pouvoir formuler des énoncés compréhensibles par une communauté d'individus, que les particuliers se présentent *dans l'espace*, mais seulement qu'il soit possible de les ordonner dans une *structure d'ordre* dans laquelle chacun puisse recevoir une position déterminée sur le fondement de laquelle il pourra être (ré)identifié et grâce à laquelle il sera toujours par principe possible de fournir une description suffisamment définie pour garantir l'univocité de la référence faite à ce particulier dans un énoncé. C'est pourquoi il demeure toujours possible, pour Strawson, de fonder l'identification des particuliers sur un *substitut* d'espace et non sur l'espace lui-même, et c'est pourquoi la solution au problème de l'expérience purement auditive sera, non pas de la ramener à l'espace à proprement parler, mais à un espace *analogique*.

> Nous avons déjà vu que nous ne pouvons pas donner un sens en termes purement auditifs à l'idée de lieu, et par

1. G. Evans, « Things without the Mind… », art. cit.

> suite à l'idée d'un système spatial d'objets. Cependant, il semble bien qu'il nous faille une dimension autre que temporelle pour caser les particuliers sensoriels que nous n'entendons pas en ce moment, si nous voulons donner un sens satisfaisant à l'idée qu'ils existent actuellement sans être perçus, et par conséquent à l'idée qu'il est possible de réidentifier des particuliers dans un monde purement auditif, et par conséquent, peut-être, à l'idée qu'il peut exister une conscience non solipsiste dans un tel monde purement auditif. Notre question, donc, se transforme en celle-ci : puisque nous ne pouvons pas donner une interprétation littérale, même appauvrie, de concepts spatiaux en termes purement auditifs, pouvons-nous du moins trouver dans les éléments auditifs un quelconque trait variable, susceptible de nous donner ce que nous pourrions appeler une *analogie de l'espace ?* [1]

Si une telle analogie de l'espace est suffisante, c'est parce que sa fonction n'est qu'*analogiquement transcendantale* et se réduit à fonder l'univocité de la référence. Le déplacement de la question transcendantale de la connaissance (ou même de l'expérience) vers le langage en modifie profondément le sens et se marque par la substitution de la problématique de l'identification à celle de l'extériorité. Strawson le dit explicitement, il ne s'agit pas de fonder l'existence du particulier hors de la conscience mais seulement de déterminer ce qui nous permet d'en *parle*r :

> Nous avons besoin de cette analogie de l'espace pour faire une place au particulier qui n'est pas perçu mais qui existe. En gros, nous en avons besoin pour faire une place à quelque chose comme l'idée de l'absence

1. P. F. Strawson, *Individuals*, *op. cit.*, p. 74 ; trad. fr., p. 82-83.

> et de la présence – non pas absence et présence dans le sens le plus absolument général de ces termes, mais absence ou présence dans un sens qui nous permettrait de dire d'une chose qu'elle est plus ou moins éloignée ou séparée du point où nous nous trouvons[1].

On ne peut donc ni rabattre la question de Strawson sur la question transcendantale, ni considérer que la solution à la première peut être considérée comme une solution à la seconde.

Il y aurait pourtant quelque chose de séduisant dans l'idée d'une analogie de l'espace qui vaudrait comme le substitut auditif de la condition transcendantale de l'expérience externe. Le but de l'analogie étant de distinguer l'interne de l'externe et de garantir la sortie du solipsisme, c'est en particulier la notion de *distance* qu'il semble essentiel de préserver – la distance de l'objet par rapport au sujet étant, rappelons-le, la première caractéristique de l'espace donnée par Kant dans l'« exposition métaphysique » du concept d'espace. Toute la force de l'argument de Strawson repose donc sur le fait que l'analogie de l'espace fournit précisément ce qui semble le plus difficile à maintenir dans un univers sonore, où la binauralité rend la situation d'un objet à gauche ou à droite beaucoup plus immédiate que la mesure de sa distance[2]. L'idée de Strawson est de considérer un son de timbre et d'intensité constante, mais de hauteur variable de manière continue (et donc susceptible de recevoir une *infinité* de valeurs possibles), le « master-sound » ou « maître-son »[3], qui

1. *Ibid.*, p. 75 ; trad. fr., p. 83.
2. *Cf.* chap. V, p. 202 *sq.*
3. P. F. Strawson, *Individuals*, *op. cit.*, p. 76 ; trad. fr., p. 84.

accompagnerait toute perception sonore, à la manière des bruits de fond qui accompagnent toujours plus ou moins intensément l'écoute radiophonique. Il serait alors en droit possible d'associer arbitrairement une hauteur déterminée du maître-son à un particulier sonore, entendons par là un « objet », c'est-à-dire, selon Strawson – et cette assimilation ne va pas sans poser question – un morceau de musique ou tout au moins un groupe de sons doué d'une unité et séparable des autres particuliers sonores. En entendant le particulier sonore P, j'entends donc une hauteur déterminée L du maître-son que je n'entends plus lorsque le particulier n'est plus entendu ; je peux donc me « déplacer » dans l'espace sonore, m'éloigner de P, et la distance par rapport à lui sera mesurée par l'écart de hauteur entre L et la nouvelle hauteur du maître-son L'. Si je « retourne en arrière », alors je parcourrai la suite continue des valeurs comprises entre L'et L, et en entendant à nouveau P accompagné de la valeur L du maître-son, je pourrai le réidentifier de manière univoque comme le *même* particulier.

Ce modèle permet donc de construire un *analogon* de la distance, mais également du déplacement, de l'éloignement et du rapprochement par rapport à un particulier donné. On peut également imaginer que le maître-son fournisse un repère intersubjectif grâce auquel pourraient être faites des références communicables à des particuliers :

> À tel ou tel moment, la hauteur du maître-son déterminerait un analogue auditif de ce que serait la position dans le monde sonore à ce moment-là. On conçoit alors le monde sonore comme contenant de nombreux particuliers que l'on n'entend pas à tel ou tel moment, mais qui pourraient être entendus à partir

> de positions autres que celle que l'on occupe à ce moment-là[1].

Cette marque d'objectivité – la possibilité de percevoir le particulier d'un point de vue où je ne me situe pas actuellement – est également, on le sait, la condition de possibilité d'un accord intersubjectif sur l'objet[2], et donc de sa réidentification par d'autres sujets à travers une référence faite dans un énoncé linguistique. Mais plus encore, le modèle du maître-son offre une place à la distinction, difficile à construire dans le monde sonore, entre un particulier et un universel sonore. Car ce qui est associé à la position L n'est pas seulement le « morceau » M (ou l'objet sonore) en général, à savoir la suite idéale de sons qui peut être jouée à différents moments, par différents instrumentistes, et qui peut, en tant qu'elle est idéale, être transcrite sur une partition. Il est au contraire possible d'associer la valeur L au *particulier*, que nous appellerons P_M, à savoir le morceau M joué par *tel* musicien dans tel ou tel lieu. Strawson utilise aussi la comparaison avec la radio : « On peut éliminer un poste émetteur et ensuite y revenir pendant que le même morceau est en cours d'exécution ; ou bien on peut capter un autre poste où le même morceau est donné simultanément par un autre orchestre »[3]. Aussi l'analogie du maître-son fournit-elle au langage toutes les conditions pour que des particuliers puissent être identifiés et servir de référence à des énoncés – en

1. P. F. Strawson, *Individuals*, *op. cit.*, p. 77 ; trad. fr., p. 85.

2. Voir à ce sujet la relation intime construite par Husserl, dans la quatrième et la cinquième des *Méditations cartésiennes*, entre « l'*ego* en général » et la constitution effective du point de vue de « l'*alter ego* ».

3. P. F. Strawson, *Individuals*, *op. cit.*, p. 77 ; trad. fr., p. 85-86.

d'autres termes, toutes les conditions que réunissait l'espace réel *dans ce cadre, non pas transcendantal, mais linguistique.*

Force est cependant de remarquer que certaines des caractéristiques essentielles de l'espace ne sont pas respectées par ce modèle, qui pourtant seraient nécessaires pour rendre compte de l'expérience sonore en tant qu'expérience externe. Helmholtz fournit ici encore un outil critique puissant. Dans un article intitulé « Über die Tatsachen, die der Geometrie zugrunde liegen »[1], il montre que les caractéristiques formelles de l'espace énoncées en particulier par Riemann reposent sur un certain nombre de *faits*, et en particulier sur la possibilité, dans l'espace proprement dit, d'effectuer certains *mouvements*. Or, l'analogie de Strawson semble rendre possible tout mouvement de *translation* à travers lequel la distance entre les objets et le sujet pourrait être modifiée. Mais l'espace possède en outre la caractéristique de rendre possible un autre type de mouvement : la rotation. Plus précisément : la rotation sans retour en arrière, mais à travers laquelle l'objet peut, *in fine*, retrouver sa position initiale – mouvement, non seulement possible dans l'espace visuel, mais également dans l'espace sonore, dans la mesure où je peux toujours effectuer un tour sur moi-même et retrouver *in fine* la position relative que j'occupais avant mon mouvement par rapport à l'objet. Mais précisément : dans l'espace purement linéaire du maître-son, il n'y a pas ni ne peut y

1. H. v. Helmholtz, « Über die Tatsachen, die der Geometrie zugrunde liegen », dans *Schriften zur Erkenntnistheorie*, *op. cit.*, p. 38-55; trad. fr. J.-B. Fournier, « Des faits qui sont au fondement de la géométrie », dans *Théorie de la connaissance. L'édition du centenaire 1821-1921*, *op. cit.*, p. 69-105.

avoir de rotation, ni par principe de mouvement continu qui, sans retour en arrière, reviendrait cependant à une position initiale donnée.

Strawson précise cependant explicitement que « la nature essentiellement incomplète de l'analogie n'est pas une objection décisive »[1]. Gareth Evans proposera d'ailleurs une autre analogie spatiale pour rendre compte de l'objectivité des phénomènes sonores *au sens de Strawson*, c'est-à-dire, en réalité, de notre capacité à se référer à eux de manière univoque dans des énoncés compréhensibles par une communauté d'individus. Reste que, même à supposer qu'on parvienne à garantir l'objectivité des phénomènes sonores en ce sens, rien ne semble dire que nous ayons répondu à notre problème et qu'une analogie de l'espace puisse servir de condition de possibilité de l'expérience des phénomènes sonores comme objets, et comme objets *externes*. L'ambiguïté du premier résultat de l'« Esthétique transcendantale » dont nous étions partis semble avoir résisté à nos analyses, et, si une analogie de l'espace ne peut satisfaire les exigences proprement transcendantales, c'est qu'*il faut bien que le fondement de l'extériorité soit, à proprement parler, un espace*, fût-il désaxiomatisé.

1. P. F. Strawson, *Individuals*, *op. cit.*, p. 81 ; trad. fr., p. 89.

CHAPITRE II

ESPACE SONORE ET ANALOGIE D'ESPACE

Restreignons provisoirement notre analyse au seul problème de Strawson tel que nous venons de le distinguer du problème proprement transcendantal de l'extériorité du monde sonore ; limitons-nous donc à la seule question de la réidentification des particuliers sonores en vue du langage, afin de déterminer si les solutions que cette formulation du problème permet de construire sont suffisantes pour résoudre le nôtre. Or, si Gareth Evans critique à juste titre le modèle du maître-son comme n'étant pas à la hauteur du problème auquel il est censé apporter une solution, il a tout autant raison de reconnaître que le *principe* d'une analogie de l'espace fournit un fondement suffisant pour garantir la référence des énoncés dans un univers seulement sonore :

> À prendre l'illustration du maître-son au sérieux, on s'empêche de défendre la thèse kantienne jusqu'au bout, comme on souhaitait le faire, ou on se trouve contraint de considérer comme spatial un schème de pensée si radicalement différent du nôtre qu'on diminue très fortement l'intérêt de la conclusion, même si on pouvait la défendre correctement. À la

> lumière de ces considérations, nous pouvons sûrement deviner que la faute en revient à l'illustration et non à l'argument qu'elle était censée illustrer[1].

L'expression « défendre la thèse kantienne » est cependant à prendre en un sens rigoureusement analytique, puisque d'après Evans, le véritable « nœud »[2] de l'argument de Strawson consiste à établir une « connexion entre objectivité et réidentification », mais en un sens pour ainsi dire inversé par rapport à la thèse transcendantale kantienne. Ce n'est pas parce que l'expérience possède une objectivité (gagnée par quelque déduction transcendantale), ni parce que donc les objets possèdent *a priori* une forme de permanence quand je ne les perçois pas, qu'elle rend possible une réidentification, mais c'est au contraire dans la stricte mesure où une réidentification peut avoir lieu au sein des énoncés portant sur les objets que ces derniers peuvent être considérés comme objectifs. Cette connexion ne doit donc pas être interprétée en un sens strictement transcendantal, ni même comme la dépendance de quelque noème par rapport à une noèse qui serait « l'acte » de réidentification, mais simplement comme le rapport entre un certain type d'acte linguistique que nous savons effectuer et les conditions que cet acte présuppose remplies.

Pour déterminer l'espace ou l'analogie d'espace au fondement de l'expérience sonore, la démarche analytique consistera donc à déterminer le type d'identification que nos énoncés portant sur un univers sonore *auraient besoin de mettre en œuvre* pour pouvoir

1. G. Evans, « Things without the Mind... », art. cit., p. 255.
2. *Ibid.*, p. 256.

se référer à des particuliers. Or, ce que nous réidentifions dans un univers sonore, ce ne sont pas à proprement parler des objets mais des « processus » : entendre un « même » son, c'est identifier un processus entendu à un moment donné comme étant le même ou la suite du même processus qu'à un moment antérieur de notre expérience.

> Supposons que Hero [la personne vivant dans un monde seulement sonore] atteste l'indépendance du monde en admettant la possibilité qu'il y ait plus tard des parties non encore entendues du même son dont il avait entendu une partie antérieure, et donc la possibilité pour lui d'entendre les parties postérieures du même son dont, avant une interruption, il avait entendu la partie antérieure. Il ne s'agit pas encore là d'un *objet* (*item*) qui persiste dans le temps (*persists through time*), mais plutôt d'un *processus* auditif qui *s'étend dans le temps*. Si le concept de réidentification doit être utilisé en connexion à des processus, il faut reconnaître qu'il est utilisé en un tout autre sens que celui qu'il a en connexion à des choses[1].

Or, il faut bien remarquer deux choses : premièrement, que pour réidentifier des processus de ce type, l'espace *à proprement parler* n'est pas nécessaire – il est même, en un sens, superflu, et il suffira de pouvoir ordonner ces processus dans *une* dimension ; et deuxièmement, qu'on peut atteindre ainsi une notion minimale mais suffisante d'objectivité, dans la mesure où l'on peut réduire cette dernière à la situation « dans laquelle un sujet fait une expérience impliquant une dualité entre, d'un côté, *ce dont il a l'expérience* (une partie du monde) et, de l'autre,

1. *Ibid.*, p. 257.

l'expérience qu'il en a (un événement dans la biographie du sujet) »[1]. L'objectivité nécessaire pour garantir la référence de nos énoncés ne présuppose pas l'extériorité au sens spatial du terme, mais seulement l'extériorité au sens de l'opposition entre le moi et le non-moi. L'espace ne doit donc pas être une structure que les objets devraient effectivement *occuper*, mais une structure dans laquelle des processus pourraient être *situés*[2].

C'est à la lumière de cette disjonction de la question de l'objectivité et de celle de l'extériorité au profit de la connexion entre l'acte linguistique d'identification et l'objectivité réduite à son sens minimal que l'on peut comprendre l'analogie d'espace substituée par Gareth Evans au modèle strawsonien du maître-son. Cette analogie est somme toute très classique, puisqu'elle revient à *articuler une expérience sonore ordonnée dans un espace analogique uni-dimensionnel à une expérience kinesthésique.* Evans imagine ainsi une expérience fondée sur le déplacement du sujet dans le monde (déplacement dont il a conscience) au cours duquel il rencontrerait des phénomènes sonores dans un certain ordre (*temporel*), un événement *k* apparaissant toujours entre *k'* et *k''*, au sens où *k* apparaîtrait toujours *après k'* et *avant k''* à condition qu'un certain mouvement soit fait dans lequel ces expériences se succèdent généralement. Le sujet se ferait ainsi une « carte [*map*] » du monde au cours de son expérience « fondée sur le déplacement [*travel-based*] »[3], carte qui lui servirait de référence pour

1. G. Evans, « Things without the Mind… », art. cit., p. 277.

2. G. Evans reconnaît d'ailleurs son incapacité à fournir un modèle dans lequel les objets sonores seraient perçus comme *occupant* un espace (voir « Things without the Mind », art. cit., p. 280).

3. *Ibid.*, p. 255.

structurer son monde mais qui se modifierait elle-même sans cesse au cours de son expérience. En connexion avec l'expérience kinesthésique du déplacement dans le monde – laquelle est *à proprement parler* spatiale mais suppose donc qu'à un niveau pré-empirique ou plutôt *avant* l'expérience sonore elle-même, quelque chose comme une spatialité ait déjà été construite –, un simple ordonnancement du flux temporel de l'expérience sonore dans un pseudo-espace unidimensionnel suffit donc pour garantir l'objectivité *au sens de la question pseudo-transcendantale que nous posons ici.*

Or, la tentation existe de ne pas limiter ce type de solution – consistant à maintenir la dimension essentiellement temporelle du son tout en proposant un modèle pour l'ordonner spatialement – à la question linguistique à laquelle elle est censée répondre, mais à y voir une solution au moins épistémologique voire, à travers une hypostase qu'il importera de déconstruire, ontologique. Il faut pour s'en convaincre revenir aux tentatives de modélisation spatiale du son comme celles que les psychologues, musiciens et musicologues ont pu mettre en œuvre, en particulier depuis la seconde moitié du XIXe siècle.

L'idée directrice d'une telle modélisation spatiale des sons, censée garantir leur identification (et à travers elle leur objectivité) sans recourir à l'espace à proprement parler, consiste à les inscrire dans un espace formel déconnecté de l'espace intuitif, et à *substituer* une notion analogique (ou au contraire plus fondamentale) de distance à la distance proprement dite. C'est ce que fait Carl Stumpf dans sa *Psychologie du son* en ramenant les jugements portant sur l'inscription du son dans l'espace à des cas particuliers de « jugements de distance »

(*Distanzurteilen*[1]) valant en général pour toutes les dimensions de la sensation sonore. Les jugements de distance reposent en effet sur une évaluation intuitive de la distance qui se présente comme une « comparaison de distance (*Distanzvergleichung*) »[2] au niveau même de la sensation. Pour qu'une telle comparaison soit possible, il faut donc que les sensations puissent au moins en droit se répartir dans un espace régi par leurs relations de plus ou moins grande proximité (relativement au critère de la ressemblance), espace dans lequel les variations qualitatives peuvent être représentées quantitativement, mais sous forme continue. Un tel espace doit cependant être rigoureusement distinct de l'espace à proprement parler, le concept de distance recevant ici une signification bien plus large que le concept intuitif ou proprement spatial de distance – une signification, pouvons-nous dire de manière ici anachronique, topologique. Le concept de distance « signifie, dans son acception la plus large, la valeur réciproque du degré de ressemblance (*Ähnlichkeitsgrades*)[3] de deux sensations ou, en un mot, leur degré de dissemblance (*Unähnlichkeit*) »[4] relativement à une dimension donnée du son, la distance étant toujours ici relative. Si deux sensations peuvent être « proches » quant à leur situation dans l'espace et le temps (y compris, notons-le, dans le

1. C. Stumpf, *Tonpsychologie*, Cambridge, Cambridge University Press, 2013, § 7, p. 128. Une traduction collective de cette œuvre en français est actuellement en cours, à paraître aux Presses Universitaires de France, coll. « Épiméthée ».

2. *Ibid.*, § 7, p. 122.

3. Nous traduisons « Ähnlichkeit » par « ressemblance » par cohérence avec la traduction de l'*Aufbau* de Carnap à laquelle nous ferons référence ci-dessous.

4. C. Stumpf, *Tonpsychologie*, *op. cit.*, p. 122.

cas du son), si de même il est évident qu'elles puissent l'être en termes de hauteur, il demeure cependant toujours possible de s'interroger sur la distance entre les sensations dans chacune de leurs dimensions : il est ainsi toujours possible, par exemple, de s'interroger sur la distance de « force » (*Stärkedistanz*) entre deux sons, si bien que « les jugements fondés sur la question de la distance sont *en général* possibles, et ce de manière immédiate »[1]. Cette immédiateté vient du fait que les distances sont précisément *données*, et que ces mesures sont effectuées directement sur la base de la sensation, et non discursivement ou par abstraction. Les jugements de distance ne sont que l'expression de ces mesures immédiates des distances par « *Distanzvergleichung* » – mesures « prises, non sur les objets extérieurs, mais sur les sensations mêmes »[2].

Mais précisément, cette immédiateté de la donation de la distance ne doit pas nous conduire à rabattre ce concept de distance (et le concept sous-jacent d'espace) sur le concept proprement spatial de distance ou, plus généralement, sur l'espace intuitif. Stumpf insiste sur ce point : dans la mesure oculaire de la distance (au sens proprement spatial), cette dernière est relative à la quantité d'éléments appréhendés entre les deux points dont il s'agit d'évaluer l'éloignement. Évaluer une distance entre deux points suppose donc de se représenter effectivement tous les points situés entre eux, la distance étant égale à la quantité de sensations nécessaires pour les appréhender. Il n'en va pas de même dans la mesure des degrés d'*Ähnlichkeit* qui déterminent la distance

1. *Ibid.*, p. 123.
2. *Ibid.*, p. 124.

entre deux sensations : l'évaluation est ici directe et n'englobe aucunement les perceptions intermédiaires. Le cas de la perception d'un intervalle constitue un exemple indéniable : « entendre » une seconde ou une quinte ne revient pas à mesurer le « nombre » de notes séparant les deux sons entendus, mais possède au contraire un caractère d'immédiateté, une « qualité » propre à cette distance, de même que la sensation sonore elle-même distingue immédiatement le son plein d'une octave obtenu par l'adjonction des seize-pieds de l'orgue à un jeu de huit pieds du son « creux » généré par le couplage d'un jeu de huit pieds avec un jeu de deux pieds. Aussi une septième sera-t-elle qualitativement plus « proche » d'une seconde que d'une quinte, une octave d'un unisson plus que d'une tierce, ce qui interdit de penser ici la distance à la lumière de la notion visuelle – géométrique – que véhicule ce terme.

Autant donc il est impossible de traiter la distance qualitative ou sensible sur le modèle de la distance visuelle, autant il est théoriquement possible de traiter la distance proprement spatiale comme un cas particulier de la distance qualitative, dans la mesure où la perception de la distance (spatiale) doit bien pouvoir s'inscrire, à un niveau plus fondamental, dans la sensation même, laquelle s'inscrit de prime abord dans un espace qui n'est espace qu'analogiquement, et repose entièrement sur des relations de plus ou moins grande « ressemblance » entre les vécus.

Du côté de la musicologie, on trouve une illustration particulièrement frappante d'une telle représentation spatiale des « distances » (entendues au sens de rapports d'*Ähnlichkeit*) dans la tradition d'analyse harmonique héritée du *Tonnetz* d'Euler[1] et approfondie par Hugo Riemann[2] puis, à la fin du XXe siècle, par David Lewin et Richard Cohn[3]. Qu'il soit en effet possible de caractériser spatialement les égalités et les distances entre les *harmonies* est en effet d'autant plus remarquable que, contrairement aux pures hauteurs ou aux différences d'intensité ou de durée, ces dernières semblent précisément relever d'une dimension hautement qualitative du son, dont la quantification et *a fortiori* la spatialisation posent éminemment problème[4].

Le principe de cette analyse « riemannienne »[5] consiste à éliminer le recours aux fonctions tonales pour s'intéresser aux rapports topologiques entre les harmonies et mesurer ainsi plus directement les

1. L. Euler, « De harmoniae veris principiis per speculum musicum repraesentatis », *Novi Commentarii academiae scientiarum Petropolitanae* 18, 1774, p. 330-353.

2. H. Riemann, *Skizze einer neuen Methode der Harmonielehre*, Leipzig, Breitkopf und Härtel, 1880. Je remercie Claude Abromont de m'avoir fait connaître l'analyse néo-riemannienne, à la fois pour son intérêt musicologique et pour les perspectives qu'elle ouvre pour la réflexion philosophique sur la représentation spatiale du son.

3. Voir notamment R. Cohn, « Introduction to Neo-Riemannian Theory : A Survey and a Historical Perspective », *Journal of Music Theory* 42, 2, 1998, p. 167-180 et D. Lewin, *Generalized Musical Intervals and Transformations*, New Haven (CY), Yale University Press, 1987.

4. C. Abromont, *Guide de l'analyse musicale*, Dijon, Éditions Universitaires de Dijon, 2019, p. 154-155.

5. Pour une présentation synthétique de l'analyse transformationnelle néo-riemannienne, voir Claude Abromont, *Guide de l'analyse musicale*, *op. cit.*, p. 154 *sq.* Voir également N. Méeus, « Théorie des vecteurs harmoniques et théorie néo-riemannienne » (article disponible en ligne : http://nicolas.meeus.free.fr/NMVecteurs/VHDublin.pdf), ainsi que le numéro X/3-4 de la revue *Musurgia* (2003) : *Vecteurs harmoniques*, en particulier N. Méeus, « Vecteurs harmoniques », p. 7-34.

« transformations » à travers lesquelles se déploie le discours musical. Pour ce faire, on représente sur une ligne le cycle des quintes (do-sol-ré-la-mi-si-fa#-do#-sol#-ré#-la#-mi#/fa, etc.) et, dessous, sur une ligne parallèle, un autre cycle de quinte, décalé de telle sorte que chaque note inscrite sur la ligne inférieure forme avec les deux notes de la ligne supérieure un triangle équilatéral désignant un accord parfait majeur (la note formant le sommet inférieur du triangle est donc distante d'une tierce mineure par rapport à la note située en haut à gauche, et une tierce majeure par rapport à la note située en haut à droite) :

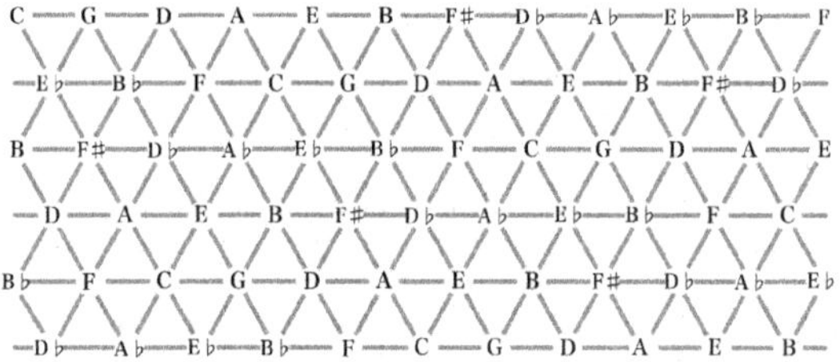

Chaque triangle représentera ainsi une triade, majeure pour les triades « pointant vers le haut », mineure pour les triades « pointant vers le bas ». Grâce à ce pavage, il est non seulement possible de représenter la « distance » entre des notes, mais surtout entre des harmonies, lesquelles peuvent être identifiées et réidentifiées. Ainsi, un point dans le pavage désigne une note et une note est toujours représentée par le même point, *modulo* l'octave, si bien qu'un retour à ce point permettra la *réidentification* immédiate de la note ; de même, un segment désigne un intervalle, et une figure géométrique quelconque désigne un accord : les triangles, des triades, les losanges, des septièmes, etc. Comme le remarque Claude Abromont dans sa présentation synthétique de cette méthode d'analyse harmonique, cette dernière permet de mettre en relief les transformations harmoniques non seulement fonctionnelles, mais également les transformations non fonctionnelles fréquentes dans la musique post-romantique, en rendant intuitifs les rapports de proximité et d'éloignement sur lesquels sont fondées les modulations. Grâce à cette méthode d'analyse, peuvent être réidentifiés au sein d'une même œuvre certains particuliers sonores tels que des notes, des accords, mais aussi des processus, représentés par des translations ou transformations continues des figures géométriques. Mais au-delà d'une pièce, ce modèle permet de représenter spatialement quelque chose d'aussi insaisissable que le style, en mettant au jour des « régions » de l'espace que certaines pièces, certains compositeurs ou certains mouvements exploreraient systématiquement (par exemple les « régions de Weizmann » ou les « régions de Boretz »[1]).

Aussi est-ce l'objet sonore dans son ensemble ou dans toutes ses dimensions qui, sur le fondement d'une représentation spatiale, peut, conformément à l'intuition de Strawson, faire l'objet d'une référence univoque. *Grâce à l'espace analogique, le son reçoit donc son objectivité* au sens restreint que nous avons conféré ici à ce terme. Je peux me référer à (donc (ré)identifier)

1. R. Cohn, *Audacious Euphony*, « Oxford Studies in Music Theory », Oxford, Oxford University Press, 2012; cité par C. Abromont, *Guide de l'analyse musicale*, *op. cit.*, p. 157.

une note, une hauteur, un rythme, une harmonie, un enchaînement harmonique, un style (donc une œuvre dans son ensemble en tant que représentante d'un certain style) en attribuant à chacun de ces particuliers une place dans un espace analogique et sans qu'il soit nécessaire de recourir à l'espace proprement dit. Au contraire, les relations spatiales réelles aussi bien que les positions et les distances mesurées dans l'espace réel n'apparaissent que comme un *cas particulier* d'espaces analogiques dont nous commençons à voir qu'ils sont en réalité des *espaces topologiques* fondés sur les relations de *ressemblance* (au sens d'« Ähnlichkeit ») entre les sensations sonores.

C'est en ces termes que Boulez traite la question de l'espace dans *Penser la musique aujourd'hui*, en élargissant le traitement topologique du son aux échelles atonales et même non tempérées, et en le généralisant à tous ses paramètres. La raison de cet élargissement tient à la fonction éminente que joue la notion d'espace sonore dans la promotion de la « théorie de la série généralisée », puisqu'elle « constitue » ce que Boulez nomme un « univers sonore »[1]. L'espace définit donc la trame dans laquelle s'édifie un monde où tout élément musical possède une place déterminée qui lui tient lieu de définition. Toutes les dimensions du son, la hauteur et la durée de toute évidence, mais également l'intensité et le timbre, constituent des structures continues et leur complexité exige de pouvoir les traiter sous forme d'espaces, tantôt homogènes, tantôt non homogènes, tantôt « droits », tantôt « courbes »[2]

1. P. Boulez, *Penser la musique aujourd'hui*, Paris, Gallimard, 1987, p. 93.

2. *Ibid.*, p. 97.

– en tout cas *variables*. Les règles de composition jouent ainsi sur cet espace multidimensionnel le rôle que joue l'axiomatique en géométrie[1], et le travail du compositeur consiste à « découper » le *continuum*, de telle sorte que la musique tire son essence de « la dialectique entre continu et discontinu [qui] passe par la notion de coupure »[2]. La tonalité, le tempérament, la mesure, le rythme constituent autant de coupures dans le continu que la notion de série généralise par un retour à l'espace fondamentalement variable sur la base duquel toutes ces coupures se présentent comme fondées dans un même espace essentiellement amorphe et variable. Aussi les éléments du discours musical peuvent-ils être individualisés sur la base de « l'espace réel » qui, loin d'être assimilé à l'espace au sens intuitif du terme, est au contraire « une répartition des structures et une fonction des quatre composantes »[3], une structure plastique fondée sur les relations « topologiques » entre les vécus sonores dans leurs différentes dimensions et où, instaurant des discontinuités, le compositeur dessine des figures. *Dans cet espace qui, pour être dit « réel », n'en est pas moins analogique, l'espace proprement dit semble avoir été écrasé.*

Or, qu'un tel aplanissement des relations spatiales soit possible, qu'il implique même la réduction des relations spatiales proprement dites à de telles relations topologiques, et qu'il n'en permette pas moins l'identification stricte ou univoque des objets, c'est ce que montre la *Construction logique du monde* de

1. *Ibid.*, p. 93.
2. *Ibid.*, p. 95.
3. *Ibid.*, p. 110.

Carnap, laquelle repose, précisément, sur la relation fondamentale d'*Ähnlichkeitserinnerung* (« Rappel de ressemblance ») entre les vécus. On a souvent insisté, à juste titre, sur ce que le choix par Carnap des vécus comme éléments de base du système de constitution et de cette relation comme relation de base pouvait avoir de tendanciellement phénoménologique[1], en remarquant notamment que, pour Carnap, la relation était première par rapport à ses éléments, tout comme la fluance des vécus est, chez Husserl (et en particulier comme nous le verrons depuis ses travaux sur la conscience du temps[2]), première par rapport aux vécus individuels. Pour qu'une telle lecture soit valide, il faut insister, dans la relation fondamentale, sur l'*Erinnerung*, qui, dans le détail du texte de Carnap, et en particulier dans la « traduction » du système de constitution dans un « langage de la construction fictive »[3], est décrite dans des termes très proches de la « rétention » husserlienne dans laquelle s'origine la temporalité même de la conscience, et qui constitue donc le niveau de la « pré-immanence », le plus profond auquel puisse parvenir la description phénoménologique. Mais une autre lecture de l'*Aufbau* est également possible, qui repose sur la prise en compte du fait que ce qui est ainsi « rappelé » est précisément une *Ähnlichkeit*, et ouvre sur une conception spatiale et même topologique de la constitution, dans laquelle

1. Voir à ce sujet les articles réunis dans J. Farges, J.-B. Fournier, D. Pradelle (dir.), *Édifier un monde : la notion d'*Aufbau *chez Carnap et en phénoménologie*, Paris, SUP, 2022.

2. E. Husserl, *Zur Phänomenologie des inneren Zeitbewusstseins (1893-1917)*, *op. cit.*

3. R. Carnap, *Der logische Aufbau der Welt*, § 99, p. 137 ; trad. fr., p. 187.

pourrait bien se jouer la réponse au problème de Strawson.

Dans *Carnap et la question transcendantale*[1], j'ai tenté de montrer que la dimension topologique de l'*Aufbau* fournissait un des arguments principaux pour relativiser la lecture phénoménologique de la constitution carnapienne et constituait une refonte profonde de la question transcendantale. Qu'est-ce en effet qu'un objet, au sens de l'*Aufbau* et sur la base des vécus autopsychiques et de la relation *Ähnlichkeitserinnerung* ? Il faut, ici encore, pour y répondre, reformuler la question en ces termes : comment un objet peut-il être *identifié* en tant que tel ou tel objet ? L'identification d'un objet repose sur ce que Carnap nomme sa *Kennzeichnung*, autrement dit sa « caractérisation ». Or, caractériser un objet signifie : reconnaître dans le niveau constitutionnel inférieur, et en dernière instance dans les vécus, les signes ou « indicateurs » (*Kennzeichen*, qui, mot-à-mot, signifie « signes de reconnaissance » ou « signes permettant de reconnaître ») qui caractérisent cet objet. Ainsi, par exemple, les objets physiques sont reconnus et identifiés comme objets physiques au sein des vécus en vertu de leur manière particulière de configurer les vécus, manière par laquelle ils se signalent comme des objets de ce type. Carnap fournit ainsi une définition nouvelle et éminemment réductionniste de la notion de phénomène : reconnaître l'expression d'un visage, pour prendre un exemple issu des strates phénoménologiques en apparence les plus complexes, ce n'est pas autre chose que reconnaître dans la configuration des vécus

1. J.-B. Fournier, *Carnap et la question transcendantale*, Paris, Vrin, 2021, p. 161-168.

un indicateur d'un certain type d'objets : l'expression se signale dans la configuration du visage, qui se signale comme visage dans une certaine configuration du corps physique, lequel se signale enfin comme une certaine configuration des vécus. *Tout objet se détermine donc en dernière instance comme une certaine configuration de ces vécus.*

Mais qu'appelle-t-on au juste, ici, « configuration » et en quoi devrait-elle nécessairement nous renvoyer à l'espace ? C'est que cette configuration doit précisément être entendue en un sens *spatial* – quoique, bien sûr, détaché de l'intuition habituelle de l'espace. Il faut, pour le comprendre, rappeler que la constitution carnapienne exclut l'idée même de transcendance : les objets étant (et n'étant *que*) des configurations de vécus, leur « extériorité » ne signifie pas qu'ils sont transcendants, mais seulement que leur configuration *immanente* est d'un certain type qui la distingue de la configuration immanente des vécus se rapportant aux réalités internes, par exemple. Que les différents niveaux ontologiques se distinguent seulement par des différences immanentes, c'est ce que montre en particulier la réduction radicale de la relation intentionnelle à une relation immanente, au § 64 de l'*Aufbau*[1]. Carnap établit ainsi que, loin d'être une relation fondamentale comme le voudrait la phénoménologie, l'intentionnalité est simplement une certaine *configuration* de la relation fondamentale, à savoir une relation d'un certain type existant entre un vécu particulier et l'ensemble des vécus auquel il se rapporte (ensemble possédant une certaine configuration caractéristique : un objet). Or, ces configurations sont

1. R. Carnap, *Aufbau*, *op. cit.*, § 64, p. 85 ; trad. fr., p. 138.

le résultat d'un certain agencement des vécus, à savoir du fait que certains vécus sont liés à d'autres en vertu d'une certaine *proximité* qu'ils entretiennent entre eux. Autrement dit, une chose physique se caractérise par le fait qu'un vécu se rapportant à une sensation de couleur est lié (grâce à la relation *Ähnlichkeitserinnerung*) à un vécu se rapportant à une certaine forme (la proximité étant ici relative au lieu commun qu'occupent ces objets dans le champ visuel), que ces derniers sont liés à leur tour à des vécus se rapportant à d'autres lieux de l'espace (les lieux « proches » dans le champ visuel), à des vécus temporellement proches présentant la même chose, ou encore à des vécus de tout autre type, mais qui possèdent une certaine proximité par rapport aux premiers vécus selon une ou plusieurs de leurs dimensions. Ces relations de proximité dessinent bien un *espace*, topologique bien sûr, et fondé sur les différentes manières par lesquelles les vécus peuvent être « semblables » ou « ressemblants » les uns aux autres, chaque manière déterminant une *dimension* de cet espace. La sphère immanente des vécus peut donc être représentée comme un espace topologique *n*-dimensionnel défini par la seule relation *Ähnlichkeitserinnerung*, et dans lequel tout objet peut être identifié de manière univoque par sa position et par la configuration particulière des vécus qu'il définit et qui le signale comme cet objet.

Le modèle carnapien constitue ainsi une généralisation de ce que nous avions observé chez Stumpf : la possibilité de traiter la sensation (chez Stumpf) ou les vécus (chez Carnap) dans un espace « analogique » garantissant l'identification et la réidentification univoque des particuliers et donc l'objectivité des jugements faits sur eux – ou la capacité des énoncés à s'y référer de manière compréhensible par d'autres. On retiendra en outre deux autres leçons de l'*Aufbau* : la première, qu'il est possible, comme nous l'avions envisagé, de comprendre les relations spatiales proprement dites comme des cas particuliers de relations de ressemblance ou *Ähnlichkeit* dans l'espace topologique des vécus ; la seconde, que ce modèle permet de déterminer des *classes idéales d'objets* plutôt que des objets à proprement parler, et que le prix à payer pour atteindre ce sens de l'objectivité (identificatrice ou linguistique) est précisément la perte du sens phénoménologique de l'*extériorité*.

Avant de déployer cette dernière conséquence, qui offre à la phénoménologie un levier très efficace pour critiquer la lecture analytique du problème de l'objectivité, il est nécessaire de s'attarder sur la première thèse qui pourrait bien offrir une véritable solution au problème de Strawson, voire à celui du rapport général entre objectivité et extériorité. En quel sens, donc, les rapports spatiaux (proprement dits) peuvent-ils être dérivés des relations de ressemblances (*Ähnlichkeit* ou *Ähnlichkeitserinnerung*) et des espaces topologiques qu'elles construisent ?

Stumpf aussi bien que Carnap répondent à ce problème. Pour le premier, qui ne cherche pas à dériver de la sensation un espace proprement dit, mais simplement à rendre compte de la possibilité de formuler des jugements portant sur des prédicats spatiaux d'objets sonores, le problème ne pose pas de difficulté particulière : les sensations sonores possèdent de fait des rapports de plus ou moins grande distance dans l'espace au même titre que dans le temps ou dans n'importe quelle dimension du son. Les « *Raumvergleichungen* » peuvent donc être traitées comme des cas particuliers de « *Distanzvergleichungen* » qui, comme nous le verrons ultérieurement, reposent sur un certain rapport aux sensations musculaires[1], au même titre que toutes les comparaisons que nous effectuons au sein de nos sensations.

La difficulté se pose de manière beaucoup plus centrale dans la *Construction logique du monde* telle que la déploie Carnap, dans la mesure où la connaissance de la réalité physique repose entièrement sur la possibilité de constituer le domaine des *choses* physiques dont la première strate constitutionnelle est l'espace. Non pas donc que l'espace reçoive ici une fonction transcendantale – ou plutôt l'espace n'est transcendantal *qu'en tant que sa constitution précède la constitution des choses physiques*, et non pas au sens kantien où il serait la condition de possibilité de la *géométrie*, cette dernière pouvant être directement fondée dans les concepts formels, si bien que la constitution de l'espace n'en constitue pas le fondement mais le terrain d'application[2]. L'intérêt de la démarche de Carnap pour constituer l'espace réel tient précisément au fait qu'elle ne part pas de l'espace, mais des qualités sensibles. On peut la résumer de la manière suivante :

1. Sur la base de la relation fondamentale « Rappel de ressemblance (*Ähnlichkeitserinnerung*) », on constitue

1. C. Stumpf, *Tonpsychologie*, *op. cit.*, p. 123.

2. Voir à ce sujet les développements de Carnap dans *Der Raum. Ein Beitrag zur Wissenschaftslehre*, *Kant-Studien*, Ergänzungsheft 56, 1922, rééd. Vaduz (Lichtenstein), Topos Verlag, 1991 ; trad. fr. P. Wagner, *L'Espace. Une contribution à la théorie de la science*, Paris, Gallimard, 2017.

la relation d'« Identité partielle »[1], à savoir la relation existant entre deux vécus qui « concordent pour un constituant », c'est-à-dire deux vécus qui ont un même constituant (ou plutôt un quasi-constituant puisque les vécus, en tant qu'éléments de base du système, ne peuvent être proprement constitués), par exemple deux vécus d'une même note, lesquels peuvent varier par ailleurs, par exemple en termes de timbre et d'intensité, mais être identiques quant à la hauteur.

2. Lorsque deux vécus ne sont partiellement identiques *qu'approximativement*, on introduira une nouvelle relation : la relation de « Ressemblance partielle »[2], qui se définit par l'Identité partielle corrigée par une relation topologique de *voisinage* : lorsque j'entends deux notes distinctes d'un huitième de ton, par exemple, les vécus en question ne sont pas véritablement *identiques* quant à la hauteur, mais extrêmement proches et justiciables de la relation de « Ressemblance partielle ». Mais la même relation de voisinage vaut également pour des vécus plus « éloignés » quant à la hauteur, si bien que tous les vécus sonores sont *partiellement semblables* en tant qu'ils possèdent une hauteur et que toutes les hauteurs possèdent entre elles des relations de voisinage.

3. Les hauteurs, par exemple, peuvent ainsi constituer une « classe de qualité », à savoir la classe des constituants partiellement semblables de vécus (ici : les vécus sonores) appartenant au même « cercle de ressemblance ». Les « classes de qualité » définissent ainsi proprement, dans le vocabulaire constitutionnel, ce que nous appelons, dans le vocabulaire scientifique

1. R. Carnap, *Aufbau*, *op. cit.*, § 76, p. 107 ; trad. fr., p. 159.
2. *Ibid.*, § 77, p. 109 ; trad. fr., p. 161.

ou populaire, des « qualités sensibles ». Les classes de qualités peuvent en outre être semblables à d'autres classes de qualités au sens d'une nouvelle relation de « Ressemblance »[1] : « Deux qualités sont semblables si et seulement si tout vécu élémentaire dans lequel apparaît la première est partiellement semblable à chaque vécu élémentaire dans lequel apparaît la seconde »[2]. En d'autres termes, tous les vécus sonores sont partiellement semblables entre eux du point de vue de leur hauteur, ou de leur timbre, ou de n'importe laquelle de leurs qualités. Mais un vécu sonore n'est pas *toujours* partiellement semblable avec un vécu tactile ou visuel : il peut l'être (ne serait-ce parce que nos vécus sont le plus souvent *synesthésiques* si bien qu'un vécu *purement sonore* n'est pas le cas le plus fréquent), mais il ne l'est pas toujours. Les vécus sonores et les vécus visuels, ou tactiles, appartiennent donc à des *domaines sensibles* différents que l'on peut définir comme des « classes sensibles », qui, insiste Carnap, rassemblent des *qualités* et non des *vécus* élémentaires.

4. Or, ce qui définit une classe sensible du point de vue strictement formel qui est celui de l'*Aufbau*, ce ne peut être, de toute évidence, quelque propriété phénoménologique, mais une propriété elle-même formelle, laquelle nous est donnée par le nombre de dimensions de cette classe. Deux classes possédant le même nombre de dimensions (ND) sont donc, du point de vue constitutionnel, indifférenciables. Or, si la classe des *Tonempfindungen* ou sensations sonores est définie au § 80 comme ayant pour ND 2 (hauteur et intensité, ce

1. *Ibid.*, § 85 ; trad. fr., p. 171.
2. *Ibid.*

qui par ailleurs ne va pas sans poser question, et élimine notamment d'emblée la possibilité d'une localisation dans l'espace sonore[1]), la classe des sensations visuelles possède au contraire un ND = 5, ce qui la différencie strictement de toutes les autres classes sensibles[2]. Il est essentiel de remarquer que, l'espace n'ayant pas été constitué à ce stade, ce ND n'a rien à voir avec le nombre de dimensions de l'espace à proprement parler. Il s'agit seulement du nombre de dimensions de l'espace de relations topologiques des sensations visuelles, à savoir de vécus associant une couleur (de ND 3 : ton, saturation, luminosité) à un point du champ visuel (de ND 2, et non pas 3, la troisième dimension ne faisant pas véritablement partie du vécu mais étant extrapolée de manière « fictive »[3]).

5. L'espace se constitue donc par abstraction des pures déterminations locales (« signes de localisation »[4]) à partir du tout de dimension 5 composé des couleurs associées à des points du champ visuel, et par la stipulation d'une relation d'ordre entre ces cinq dimensions, les dimensions proprement locales étant définies comme « ce qui ordonne » et les couleurs comme « ce qui est ordonné », l'espace recevant ici sa fonction fondatrice de l'identification d'un objet puisque « le signe de localisation sert de fondement au "*principium individuationis*": [il] détermine un premier ordre de positions sur lequel repose finalement l'ordre spatial »[5].

1. R. Carnap, *Aufbau*, *op. cit.*, § 80, p. 112 ; trad. fr., p. 164.

2. *Ibid.*

3. Voir à ce sujet l'article de 1924, « Dreidimensionalität des Raumes und Kausalität », art. cit., p. 111.

4. R. Carnap, *Aufbau*, § 91, p. 127 ; trad. fr., p. 178.

5. *Ibid.*

Ainsi, il semble effectivement *possible de dériver du pur espace de relations topologiques* (définies par les rapports d'*Ähnlichkeit* entre les sensations) *l'espace proprement dit*, en tout cas en tant que structure d'ordre dans laquelle les objets pourraient être identifiés et recevoir une position. Mais deux problèmes se posent alors à nous : premièrement, le lien, sur lequel repose ce passage du pseudo-espace à l'espace réel, entre les couleurs et les positions dans l'espace visuel peut-il être extrapolé au son ? Ne serait-ce pas précisément se donner d'emblée ce que nous cherchons que de supposer qu'un son puisse toujours être associé à un point du « champ auditif » ? Si Carnap n'envisage même pas la possibilité que la classe des vécus sonores puisse compter ne serait-ce qu'une dimension d'espace dans son nombre de dimensions, c'est peut-être qu'encore une fois, le statut spatial des vécus sonores semble au moins *inessentiel*. En outre, et c'est là le second problème, l'espace que nous avons ainsi constitué est un espace bidimensionnel et surtout « auto-psychique », à savoir un espace encore indétachable du champ visuel particulier dans lequel il se donne. Que je puisse ainsi identifier un particulier dans cet espace en ordonnant les composants de couleurs aux composants de localisation des vécus visuels ne signifie absolument pas que je puisse m'y référer objectivement, c'est-à-dire le désigner de telle sorte que d'autres individus puissent l'identifier. Une étape cruciale manque encore pour que ce qui apparaît comme un « ordre à deux dimensions » et, pouvons-nous rajouter, solipsiste, puisse être constitué comme « l'ordre à trois dimensions que nous avons l'habitude de prendre pour l'ordre spatial de la réalité physique »[1].

1. R. Carnap, *Aufbau*, § 92, p. 129 ; trad. fr., p. 179.

Que ce soit chez Stumpf ou chez Carnap, en effet, le passage d'un espace analogique ou de pures relations topologiques à l'espace proprement dit requiert l'articulation de l'expérience, des vécus ou des sensations à des systèmes de variations kinesthésiques. Dans le problème tel que le formulait Strawson, la question de la spatialité de l'expérience sonore était précisément posée *abstraction faite* des sensations kinesthésiques ; ces dernières apparaissent maintenant indétachables de l'expérience de l'espace, semblent posséder une dimension proprement transcendantale et s'avèrent nécessaires *y compris pour rendre compte de l'objectivité au sens faible* que nous avons défini précédemment comme corrélat d'une identification. En d'autres termes, *l'identification d'un objet sur la base d'un espace de relations topologiques requerrait l'adjonction de sensations kinesthésiques à ces dernières.*

Telle est la thèse de Helmholtz dans un paragraphe central des *Tatsachen in der Wahrnehmung*[1]. Helmholtz part de sa thèse selon laquelle nos sensations s'organisent en « cercles de qualités » strictement incommensurables les uns avec les autres. Chaque cercle de qualités correspond exactement à l'ensemble des sensations produites par un nerf spécifique, quelle que soit par ailleurs la nature de l'influence extérieure générant ces sensations (la source ou la « chose en soi » – *die Ursache*) ; ainsi, que mon œil reçoive effectivement un rayon lumineux ou qu'il subisse la pression de mon doigt ou un influx électrique quelconque, ce que je percevrai prendra toujours l'aspect de la lumière (non pas la lumière au

1. H. v. Helmholtz, « Die Tatsachen, in der Wahrnehmung », art. cit., p. 116 ; trad. fr., p. 151. Il va de soi que le terme d'espace « topologique » est anachronique ici.

sens physique, donc, mais au sens phénoménologique ou, disons, psychologique). À l'inverse, une même « vibration de l'éther » que l'œil perçoit comme lumière sera perçue comme chaleur, par exemple, si elle suit « un autre chemin » sensoriel, à savoir si elle est transmise par un autre nerf, en l'occurrence tactile[1]. Or, si les cercles de qualités ne peuvent être comparés entre eux et si la *transition continue* d'une qualité d'un cercle donné à une qualité d'un autre cercle est par principe impossible (je ne peux pas « passer » du bleu à l'aigu ou à l'amer), il est au contraire manifeste que les sensations d'une certaine modalité ou d'un certain cercle peuvent toujours, non seulement être comparées les unes avec les autres, mais être représentées dans un *espace* dans lequel chaque sensation particulière peut recevoir une certaine *coordonnée* – comme nous l'avons vu pour le son, par exemple dans l'analyse néo-riemannienne, ou comme Helmholtz le montre pour les sensations de couleurs, chaque couleur recevant pour coordonnées les quantités qu'elle possède des trois couleurs primaires.

Mais pour être attribuées à des objets, ces sensations doivent encore être extériorisées, ce qui s'opère précisément par l'introduction de l'espace – un espace pré-empirique résultant d'un reformatage complet du modèle kantien. L'espace est en effet la « forme pure de l'intuition externe » en un sens très particulier, dans lequel les sensations kinesthésiques jouent le rôle de *point archimédien* de la constitution de l'objectivité[2].

1. *Ibid.*

2. Sur cette notion de « point archimédien transcendantal », voir notre article « Reformatages et limites empiristes du transcendantal dans la philosophie de la connaissance de Hermann von Helmholtz », dans J.-B. Fournier et L. Tavernier, *Les limites du transcendantal*, Paris, SUP, 2023, p. 213.

L'origine de l'intuition originaire de l'espace, en tant qu'intuition *a priori*, n'est pas à chercher en effet du côté de la sensibilité entendue comme pure réceptivité passive, mais en tant qu'elle implique une mise en mouvement volontaire du corps. La caractéristique la plus générale des sensations relatives aux objets spatiaux tient en effet au fait qu'elles sont modifiées lorsque nous déplaçons notre corps d'une certaine manière, c'est-à-dire lorsque nous *innervons* nos nerfs moteurs :

> Supposons que nous demandions s'il existe un caractère commun, perceptible dans la sensation immédiate, par lequel se caractérise pour nous toute perception relative aux objets dans l'espace : nous trouvons un tel caractère dans cette circonstance, que le mouvement de notre corps nous place dans d'autres relations spatiales aux objets perçus, et change ainsi également l'impression qu'ils font sur nous. Mais l'impulsion au mouvement que nous donnons à travers l'innervation de nos nerfs moteurs est quelque chose d'immédiatement perceptible. En donnant une telle impulsion nous sentons que nous faisons quelque chose[1].

Or, il ne s'agit pas seulement de remarquer une corrélation entre ces sensations kinesthésiques et des modifications des sensations relatives à certains objets, mais bien plutôt d'affirmer que c'est précisément *parce que* certains cercles de qualités se trouvent ainsi modifiés que nous les rapportons à des objets extérieurs, dans l'espace. La capacité que la mise en mouvement de mon corps possède d'altérer certaines sensations est

1. H. v. Helmholtz, « Die Tatsachen in der Wahrnehmung », art. cit., p. 116; trad. fr. p. 157.

très précisément l'origine de l'espace. Helmholtz ne se contente donc pas de remarquer que :

> Lorsque nous donnons des impulsions de ce genre – tourner le regard, bouger les mains, aller et venir – nous découvrons que les sensations appartenant à certains « cercles de qualités » (notamment celles relatives aux objets spatiaux) peuvent de cette manière être modifiées. D'autres états psychiques dont nous sommes conscients : souvenirs, intentions, souhaits, humeurs, peuvent tout à fait ne pas l'être. Aussi une différence radicale entre les premiers et les seconds est-elle posée dans la perception immédiate[1].

Il n'y a pas là qu'une différence descriptive entre deux types de phénomènes, il y a bien une *définition de l'espace* : « Nous voulons appeler *spatiale* la relation que nous modifions de façon immédiate par les impulsions de notre volonté »[2]. Il y a donc un niveau pré-empirique où l'espace n'est pas encore constitué à proprement parler, mais se manifeste déjà sous la forme d'un « je peux », à savoir comme la capacité, vécue comme précédant toute expérience et en formant la condition même de possibilité, de faire varier des sensations appartenant à certains cercles de qualités par l'innervation volontaire de certains nerfs moteurs. Une telle intuition pré-empirique possède donc bien le caractère d'une intuition *a priori*, « fournie avant toute expérience », et précède phénoménologiquement l'intuition de l'espace comme telle, puisque « sa perception serait liée à la possibilité d'impulsions motrices volontaires, dont la capacité mentale et physique doit nous être donnée

1. *Ibid.*
2. *Ibid.*

par notre organisation avant que nous puissions avoir l'intuition spatiale »[1]; mais elle possède en outre un statut proprement *transcendantal*, en tant que « forme subjective de l'intuition », à savoir en tant qu'elle constitue la source même de la perception d'un objet *comme extérieur* – au sens d'une extériorité résolument pré-spatiale, laquelle se manifeste immédiatement dans le comportement des cercles de qualités relativement aux mouvements de mon corps.

Nous reviendrons ultérieurement sur le levier que ce reformatage de l'« Esthétique transcendantale » kantienne à la lumière de la physiologie offre pour rendre à l'ouïe son rapport à l'espace réel – mais nous pouvons déjà remarquer que Helmholtz apporte au moins ici une réponse au problème quasi-transcendantal de Strawson et permet de systématiser ce que nous avons affirmé quant à l'utilité des espaces analogiques pour identifier des particuliers sonores. Il est en effet possible, comme nous l'avons vu, de considérer les différents cercles de qualités comme des espaces gouvernés par des relations topologiques ou, plus précisément, régis par des relations de ressemblance (*Ähnlichkeit*) entre les sensations relativement à certaines au moins de leurs dimensions. Ces espaces ne constituent cependant pas des repères suffisants pour garantir l'identification de particuliers et, avec elle, l'objectivité. Lorsque je me représente le son dans un espace à 4 dimensions, chaque son possède bien une position déterminée dans cet espace et peut en tant que tel être distingué des autres sons et reconnu pour le son qu'il est – un tel espace représenterait en outre l'idéal

1. H. v. Helmholtz, « Die Tatsachen in der Wahrnehmung », art. cit., p. 117; trad. fr., p. 159.

de la notation musicale, tout son possible recevant en droit une place unique dans l'espace sonore. Mais à considérer ce seul espace (analogique), comment pourrais-je percevoir le son comme *extérieur*, ou en d'autres termes le distinguer de mes états intérieurs ? Une telle sortie du solipsisme, impossible au niveau du pur espace sonore, devient cependant possible lorsque ce dernier est corrélé au système de sensations kinesthésiques qu'ouvre la capacité à déplacer volontairement mon corps dans l'espace. Alors, et alors seulement, le son peut se présenter comme extérieur : si je me déplace de manière à me rapprocher ou m'éloigner de la source sonore, l'intensité du son se modifie de manière continue, si bien que j'observe pour ainsi dire un « déplacement » de l'objet dans l'espace sonore ; si je tourne ma tête, l'orientation du son, à droite ou à gauche, se trouve également modifiée. En d'autres termes, la mise en mouvement de mon corps permet de situer le son que j'entends dans un espace qui, pour être éminemment lié à ma subjectivité, n'en ouvre pas moins sur une véritable extériorité dans laquelle le son, au moins quant à certaines de ses propriétés, se présente comme indépendant de moi ou, dans les termes de Hobbes puis de Gareth Evans, « without the mind »[1].

Loin cependant de répondre au problème de Strawson, nous n'avons fait en réalité que le renforcer, et cela pour au moins deux raisons. La première tient au fait que ce qui apparaît comme la condition de

1. G. Evans, « Things without the Mind ... » art. cit. On rappellera que « without » signifie à la fois « à l'extérieur », par opposition à « within », et « sans », les choses « à l'extérieur » de l'esprit étant donc aussi celles qui existent « sans » ou « indépendamment de » l'esprit. L'extériorité au sens spatial et l'extériorité au sens de la transcendance se trouvent inextricablement liées dans cette ambiguïté

possibilité d'une identification des particuliers sonores est précisément ce que Strawson avait éliminé pour s'interroger sur l'expérience sonore *pure*, à savoir les systèmes de sensations kinesthésiques. Or si l'on s'en tient aux pures sensations sonores organisées dans un espace sonore indépendamment de la mise en mouvement kinesthésique de cet espace, nous ne pouvons que reconnaître que la position dans un tel espace ne permet jamais que d'identifier des objets *universaux* ou idéaux, mais aucunement des particuliers individuels. Le son possédant telle durée, telle hauteur, telle intensité, tel timbre et même, à la limite, telle orientation à gauche ou à droite, n'est pas un son particulier émis ici et maintenant par tel objet concret : c'est un son idéal, une *espèce* ou une essence pouvant être instanciée dans une infinité de sons individuels possibles. *L'espace sonore* – autrement dit l'espace défini par les relations de ressemblance possible entre les sons dans leurs différentes dimensions – *n'est jamais qu'un espace de rapports idéaux* qui n'est pas par nature distinct de ce qu'on peut effectivement écrire sur une partition, et qui peut en droit être joué par une infinité d'instruments possibles, en une infinité de temps et de lieux. Rien dans l'espace sonore ne peut permettre d'identifier un *particulier* en tant que tel. C'est là un des enseignements les plus importants de l'*Aufbau* carnapien : ce qui peut se constituer sur le fondement de la relation de ressemblance entre les vécus, ce qui en d'autres termes vaut comme *objet constituable*, objet définissable et identifiable comme tel ou tel objet, n'est jamais un objet au sens plein du terme mais un quasi-objet, une *classe* d'objets, à savoir le strict corrélat d'un concept.

Or, de ce point de vue, rien ne dit que l'introduction du rapport pré-empirique à l'espace à travers les sensations kinesthésiques change quoi que ce soit à la difficulté. Je perçois un son possédant une certaine position dans l'espace sonore, c'est-à-dire que je perçois un objet comme élément d'une certaine classe identifiable de manière univoque ; si maintenant je me déplace volontairement, si je m'éloigne de l'objet tout en continuant à l'entendre, et que je retourne vers lui, je continue certes, en vertu de la stricte continuité *subjective* de ma perception, à le percevoir comme le même objet *individuel* et non pas simplement comme le même objet idéal. Mais notons bien deux choses : tout d'abord, que cette continuité est purement subjective et ne peut, en tant que telle, constituer un terrain objectif sur le fondement duquel une référence compréhensible par d'autres peut être faite à cet objet – si donc dans ce cas précis il m'est encore possible de réidentifier ce particulier, force est de reconnaître que le critère de la *publicité*, indissociable de l'objectivité, semble avoir été perdu ; et deuxièmement, cette fragile identification subjective du particulier *comme particulier dans le champ auditif* ne résiste pas à la discontinuité de la perception. Si je change de pièce ou si, d'une manière ou d'une autre, je perds le fil de ma perception, et si par ailleurs j'entends à nouveau le même son à l'occasion d'un déplacement volontaire de mon corps vers le lieu où ce son avait originairement été entendu, comment puis-je percevoir le nouveau son comme le *même*, au sens de l'identité numérique, que celui que j'avais préalablement entendu ?

Ce problème, malgré les apparences, n'est pas seulement le problème classique posé par la réidentification d'un particulier, dans l'espace visuel, après une interruption de la perception, puisque dans ce cas, la réidentification du particulier comme étant *dans le même lieu* que précédemment peut s'appuyer sur la réidentification de l'*environnement* dans lequel le particulier apparaît. Si je m'éloigne d'une pièce où j'ai vu un piano, et si je retourne dans cette pièce plus tard, et y vois le piano à la même place, c'est-à-dire entouré des mêmes objets, dans un lieu que j'identifie comme étant celui où j'étais précédemment, lieu entouré d'autres lieux que je réidentifie aussi comme étant les mêmes, alors le piano m'apparaît immédiatement comme le même, c'est-à-dire que j'identifie, sur la base de leurs ressemblances (*Ähnlichkeiten*) les qualités sensibles du « nouvel » objet et celles de l'ancien comme se rapportant au même objet. Mais dans le cas du son, le problème est en réalité très différent. Tout d'abord, la notion d'environnement sonore, sans être inexistante dans une expérience purement auditive, ne peut aucunement être considérée comme déterminante, ni d'ailleurs comme omniprésente dans la perception auditive. Quand je retourne dans la pièce où se trouve le piano, je peux parfaitement réidentifier visuellement cette pièce même si certains éléments ont changé : par exemple, si un violon a été posé sur le piano, si un enfant joue à côté, cela ne change rien à la perception que je peux avoir de la pièce comme étant la même. Mais la même chose n'est pas vraie dans l'univers sonore. Si j'entends le son d'un piano dans une pièce vide et que, retournant dans la pièce, j'entends à nouveau le son du piano mais accompagné par le bruit d'un enfant jouant ou le son d'un violon, il n'est pas vrai que je puisse reconnaître cet environnement sonore comme étant le même. Et dans ce cas, rien dans la perception sonore elle-même ne peut me permettre de reconnaître le son du piano comme étant produit dans le même lieu que précédemment. Les sensations kinesthésiques peuvent m'aider à reconnaître ce lieu, bien sûr, si j'ai suivi de manière continue le mouvement qui m'y a conduit – mais je ne peux plus reconnaître de manière purement sonore un lieu dans lequel j'aurais été transporté, alors que, dans l'espace visuel, la même situation n'empêche aucunement l'identification de l'objet par son inscription dans un certain contexte ou un certain environnement perceptif.

Mais au-delà de ce problème, et peut-être à son origine, n'est-ce pas le sens même de l'identité numérique dans univers sonore qui pose question ? Que je puisse reconnaître le piano dans la pièce est possible en vertu de la permanence supposée des objets visuels, permanence qui, chez Strawson, constitue un des critères de l'objectivité, et qui se trouve directement fondée dans l'indépendance de l'espace par rapport au temps. Mais quel sens y a-t-il à dire que le son posséderait une telle permanence ? Quand je joue une note de piano, j'entends d'abord une attaque, puis un son qui dure et s'estompe, puis plus rien. Si je retourne dans la pièce plus tard, puis-je jamais dire que j'entends le *même son* ? Cela signifie-t-il autre chose que si je me contentais de dire que j'entends une autre instanciation du même son *idéal* ou que j'entends un son de qualité identique *provenant du même objet individuel* – ce piano ? Et peut-on même dire que le son provoqué par le choc du marteau sur la corde (l'attaque) est le « même » que le son de la corde continuant à vibrer, alors que, précisément, ces sons possèdent des qualités très distinctes ? La question des conditions de possibilité d'une identification des particuliers sonores se heurte en d'autres termes au constat selon lequel les objets sonores sont, de prime abord et peut-être essentiellement, des objets-de-temps – c'est-à-dire, fondamentalement, des objets possédant davantage de caractères communs avec les objets du sens interne qu'avec les objets du sens externe. C'est dans cette essence temporelle des objets sonores que nous devons maintenant nous plonger, au plus près de la limite entre le sens interne et le sens externe, au risque de devoir renoncer à l'identification par Strawson du problème de l'objectivité avec celui de l'identité.

CHAPITRE III

APPRÉHENSION TEMPORELLE ET APPRÉHENSION SPATIALE DU SON

En se tournant vers le phénomène sonore lui-même et en adoptant provisoirement pour le décrire les outils de la phénoménologie strictement husserlienne, on peut s'arrêter sur deux faits : le son, en un sens beaucoup plus éminent que pour n'importe quel autre objet de perception, est un objet fondamentalement temporel, mais par ailleurs, les appréhensions spatiales – que celles-ci soient analogiques ou effectivement spatiales – trouvent leur origine dans le déploiement temporel de sa perception. La phénoménologie du son distinguera ainsi trois moments de la constitution du son comme objet : 1. La constitution du son comme unité *immanente* dont l'appréhension purement temporelle constitue le flux même de la conscience ; 2. La détermination de la *situation* de l'objet dans un temps objectif où chaque son reçoit sa place dans ce qui, dès lors, apparaît comme un espace analogique ; 3. L'appréhension du son comme objet spatio-temporel transcendant, que soit prise en compte ou non la relation causale à l'objet matériel dont il émane. Mais le prix de cette constitution n'est-il pas alors la négation du caractère inextricable de la dimension spatiale du son ? Si, dans les pages qui suivent, nous nous en tenons à la perspective de la phénoménologie dans son versant husserlien, peut-être faudra-t-il ultérieurement en outrepasser les limites pour rendre au son sa spatialité. Car, au terme des analyses de ce chapitre, la question sera en réalité la suivante : y a-t-il vraiment un niveau, celui du son phénoménologiquement réduit par exemple, où le son puisse être considéré comme objet *purement* temporel et absolument détaché de tout caractère spatial, ou bien ne s'agit-il là que de *limites* – limites de la réduction autant que de la dé-spatialisation du son, mais limites par principe jamais atteintes ?

Avant même d'entrer dans le détail de cette constitution du son comme objet au sens plein du terme, nous pouvons anticiper deux résultats de cette description relativement au problème des limites du sens externe. Tout d'abord, l'analyse husserlienne fera apparaître que le deuxième niveau, où l'espace appréhendé est strictement analogique, est effectivement suffisant pour rendre possible une identification des sons, et leur conférer ainsi une *objectivité en un sens minimal*, voire une extériorité au sens où, précisément, le son ainsi appréhendé ne se présente pas – ou plus – comme un objet immanent; mais le contraste avec le troisième niveau fera apparaître dans toute sa radicalité l'opposition entre les deux sens de l'objectivité que nous avons commencé à construire, en conférant un sens prégnant à la notion d'extériorité. Ensuite, la description phénoménologique s'avérera déplacer le problème transcendantal des limites et de la cohérence du sens externe en clarifiant la notion d'extériorité et en réduisant le problème à un strict problème *constitutionnel* : l'enjeu n'est plus de déterminer la possibilité de l'expérience externe, mais les strates constitutionnelles dans lesquelles l'appréhension spatiale du son s'édifie sur son appréhension comme objet-de-temps, si bien qu'au terme de notre analyse, le « problème de Strawson » aura été au moins dédramatisé.

1. De prime abord, donc, le son se présente comme un objet dont la texture même est temporelle, objet que Husserl nomme « Zeitobjekt » et qui semble donc faire l'objet d'une appréhension exclusivement temporelle, mettant en jeu des intentionnalités spécifiques dont on manquerait le sens à vouloir les rabattre sur les intentionnalités propres à la perception spatiale. La spécificité de la phénoménologie consistera à traiter ce niveau comme fondamental, voire comme un « absolu » constitutionnel[1]. Pourtant, à ce premier niveau constitutionnel déjà, quelque chose comme une extériorité se fait jour. Ainsi, dans les *Leçons sur la phénoménologie de la conscience intime du temps* de 1905[2], Husserl s'attache à approfondir tant la corrélation que l'écart entre le son comme objet-de-temps et l'immanence du flux des vécus. Didier Franck, qui s'est penché dans un récent essai[3] sur le problème phénoménologique de la constitution du temps au fil directeur de l'exemple du son, insiste sur le statut tout particulier de cet objet dans la description qu'en donne Husserl. Le son apparaît comme une unité[4] temporelle indépendante, avec son commencement, son

1. Sur le problème de l'absolu, voir nos analyses dans les deux chapitres suivants.

2. E. Husserl, *Zur Phänomenologie des inneren Zeitbewusstseins (1893-1917)*, *op. cit.*

3. D. Franck, *La constitution du temps*, Paris, Vrin, 2020.

4. Rappelons ici l'importance, depuis Kant, de la question de l'unité dans la définition transcendantale de l'objectivité. *Cf.* J. Benoist, *Kant et les limites de la synthèse*, Paris, Puf, 1997, p. 25-26.

écoulement, sa fin, mais il apparaît comme tel dans une certaine visée et à travers elle, dans un certain rapport au flux dans lequel il se donne.

> Le son et la durée qu'il remplit sont donc conscients dans une continuité de modes et si le son commence, dure et cesse en demeurant le même, cette identité se constitue toutefois dans un « flux constant », dans une multiplicité d'apparitions ou phases du flux [...] [1].

Une double approche du son devient alors possible : sa description en tant qu'objet qui dure et la description des modes temporels à travers lesquels il se constitue. Mais force est de constater que cette distinction ne recoupe aucunement l'opposition entre l'externe et l'interne, ni même entre transcendance et immanence. Certes, il y a un niveau où les objets temporels « peuvent être tenus pour des apparitions d'objets transcendants » [2], mais ils sont bien, en tant qu'objets de ce premier niveau, *immanents*. Le son se constitue, dans le comment de son apparition, comme un objet immanent au flux dans lequel il se constitue. Il ne faut donc pas confondre la durée du son (qui commence, dure et cesse) et le mode (impressionnel, rétentionnel ou protentionnel) selon lequel elle se donne – mais il ne faudrait pas à l'inverse interpréter cet écart comme la marque d'une extériorité authentique.

Car avec l'objet-de-temps, c'est la temporalité même du flux de vécus qui se constitue. Rompant le silence, le son remplit le maintenant, mais fait également apparaître le temps silencieux qui l'a précédé comme un temps : « Toute mélodie commence par rompre le silence et

1. D. Franck, *La constitution du temps*, *op. cit.*, p. 12.
2. *Ibid.*, p. 15.

ses modes d'écoulement ont un point-source qui lui est relatif car, indépendamment de tout objet-de-temps, « nul point temporel n'est à l'évidence le premier »[1]. Mais pourtant, ce point-source certes relatif n'en est pas moins essentiel : il est le point à partir duquel le son est visé comme objet possédant une unité propre, et à partir duquel la conscience se temporalise. Plus encore : dans la rétention dans laquelle tombe immédiatement le son juste-perçu, ce n'est pas seulement la temporalité immanente de la conscience ou sa *fluance* qui se fait jour, mais bien l'intentionnalité elle-même.

En effet, la rétention instaure dans la conscience un *écart* dans lequel se constitue l'intentionnalité même du vécu : ce qui était, dans le présent, sur le mode de la pure présence en chair et en os, est maintenu dans la rétention, mais comme simplement visé. La rétention est rétention *de* ce qui était originairement donné, et cette manière que la conscience a de viser intentionnellement son propre vécu tout-juste-passé, dans une intentionnalité « longitudinale »[2] (puisque s'effectuant à même l'immanence du flux de vécus), fonde l'intentionnalité à proprement parler, comme visée d'un objet transcendant. Cette intentionnalité originaire et pour ainsi dire pré-intentionnelle se double, dans le cas de la perception du son, d'une autre structure originaire, la protention, dans laquelle se dessine la structure intention/remplissement. La protention vise sur le mode de l'indétermination ce que la présentation du son en chair et en os remplira et amènera à l'évidence adéquate. La visée protentionnelle motive ainsi la

1. *Ibid.*, p. 19.

2. E. Husserl, *Zur Phänomenologie des inneren Zeitbewusstseins*, *op. cit.*, § 39, p. 81 ; trad. fr., p. 105.

poursuite de la constitution de l'objet sonore comme objet-de-temps. Dans le cadre de la musique tonale, cette anticipation prend même la forme d'une attente, et s'incarne dans certaines structures harmoniques, un accord de dominante appelant par exemple une certaine résolution sur la tonique, laquelle peut être par ailleurs satisfaite ou partiellement déçue si certaines voix ne suivent pas le mouvement attendu et génèrent un enchaînement rompu ou une cadence évitée. Que cette structure de motivation soit essentielle à la perception de la musique comme objet-de-temps unifié, c'est ce que montre en outre l'importance que la notion de tension joue dans la musique atonale[1].

Il apparaît donc possible de déployer la description phénoménologique du son sans jamais sortir de l'immanence de la conscience, et il semblerait que le son, attaché à la temporalité même de la conscience, permette à la description phénoménologique d'atteindre l'origine des structures fondamentales de la conscience, à savoir le niveau pré-immanent dans lequel ces dernières trouvent leur genèse[2]. Cependant, avec la découverte d'une forme originaire d'intentionnalité, ne peut-on pas

1. La musique spectrale, en particulier, repose sur la notion de *processus*, laquelle revient précisément à instaurer des moments de tension et de détente relative. Plus généralement, la méthode d'analyse musicale dite « *General Set Theory* » montre que la plupart des systèmes musicaux peuvent s'interpréter comme reposant sur des effets de tension liés à la plus ou moins grande dissonance des accords par rapport à des accords de référence. Voir par ex. D. Lewin, *Generalized Musical Intervals and Transformations*, New Haven, Yale University Press, 1987.

2. Voir les travaux d'Alexander Schnell, en particulier son ouvrage sur la phénoménologie du temps : A. Schnell, *Temps et phénomène. La phénoménologie husserlienne du temps, 1893-1918*, Zürich, Olms, 2004.

voir s'esquisser, dans l'intimité ou l'intériorité[1] même de la conscience, quelque chose comme un premier rapport à une extériorité ? Il n'en est rien, car ce qui se joue ici est un rapport de l'immanence à la pré-immanence, et aucunement à la transcendance : ce que la rétention vise n'est pas autre chose qu'un vécu. Mais il n'en demeure pas moins vrai que quelque chose de l'objectivité a été atteint ici, voire ce qui, chez Kant, constitue le caractère essentiel de l'objet, et qui n'est autre que l'*unité*. C'est bien le même objet qui est appréhendé comme se donnant dans un *continuum* d'appréhensions dans lequel ce qui était effectivement donné est maintenant retenu. Cette unité *posée* par l'acte de rétention rend possible un premier niveau d'identification, mais ne constitue pas encore un rapport à l'extériorité.

2. Il faut, pour rendre compte de l'appréhension du son comme objet extérieur, s'interroger sur la détermination de sa *situation* dans le temps. Or, il n'est pas anodin que la constitution du son comme objet situé, et par là-même identifiable, repose sur *une représentation spatiale du temps*. On a souvent tendance à lire les textes de Husserl sur le temps dans une certaine forme de continuité avec le projet bergsonien d'une plongée dans les données immédiates et fluantes de la conscience assortie d'une critique de la spatialisation du temps. Or, s'il y a dans la pré-immanence husserlienne quelque chose de la durée bergsonienne, il ne faudrait pas pour autant négliger

1. Rappelons que l'expression « innere Zeitbewusstheit », dans le titre des Leçons de 1905, désigne aussi bien la conscience « intime » du temps, conformément au choix du traducteur, que la conscience « interne ».

la prégnance incontestable du modèle spatial dans la représentation du *continuum* temporel[1].

Dès l'introduction du Cours de 1905, la distinction entre le temps objectif et les *data* phénoménologiques dans lesquels le temps est appréhendé est construite par analogie avec la distinction entre l'espace objectif proprement dit et le « *continuum* du champ visuel », qui n'est pas autre chose qu'une « double multiplicité continue » définie par des relations de proximité, puisque s'y rencontrent des relations quasi-spatiales (« l'un près de l'autre », « l'un au-dessus de l'autre », « l'un dans l'autre ») qui ne sont pourtant aucunement des « relations objectivement spatiales », dans la mesure où il n'y a « absolument aucun sens à dire qu'un point du champ visuel est éloigné d'un mètre du coin de cette table-ci, ou qu'il est à côté d'elle, ou qu'il est par-dessus, etc. »[2]. Or, si cette analogie ne constitue pas encore une véritable spatialisation du temps, elle n'en permet pas moins d'établir une distinction cruciale entre l'extériorité au sens spatial et l'extériorité au sens de la transcendance : le temps objectif est tout aussi transcendant que l'espace objectif, et il ne convient donc plus de considérer que

1. Nous n'insisterons pas ici sur la genèse de la pensée husserlienne du temps et le rôle qu'y joue l'analogie avec l'espace. Les notes prises par Husserl en 1904-1905 en sont une preuve éclatante. On se reportera à cette fin sur le manuscrit publié dans la partie B de E. Husserl, *Zur Phänomenologie des inneren Zeitbewusstseins*, *op. cit.*, en particulier n° 19-20, p. 187-192 ; trad. fr. J.-F. Pestureau, *Sur la phénoménologie de la conscience intime du temps*, Grenoble, Millon, 2003, p. 98-101. Les passages cités ci-après de l'introduction du Cours de 1905 reprennent assez largement les termes de ces manuscrits.

2. E. Husserl, *Zur Phänomenologie des inneren Zeitbewusstseins*, *op. cit.*, A, § 1, p. 5 ; trad. fr., p. 8.

l'objectivité (entendue au sens de la transcendance) aurait l'espace pour condition de possibilité[1].

Mais l'analogie avec l'espace possède une portée bien plus large. Lorsque Husserl s'intéresse au son comme objet – c'est-à-dire comme une unité se constituant dans un *continuum* d'actes de souvenir, perception, attente, et se constituant précisément comme indépendante de ces actes – il se penche en premier lieu sur ce qui confère son « extension » au son, à savoir la rétention. Lorsque j'entends un son – pas une mélodie, mais un son individuel – ma perception est animée par le son qui dure jusqu'à ce que celui-ci, « comme, pour ainsi dire, quelque chose de mort », ne soit plus « [animé par] le point de production du présent » et « retombe dans le vide »[2]. L'objet s'éloigne ainsi en conservant son identité, exactement comme l'objet spatial conserve la sienne lorsque je me déplace par rapport à lui, et il conserve une place « fixe » dans le temps :

> Les points de la durée s'éloignent pour ma conscience de façon analogue à celle dont les points de l'objet immobile dans l'espace s'éloignent pour ma conscience quand « je m'éloigne de l'objet ». L'objet conserve

1. Ce qui, par ailleurs, était déjà la leçon de l'appendice à la sixième *Recherche logique*, dans lequel Husserl déplaçait la question de l'extériorité de la relation à l'espace extérieur vers la transcendance. Voir nos analyses dans « De l'intentionnalité à la connaissance : le processus de remplissement. Sur la Sixième Recherche logique (§ 1-35) », dans J.-B. Fournier et D. Pradelle, *Lire les* Recherches logiques *de Husserl*, *op. cit.*, p. 291-327 ainsi que celles de Claudia Serban dans son article publié dans le même volume : « Clarification des concepts fondamentaux de la phénoménologie naissance. Sur la Cinquième Recherche », p. 219-289.

2. E. Husserl, *Zur Phänomenologie des inneren Zeitbewusstseins*, *op. cit.*, § 8, p. 24-25 ; trad. fr., p. 38.

> sa place, le son de même conserve son temps, aucun instant n'est déplacé, mais il s'enfuit dans les lointains de la conscience, à une distance toujours plus grande du présent producteur. Le son lui-même est le même, mais le son « dans son mode » apparaît comme sans cesse autre[1].

Si l'intention de Husserl se résume probablement ici à établir l'indépendance du son « lui-même » par rapport au son « *in der Weise wie* » (« dans le comment de son apparition » ou « dans son mode »), il n'en demeure pas moins vrai que l'identification du son (à savoir le fait que le son, par-delà la modalité toujours changeante de son apparition, m'apparaît précisément comme le même) repose ici sur la capacité à saisir à même le vécu une « distance » temporelle, distance dont l'accroissement progressif ne modifie pas la distance entre les points de l'objet qui, dès lors, apparaît comme « fixe » et possédant une unité et une place particulière dans le temps. La « retombée » dans le temps doit donc être pensée de manière analogue à la perspective spatiale : le son s'éloigne mais préserve son identité, ce qui revient à dire que ses « points » conservent entre eux le même rapport ainsi que la même position « absolue » dans le temps.

À cette identification du son dans le *continuum* temporel correspond une intentionnalité spécifique qui se distingue de « la relation de l'apparition à ce qui apparaît »[2] et par laquelle la conscience se rapporte au son en tant que *Zeitobjekt* immanent, lequel dès lors est posé dans une certaine forme d'indépendance par rapport

1. E. Husserl, *Zur Phänomenologie des inneren Zeitbewusstseins*, *op. cit.*, § 8, p. 25 ; trad. fr., p. 39.

2. *Ibid.*, § 9, p. 27 ; trad. fr., p. 41.

au pur présent dans lequel il est initialement apparu et relativement auquel il apparaît de plus en plus « loin ». Or, le « diagramme du temps »[1] montre bien que la possibilité de ce positionnement de l'objet dans le temps repose sur la possibilité d'établir une corrélation stricte entre la succession des présents et la « descente dans la profondeur » du temps. Dans le passage de la donation présente à la rétention se constitue un *continuum* de *continua* – autrement dit, un espace bidimensionnel.

> Chaque présent actuel de la conscience est soumis à la loi de la modification. Il se change en rétention de rétention, et ceci continûment. Il en résulte par conséquent un *continuum* ininterrompu de la rétention, de telle sorte que chaque point ultérieur est rétention pour chaque point antérieur. Et chaque rétention est déjà un *continuum*. Le son commence, et « il » se prolonge continûment. Le présent de son se change en passé de son, la conscience impressionnelle passe, en coulant continûment, en conscience rétentionnelle toujours nouvelle. En allant le long du flux ou avec lui, nous avons une suite continue de rétentions appartenant au point initial. Outre cela, cependant, chaque point antérieur de cette suite en tant qu'un « maintenant » s'offre *aussi* en dégradé au sens de la rétention. À chacune de ces rétentions s'accroche ainsi une continuité de mutations rétentionnelles, et cette continuité est elle-même à son tour un point de l'actualité, qui s'offre en dégradé rétentionnel[2].

La rétention constitue donc le flux temporel comme un *continuum* de *continua*, et c'est dans cet espace que les objets-de-temps peuvent recevoir une position

1. *Ibid.*, § 10, p. 28 ; trad. fr., p. 43.
2. *Ibid.*, § 11, p. 29 ; trad. fr., p. 44

obéissant aux mêmes règles de perspective que la perception visuelle. Car lorsque le son cesse de retentir, la « comète » sonore constituée du noyau présent et de la « queue de comète rétentionnelle (*Kometenschweif von Retentionen*) »[1] s'éloigne dans l'espace, perdant sa vivacité et finissant par devenir quasi imperceptible, tel l'accord final mourant des *Papillons* de Schumann[2]. Aussi le « champ temporel originaire », centré sur le présent, est-il exactement aussi limité que celui de la perception visuelle. De même que le « champ visuel [se déplace] sur l'espace objectif », de même peut-on représenter le temps objectif comme un espace sur lequel le « champ temporel originaire » viendrait se déplacer[3]. Ou plus précisément : le « champ temporel » originaire, initialement vécu comme repère fixe centré sur la conscience de l'instant présent, constitue le temps comme objectif, à savoir précisément comme un espace absolu dans lequel les objets temporels tombant dans les profondeurs du temps reçoivent une position corrélée à la possibilité de les identifier. Renversement copernicien dans lequel l'espace – ici, le temps – centré se trouve décentré.

Comment, donc, s'accomplit ce passage? Il est remarquable qu'il n'implique à aucun moment une quelconque discontinuité, mais repose au contraire sur

1. *Ibid.*, § 11, p. 30; trad. fr., p. 45.

2. R. Schumann, *Papillons*, op. 2, n° 12, München, G. Henle Verlag, 2002, p. 16. Il ne s'agit bien sûr que d'une image, et nous distinguerons entre la résonance du son lui-même se perdant progressivement, la résonance outrée de cet accord final et le processus *intentionnel* dans lequel le son se perd dans la rétention. Voir à ce sujet nos analyses dans le chapitre VI, *infra* p. 248 *sq.*

3. E. Husserl, *Zur Phänomenologie des inneren Zeitbewusstseins*, *op. cit.*, § 11, p. 31; trad. fr., p. 46.

la continuité absolue de l'écoulement des modalités temporelles qui caractérise le flux de conscience. L'identité d'un objet – corrélat de sa situation dans le temps – naît dans l'écoulement même du présent. L'unité de l'objet est en effet fondée sur l'unité de l'acte qui unit la sensation présente avec les différents ressouvenirs, primaires et secondaires. Le son se constitue dans « une modification qui transforme le maintenant, originaire ou reproduit, en un passé » et qui « a le caractère d'un dégradé continu »[1], si bien qu'aucune phase du son ne peut être isolée des autres :

> Ce que nous nommons conscience originaire, impression ou encore perception, c'est un acte en dégradé continu. Chaque perception concrète implique tout un continu de tels dégradés [...]. Il appartient à l'essence des vécus de devoir être étalés de telle sorte qu'il ne puisse jamais y avoir de phase ponctuelle isolée[2].

La formation de l'objet résulte donc d'une transformation continue, dans la stricte immanence de la conscience, dont on pourrait donner un équivalent spatial, comme nous le verrons, dans la topologie, dont la réappropriation philosophique nous a déjà paru constituer le fondement des espaces analogiques.

Lorsque le son cesse de retentir, cette dégradation continue des présents ne cesse pas, et l'objet ne se trouve donc pas isolé de ce qui serait un *autre* écoulement temporel, mais s'inscrit au contraire dans la continuité du temps. En vertu d'une intentionnalité spécifique, tous les objets temporels se trouvent inscrits dans un même flux

1. *Ibid.*, § 19, p. 47 ; trad. fr., p. 65.
2. *Ibid.*

de conscience où chaque souvenir reçoit une place en fonction des souvenirs qui remplissent le temps jusqu'au présent[1]. Dans cette distance s'ouvre un « arrière-plan temporel » exactement équivalent à l'arrière-plan spatial, puisque les objets y reçoivent une place qui détermine leur individualité et les constitue comme objectifs. L'analogie avec l'espace est ici explicite :

> Le premier plan n'est rien sans l'arrière-plan. Le côté qui apparaît n'est rien sans le côté qui n'apparaît pas. De même dans l'unité de la conscience du temps : la durée reproduite est le premier plan, les intentions d'insertion dans le temps font prendre conscience d'un arrière-plan temporel. Et ceci se poursuit d'une certaine manière dans la constitution de la temporalité de l'objet même qui dure, avec son présent, son avant, son après. Nous avons les analogies suivantes : pour la chose spatiale, l'insertion dans l'espace environnant et le monde spatial, et d'un autre côté, la chose spatiale elle-même avec son premier plan et son arrière-plan. Pour la chose temporelle, l'insertion dans la forme temporelle et le monde temporel, et d'un autre côté la chose temporelle elle-même, et son orientation changeante vis-à-vis du maintenant vivant[2].

Le temps peut donc être pensé comme un espace, et se constitue dans un rapport à l'objectivité similaire à celui de l'espace – à savoir, au sens où les choses s'y donnent comme situées en lui, l'orientation de la chose constituant d'une certaine manière le temps autour d'elle comme sa « place ».

1. E. Husserl, *Zur Phänomenologie des inneren Zeitbewusstseins*, *op. cit.*, § 25, p. 54 ; trad. fr., p. 73.

2. *Ibid.*, § 25, p. 55 ; trad. fr., p. 74.

Reste que l'objet temporel n'a pas atteint à ce stade une véritable objectivité, et cela pour deux raisons : 1. tout d'abord, l'objet temporel se déplace par rapport au « maintenant vivant » et ne peut donc aucunement être considéré comme « fixe ». Dans le cas de l'espace proprement dit, la distinction entre le changement de position objectif et le déplacement du sujet est assurée par les sensations kinesthésiques, mais rien ne garantit qu'on puisse trouver un équivalent temporel à ces sensations :

> En apparence, nous sommes ici conduits à une antinomie : l'objet change continûment, dans sa retombée, de situation temporelle, et dans sa retombée devrait pourtant la conserver. En vérité l'objet du souvenir primaire, qui recule continûment, ne change absolument pas de situation temporelle ; seule change sa distance vis-à-vis du maintenant actuel, et ce parce que le maintenant actuel vaut comme un instant objectif toujours nouveau, tandis que le temporel passé reste ce qu'il est[1].

Si le temps se constitue comme arrière-plan dans l'écoulement de l'objet, encore faut-il voir que l'objectivité et l'identité de l'objet-de-temps ne sont pensables que sur fond d'un arrière-plan temporel considéré comme fixe.

> C'est d'elle [cette constitution] que dépend très étroitement celle de la constitution de l'objectivité d'objets et de processus temporels individuels : c'est dans la conscience du temps que s'accomplit toute objectivation ; si l'on ne tire pas au clair l'identité de la situation temporelle, on ne peut pas non plus tirer au clair l'identité d'un objet dans le temps[2].

1. *Ibid.*, § 31, p. 64 ; trad. fr., p. 83.
2. *Ibid.* ; trad. fr., p. 84.

Identifier l'objet-de-temps dans son objectivité suppose donc déjà d'avoir constitué le temps, sur la base de sa fluance, comme un repère fixe et précisément indépendant de cette fluance. Ou plus précisément, l'intentionnalité spécifique grâce à laquelle l'objet est maintenu à contre-courant du « flux du repoussement temporel » co-constitue le temps objectif, si bien que l'objectivité de l'objet, son identité, sa situation dans le temps et le temps objectif lui-même comme repère fixe apparaissent comme strictement inséparables :

> Mais comment (à l'encontre du phénomène du changement continu de la conscience du temps) la conscience du temps objectif, et tout d'abord de la situation et de l'extension temporelle identiques, a-t-elle lieu ? La réponse est la suivante : grâce au fait qu'à l'encontre du flux du repoussement temporel, du flux des modifications de la conscience, l'objet, qui apparaît comme repoussé, demeure précisément maintenu par aperception dans une identité absolue, et ce avec la thèse, éprouvée dans l'instant présent, qui le pose comme « ceci »[1].

Mais ce qui est posé ici comme objet n'est aucunement la chose matérielle à laquelle le son est rapporté comme à sa source ou sa cause ; c'est bien plutôt *le son lui-même* qui se constitue comme objet. La chose matérielle se constitue dans l'espace (réel) objectif dans lequel elle apparaît comme possédant une position absolue à partir de laquelle elle peut être identifiée ; l'objet « son », au contraire, semble pouvoir être constitué comme objet – donc, au moins en ce sens, comme *objectif* – dans le

1. E. Husserl, *Zur Phänomenologie des inneren Zeitbewusstseins*, *op. cit.*, § 31, p. 64 ; trad. fr., p. 83.

substitut d'espace qu'est le temps en tant qu'il fournit un repère fixe dans lequel le son reçoit sa place et peut donc être *identifié*. Cette identité originaire de l'objet sonore, sur laquelle se fonde sa constitution comme son *de* tel ou tel objet spatial, ouvre un premier sens de l'objectivité que le seul espace analogique (qui ici, n'est autre que le temps) peut suffire à garantir : « L'objectivité [au sens prégnant] présuppose la conscience d'unité, la conscience d'identité. Nous appréhendons ici le contenu de chaque sensation originaire comme le Même. Elle donne une individualité ponctuelle sonore »[1]. Et Husserl de préciser que « la situation temporelle seule » constitue l'individualité de l'objet[2]. Aussi la phénoménologie reconnaît-elle un niveau où le temps, constitué comme repère quasi-spatial dans lequel les phénomènes subissent des transformations continues et reçoivent une situation en fonction de leur plus ou moins grand éloignement par rapport au présent – un espace donc qui, pour ne pas être strictement topologique, en possède néanmoins certaines caractéristiques – fournit un fondement suffisant à l'identification des objets, donc à leur objectivité en un premier sens.

Reste que, le temps ainsi constitué n'étant pas encore *partageable* comme l'est de toute évidence l'espace, l'identification de l'objet ne semble possible qu'égologiquement, le son demeurant, malgré son détachement du présent, dans une forme d'adhérence par rapport au flux de conscience dans lequel il s'est constitué. La réidentification par d'autres sujets, donc la publicité inextricablement attachée à la notion, même

1. *Ibid.*, § 31, p. 68 ; trad. fr., p. 89.
2. *Ibid.*, § 31, p. 67 ; trad. fr., p. 87.

strawsonienne, d'objectivité, n'exige-t-elle pas que le son soit constitué comme *objet spatial*? Non pas comme objet immanent situé dans le temps objectif et provenant d'une source identifiable dans l'espace, mais bien comme un objet *lui-même spatial*? Le temps semble pouvoir offrir à l'objet sonore une place dans laquelle s'insérer et qui constitue son principe d'individuation et d'unité, mais cela ne confère à l'objet sonore qu'une extériorité par rapport au vécu qui le vise, mais pas une extériorité au sens fort – au sens que seul semble pouvoir lui conférer l'espace, et qui semble indétachable du sens plein de l'objectivité. En ramenant l'objet au flux temporel dans lequel il se constitue ultimement, la phénoménologie *tend à ne le traiter qu'en tant qu'unité* – à savoir en tant qu'unité de sens – et à rabattre ainsi l'extériorité au sens fort (l'extériorité spatiale) sur la seule extériorité au sens intentionnel (laquelle naît dans le flux temporel lui-même). La question se pose donc de savoir si l'on peut gagner le sens plein de l'extériorité à partir du sens purement intentionnel, donc en s'en tenant strictement à la perspective phénoménologique que nous avons suivie ici – si l'on peut donc, en un sens, gagner l'espace à partir du temps.

3. Les textes dans lesquels Husserl propose une description phénoménologique du déploiement spatial du son sont suffisamment rares pour qu'on accorde une importance toute particulière au § 10 des *Ideen II*, dans lequel le son intervient comme exemple d'objet spatial. L'objet de ce paragraphe, central dans l'économie des *Ideen I* et plus particulièrement dans la première partie du livre consacrée à la nature matérielle, est de distinguer les différents niveaux de constitution

d'une chose spatiale, en introduisant la notion nodale de « fantôme d'espace »[1]. La constitution des corps matériels reposerait donc sur la constitution préalable de pures figures spatiales désincarnées, dénuées de toute substance, de toute interaction, mais la constitution de ces fantômes d'espace serait elle-même fondée sur les *sensations* dans lesquels ces objets spatiaux se donnent.

L'exemple du son intervient pour illustrer cette distinction :

> Prenons, pour son extrême commodité, l'exemple d'un son émis par un violon, en train de retentir. Il peut être saisi comme un son réal émanant d'un violon et par là comme un événement réal dans l'espace. Il demeure alors le même, que je m'éloigne ou que je me rapproche de lui, que la pièce attenante, où il retentit, soit ouverte ou fermée. Une fois qu'on a fait abstraction de la réalité matérielle, il peut encore rester un fantôme spatial d'ordre sonore apparaissant dans une orientation déterminée, en provenance d'un certain lieu dans l'espace, retentissant à travers l'espace, etc.[2].

Il s'agit donc bien, dans ces lignes, de distinguer le son *réal* et le fantôme d'espace « d'ordre sonore ». Le son réal correspond au son constitué comme objectif, indépendant de la perspective et de la modalité particulière de sa perception et causalement lié à l'objet visuel et tactile qu'est le violon dont il émane. Le fantôme d'espace est au contraire directement corrélé à la

1. E. Husserl, *Ideen II*, *op. cit.*, § 10, p. 22 ; trad. fr., p. 47. Nous reprenons ici partiellement nos analyses dans « Espace sonore et appréhension spatiale du son : Husserl, Boulez et le problème de Strawson », *Alter* 30, 2022, p. 299-320 et remercions Natalie Depraz et Claudia Serban de nous y avoir autorisé.

2. *Ibid.*

modalité de sa donation, et Husserl insiste sur le fait que l'espace s'y constitue – de manière sonore – exactement comme il se constitue dans la perception visuelle : la perception de l'objet est ici comme là orientée, l'objet est perçu comme occupant une position déterminée dans l'espace, et l'espace est co-perçu comme ce dans quoi le son retentit. *L'orientation, la position, la distance* – tels sont les caractères selon lesquels se construit l'objet sonore, non pas encore au sens du son objectif qui précisément sera constitué comme indépendant de ces caractères, mais au sens du fantôme d'espace. Là où, dans ses analyses du son comme objet-de-temps, Husserl distinguait deux modes d'appréhension de la temporalité du son, la description s'enrichit ici de la découverte de deux niveaux de la constitution spatiale du son. Or, dans ce processus, le son n'est plus seulement appréhendé comme *provenant* d'un objet transcendant, mais bien comme étant *lui-même* un tel objet. C'est le son lui-même, et non seulement le violon, qui me paraît provenir de la pièce voisine, c'est lui qui se signale dans une certaine orientation, à une certaine distance ; c'est lui, en d'autres termes, qui est spatial, transcendant – autrement dit : extérieur.

À la question de la possibilité d'une expérience du son comme extérieur au sens plein du terme, ou, dans les termes de Strawson, à la question corollaire de la possibilité d'une expérience purement sonore de l'espace, il semblerait donc que Husserl apporte ici une réponse positive, quoiqu'au demeurant peu développée. En effet, le son comme objet-de-temps apparaît précisément dans ce texte comme constitutif d'objets spatiaux d'ordre sonore qui ne se distinguent pas *phénoménologiquement* de n'importe quels objets spatiaux ; et l'espace co-constitué de manière sonore comme horizon de toutes les orientations, de toutes les positions et de toutes les distances possibles ne semble pas différer foncièrement de l'espace visuel. Il y a donc bien un espace spécifiquement sonore (au sens d'un espace constitué de manière sonore), mais dont les propriétés phénoménologiques semblent rapidement rabattues sur celles de l'espace en général, dont il ne serait ici qu'une illustration.

Est-ce à dire, cependant, qu'on aurait renoncé, à ce niveau de l'analyse husserlienne du son et dans la conception de la musique qui y est implicitement attachée, au primat du temps sur l'espace ? Il n'en est rien, car à un autre niveau (et c'est la spécificité de l'analyse phénoménologique de la constitution de l'objet sonore que de le mettre au jour) *le son peut être détaché de son enveloppe spatiale* :

> Enfin, l'appréhension de l'espace peut elle-même ne pas être accomplie et dès lors, au lieu d'un son retentissant dans un espace, le son peut être pris comme un simple « *datum* de sensation ». À la place de ce qui, lors du rapprochement ou de l'éloignement se présentait à la conscience comme un son inchangé, au-dehors, dans l'espace, apparaît maintenant, lorsqu'on se tourne pour le prendre en vue vers le *datum* sensible « son », un élément qui change de façon continue[1].

Le son peut donc bien être spatial, mais la phénoménologie reconnaît un niveau fondamental où cette spatialité apparaît comme constitutivement seconde voire superficielle : le son lui-même, au

1. E. Husserl, *Ideen II*, *op. cit.*, § 10, p. 22 ; trad. fr., p. 47-48.

sens du phénomène sonore pur ou de ce que Husserl nomme ici le *« datum* de sensation », n'est pas fondamentalement spatial[1]. Comme Strawson le note en 1959, le rapprochement et l'éloignement d'un son ne sont finalement pas autre chose qu'un changement continu du phénomène sonore lui-même, indistinct du changement d'intensité et peut-être de timbre[2] : les indications d'interprétation des compositeurs du tournant du XIXe et du XXe siècles, tel Debussy, jouent sans cesse sur cette confusion ; la cathédrale du Xe *Prélude* pour piano[3] s'éloigne et apparaît comme « engloutie » lorsque les accords du choral, très clairement timbrés lors de la première occurrence du thème, sont repris en sourdine, « dans le lointain », c'est-à-dire « *sotto voce* ». Le même procédé est à l'œuvre dans l'opéra wagnérien, où les instruments de la fosse peuvent créer une illusion d'un son provenant de l'arrière-scène en utilisant, par exemple, une sourdine ; à l'inverse, les trompettes de la marche des enfants de *Carmen*[4], provenant effectivement de l'arrière-scène, paraissent également provenir du dehors dans un enregistrement, alors que le son provient alors exactement de la même source sonore (les enceintes) que le reste de l'orchestre.

Que le son puisse être appréhendé spatialement ne change rien au fait qu'il y a (ou du moins qu'il

1. Notons d'emblée que l'enjeu de nos analyses ultérieures sera précisément de déterminer si ce « datum de sensation » peut véritablement être considéré indépendamment de toute dimension spatiale.

2. P. F. Strawson, *Individuals*, *op. cit.*, p. 75-76 ; trad. fr., p. 83-85.

3. C. Debussy, *Préludes pour piano*, X : « La cathédrale engloutie », München, G. Henle Verlag, 2018, p. 38.

4. G. Bizet, *Carmen*, *Opéra en quatre actes*, Leipzig, Peters, 1905, p. 43-44.

semble y avoir) un niveau, accessible à la description phénoménologique et présupposé par elle comme fondateur voire « absolu », où le son est pré-donné de manière purement temporelle, dans un *concretum* de timbre, intensité, hauteur et durée, mais sans espace. Le son perçu dans l'espace est fondamentalement donné de manière non spatiale, et un son qui demeurerait non spatial est même tout à fait imaginable.

> On remarquera qu'un tel *datum*-son pourrait être constitué, sans que soit nullement accomplie une appréhension de l'espace, qui dans notre exemple n'est mise à l'écart qu'abstraitement – ou bien, pour rectifier cette expression erronée, qui est laissée hors de tout accomplissement tout en demeurant, sur un mode qui a changé, du vécu, précisément un vécu pré-donateur d'un son dans l'espace. Or celui-ci, disons-nous, n'est nullement une pré-donnée nécessaire. On pourrait concevoir un son qui se passerait de toute appréhension d'espace. Nous rencontrons ici, avec un pur *datum* de sensation, une pré-donnée qui précède encore la constitution de l'objet en tant qu'objet[1].

Ce qui se joue ici, et dans la distinction des deux niveaux d'appréhension du son (comme objet-de-temps ou comme objet spatial), c'est le sens même de son objectivité – ce qui confirme, par-delà Strawson, la thèse kantienne : s'il est toujours possible de mettre en suspens l'appréhension spatiale du son sans que cela affecte la nature sonore du

1. E. Husserl, *Ideen zu einer reinen Phänomenologie und phänomenologischen Philosophie, Zweites Buch : Phänomenologische Untersuchungen zur Konstitution* (*Ideen II*), Hua IV, éd. W. Biemel, Den Haag, Nijhoff, 1950, p. 22-23 ; trad. fr. J. Escoubas, *Idées directrices pour une phénoménologie, t. 2, Recherches phénoménologiques pour la constitution*, Paris, Puf, 1982, p. 48.

son, ce qui est alors atteint n'est pas proprement un objet, mais ce qu'il conviendrait d'appeler un « pré-objet », le terme de « quasi-objet » étant restreint à l'usage qu'en fait Carnap, comme corrélat de la « quasi-analyse ». Ce qui se constitue dans les espaces analogiques dont nous avons pu voir qu'ils étaient ultimement fondés dans le flux temporel dans lequel l'objet-de-temps trouve sa place et acquiert son identité, n'est donc qu'un pré-objet. L'objet-de-temps demeure un pré-objet, lequel possède une certaine forme d'individualité, d'identité et d'objectivité (ou devrait-on dire, de « pré-objectivité »), mais ne peut devenir pleinement objet qu'à travers une appréhension proprement spatiale.

Insistons cependant sur un point : le son saisi comme pré-objet temporel ou saisissable dans un espace analogique ou topologique (fondé sur des relations de ressemblance entre les sensations ou les vécus voire dans le temps lui-même spatialisé) peut être identifié ou réidentifié et répond ainsi à plusieurs aspects du problème de Strawson, puisqu'il est vécu par le sujet comme indépendant de ses vécus, donc comme extérieur – en un sens minimal. On peut cependant mesurer les limites d'une telle objectivité de deux manières : tout d'abord, de l'intérieur même du problème de Strawson, un critère de l'objectivité au moins semble faire défaut, comme nous l'avons observé, au pré-objet sonore : la *publicité*. Si les sons étaient ultimement des objets-de-temps réidentifiables sans pour autant être donnés *dans l'espace*, pourraient-ils être réidentifiés par d'autres sujets que celui qui les constitue ? L'espace n'est-il pas *a minima* la condition de possibilité d'une expérience intersubjective, laquelle serait supposée dans toute référence à un particulier dans un énoncé émis par un locuteur et censé être compris par son interlocuteur? Mais le même problème se pose également sous un autre angle, plus proprement transcendantal : être un objet, ce n'est pas ou pas seulement être l'objet d'une identification possible. Or, dans le passage du pré-objet à « l'objet en tant qu'objet », donc d'une pseudo-objectivité à l'objectivité au sens prégnant, l'extériorité au sens proprement spatial du terme semble jouer un rôle crucial. Si donc l'espace *en général* (y compris, donc, l'espace au sens analogique ou topologique du terme) est bien la condition de possibilité de toute objectivité, l'espace *proprement dit* semble être celle de l'objectivité au sens plein.

Le cas échéant, la remarque de Husserl selon laquelle l'appréhension spatiale du son ne posséderait aucune nécessité interne met en danger l'objectivité du monde sonore et avec elle, la cohérence de la notion de sens externe.

La précision apportée par Husserl dans le passage cité est alors essentielle : dans l'exemple du son du violon émanant d'une pièce avoisinante, l'appréhension de l'espace fait bien partie des moments concrets du phénomène sonore : se situer à un niveau où cette appréhension n'aurait pas été accomplie relève donc d'un acte d'abstraction. Pour autant, du fait que le son du violon soit d'emblée vécu comme spatial, peut-on inférer qu'il doive y avoir, au niveau même du *datum* de sensation sonore, un vécu dans lequel cette spatialité soit déjà présente ou, pourrait-on dire, pré-donnée? Une autre possibilité existe, qui interdit ce glissement : si l'appréhension du son comme spatial n'était pas motivée par le phénomène sonore lui-même mais par l'appréhension visuelle de l'espace – si, autrement dit, la *nécessité synesthésique* d'intégrer l'univers sonore au monde imposait d'*attribuer au son une spatialité dont il ne serait pas en lui-même porteur*, cela n'empêcherait pas que le son du violon soit d'emblée vécu comme spatial et qu'il faille opérer un acte d'abstraction pour atteindre le phénomène sonore « pur » – non-spatial. La situation serait alors comparable à celle des actes à travers lesquels nous attribuons une valeur à des objets : dire que l'objet m'apparaît immédiatement comme possédant une certaine valeur, reconnaître que l'attribution de cette valeur n'est pas sans lien avec les propriétés « objectives » de l'objet, cela n'implique aucunement que l'acte d'attribution d'une valeur soit proprement motivé par les strates constitutives fondamentales de l'objet. Autrement dit : même si l'objet m'apparaît d'emblée dans une appréhension axiologique, il y a bien un sens à dire que l'objet lui-même, c'est-à-dire l'objet constitué en tant que simple objet, ne possède pas cette valeur[1]. Cette dernière trouve sa motivation ailleurs qu'en lui. La même chose semble valoir ici pour le son, si bien que notre problème continue à se poser, et pourrait se reformuler ainsi : où l'acte d'appréhension spatiale du son (et non pas seulement de l'objet dont il provient) trouve-t-il sa motivation ? Est-il fondé dans le phénomène sonore lui-même ou bien dans une nécessité synesthésique qui s'imposerait au son, pour ainsi dire,

1. E. Husserl, *Vorlesungen über Ethik und Wertlehre (1908-1914)*, Hua XXVIII, éd. U. Melle, Dordrecht-Boston-London, Kluwer Academic Publishers, 1988 ; trad. fr. P. Ducat, P. Lang, C. Lobo, *Leçons sur l'éthique et la théorie de la valeur (1908-1914)*, Paris, Puf, 2009.

du dehors? Le son est-il donc en lui-même un objet du sens externe qui posséderait une pleine objectivité ou bien ne le devient-il que par l'entremise des autres sens ?

Il faut, pour le déterminer, s'intéresser à la différence entre les vécus sonores spatiaux et les vécus prétendument non-spatiaux, afin de déterminer si cette différence trouve son fondement dans le pré-objet sonore lui-même et dans son déploiement temporel. Il faut également, semble-t-il, prendre nos distances avec la stricte phénoménologie telle que nous l'avons présentée jusqu'ici.

CHAPITRE IV

DEGRÉS DE SPATIALITÉ DU SON

La description strictement phénoménologique du son à laquelle nous nous sommes tenus jusqu'ici nous impose de rendre compte de la manière dont les appréhensions spatiales du son trouvent leur ancrage dans les vécus sonores eux-mêmes, en tant qu'ils se déploient dans le flux temporel de la conscience. Or, pour mettre au jour les rapports de motivation qui peuvent exister entre l'appréhension temporelle et l'appréhension spatiale du son, et évaluer par contraste la part d'arbitraire que peut comporter cette dernière, on peut s'intéresser aux différences existant entre les vécus des sons perçus comme situés dans l'espace et ceux dans lesquels l'appréhension spatiale semble négligeable voire inexistante. Notons d'emblée que la possibilité de sons non spatiaux n'était pas impliquée dans la possibilité, mise au jour par Husserl, de mettre en suspens les appréhensions spatiales du son afin de réduire ce dernier à sa pure dimension de *Zeitobjekt.* Au contraire, si une telle réduction revêtait un caractère *abstrait*, c'est précisément parce que ces appréhensions font partie du vécu sonore complet, lequel ne serait jamais non spatial. Nous maintiendrons donc la réduction phénoménologique afin d'interroger l'homogénéité du rapport des sons à l'espace. Y a-t-il des vécus sonores dans lesquels aucune appréhension spatiale ne trouverait sa motivation ? Nous observerons qu'un son non spatial n'est en réalité jamais qu'un cas-limite, voire simplement un son qui « remplirait l'espace » au point de brouiller les frontières du sens externe ; si donc l'appréhension spatiale du son n'est pas toujours accomplie, peut-être faudra-t-il en chercher la raison ailleurs que dans la matière ou *hylè* sonore elle-même – dans des motivations *subjectives et contextuelles*. Cela nous amènera à nous détacher du son idéalisé de la musique pour nous intéresser au rapport plus originaire et éminemment spatial que nous entretenons avec le *bruit* – et parallèlement à prendre une certaine distance par rapport à la phénoménologie telle que nous l'avons définie jusqu'à présent.

La musique de Pierre Boulez des années 1980, dans laquelle le compositeur français explore les possibilités de la spatialisation du son pour la création musicale offre un exemple particulièrement frappant qui tiendra lieu de fil directeur à notre analyse. Certes, le travail sur la relation entre la richesse qualitative du son et son déploiement spatial est bien plus ancien que cela, et sa systématisation date au moins de la « naissance » de l'orchestration, au début du XIXe siècle. La répartition de l'orchestre autour du chef place ce dernier dans la situation d'écoute idéale où les différentes fonctions orchestrales sont effectivement perçues comme *réparties dans l'espace*, de sorte que la stratification sonore est à la fois clarifiée et soulignée par la répartition des instruments sur scène. Mais la position des instruments dans l'espace ne possède ici qu'une fonction qualitative, puisqu'il s'agit de produire « un » son, certes enrichi par la disposition de l'orchestre, mais dans lequel cette répartition doit précisément être fondue ou fusionner en un seul son, « le » son de l'orchestre. Qu'un soliste intervienne, et ce son subitement perçu comme provenant d'un point déterminé de l'espace fait précisément apparaître le reste de l'orchestre comme non situé, emplissant la totalité de l'espace : déspatialisé. Les œuvres de Mahler[1] ou encore le *Concerto pour orchestre* de Bartok[2], jouent sans cesse – préfigurant ainsi la musique de la fin du XXe siècle – sur ce contraste entre le son plein et non spatial de l'orchestre et le son situé ou spatial du ou des solistes, dans un esprit opposé à celui du concerto traditionnel où la position centrale du soliste annule cet effet, les jeux sur le contraste entre soliste et orchestre étant davantage qualitatifs que spatiaux. Reste que, généralement et sauf cas particulier, l'espace joue dans la musique savante un rôle secondaire et technique, au service du timbre ou de l'harmonie, voire du contrepoint ; une voix indépendante peut ainsi par principe être séparée dans l'espace des autres voix, sur le modèle du chant d'église où les voix (au sens contrapuntique) sont attribuées à des voix humaines numériquement distinctes, mais produisent une *harmonie* précisément lorsque l'acoustique de l'église les mêle au point de les rendre spatialement indistinctes les unes des autres et de les faire participer

1. Voir par exemple l'intervention des cuivres à l'arrière de la scène (« in weiter Entfernung ») dans la deuxième symphonie de Mahler poussant à la limite le travail du compositeur autrichien sur la prise de parole successive de solistes dans toutes ses symphonies. (G. Mahler, *Zweite Symphonie « Auferstehung »*, New York-Wien, Universal, 1910, V. Satz, p. 185-186 et p. 204-209).

2. B. Bartok, *Concerto for orchestra*, London, Boosey and Hawkes, 1997.

au même son. *L'espace au sens propre s'annule ici au profit de l'espace sonore* (au sens qualitatif), quoiqu'il participe à sa constitution.

Le travail de Pierre Boulez à la fin des années 1970 et au début des années 1980 rompt avec cette tradition musicale en traitant l'écriture de l'espace pour elle-même, la *sensation d'espace* venant ici s'ajouter aux autres modalités des sensations provoquées par l'écoute musicale. Ainsi, dans *Rituel*, créé en 1975[1], Boulez place sur scène plusieurs groupes orchestraux situés à différentes positions de l'espace, possédant leur propre chef et jouant au signal du chef principal, l'œuvre étant ouverte de sorte que ces interventions spatialisées interviennent arbitrairement. Dans *Répons*[2], la pièce la plus importante de cette période, des instruments répartis dans la salle au milieu du public tranchent par leur incarnation en un point déterminé de l'espace avec le son de l'orchestre remplissant uniformément l'espace sonore.

C'est cependant dans le *Dialogue de l'ombre double*[3] que le jeu sur l'opposition entre son spatialisé et son déspatialisé se fait le plus radical. Cette pièce met en effet en scène le dialogue entre une clarinette « réelle », incarnée par un clarinettiste présent sur scène « en chair et en os » et produisant ce qui apparaîtra de prime abord

1. P. Boulez, *Rituel in memoriam Bruno Maderna*, pour orchestre en 8 groupes, New York-Wien, Universal, 1974-1975.

2. P. Boulez, *Répons*, pour six solistes, dispositif électronique et ensemble, New York-Wien, Universal, 1981-2005.

3. P. Boulez, *Dialogue de l'ombre double*, pour clarinette/première sur scène et clarinette/double enregistrée, Version aux chiffres romains et version aux chiffres arabes, New York-Wien, Universal, 1984.

comme un son incarné car rapporté à un objet matériel, et une « clarinette double », pré-enregistrée et diffusée dans un dispositif de six haut-parleurs disposés autour du public et contrôlés par une console, selon le schéma suivant[1] :

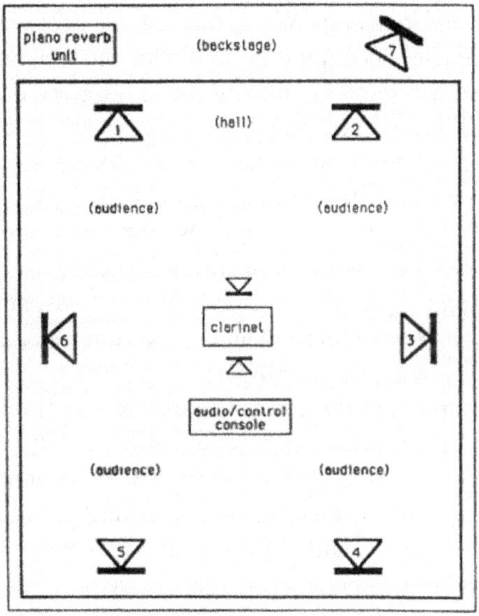

La pièce, pouvant être jouée selon deux ordres différents respectivement numérotés en chiffres arabes (« version aux chiffres arabes ») et en chiffres romains (« version aux chiffres romains »), se compose de

1. Schéma extrait des « Instructions techniques », livret joint à la partition de P. Boulez *Dialogue de l'ombre double*, *op. cit.*

sections dévolues alternativement à la clarinette réelle (« strophes ») et à la clarinette double (« transitoires »). De courtes transitions assurent le passage d'une section à une autre et confrontent donc les deux couches sonores, de telle sorte que, non sans paradoxe, la clarinette réelle, fixe et au milieu de la scène, apparaisse, par contraste avec le dispositif de spatialisation de la clarinette double, comme *relativement dé-spatialisée*. Se trouvent ainsi radicalement découplés la spatialité du son lui-même (donc son objectivité propre) et le rapport du son à un objet lui-même spatial, puisque le fait que le son provienne d'un corps matériel « en chair et en os » ne lui assure pas d'être lui-même appréhendé comme objet spatial, alors que la relative désincarnation du son de la clarinette double ne fait qu'accentuer les sensations proprement spatiales que ce dernier suscite. Nous reviendrons plus précisément dans la suite de ce chapitre sur la complexité de ce rapport.

En admettant donc provisoirement que Boulez joue ici sur un contraste paradoxal entre un son incarné mais déspatialisé et un son désincarné mais appréhendé comme spatial (ce qui rompt avec l'assimilation classique de l'inscription dans l'espace et de l'individuation), remarquons qu'aucun argument ne semble plaider en faveur d'une description de la spatialisation du son comme fondée, d'une manière ou d'une autre, dans la qualité sonore elle-même, à savoir dans les autres qualités ou dimensions du son (comme sa hauteur, son intensité, etc.). L'espace se définit comme une *dimension* du son précisément parce que les paramètres spatiaux peuvent varier indépendamment des autres paramètres, tout comme la hauteur du son est strictement indépendante de sa durée et peut varier sans que varie la durée, et réciproquement. *Si fondation des appréhensions spatiales il y a au niveau même du vécu sonore, il faut donc la chercher dans une qualité proprement spatiale ou pré-spatiale, et non dans les autres qualités du son.* Boulez se montrerait ainsi fidèle aux principes selon lesquels il concevait l'écriture sérielle, à savoir selon une méthode paramétrique et abstraite. La paramétrisation du son est en effet inséparable de la révolution accomplie par le sérialisme : de même que l'idée originelle de série consistait à considérer les douze hauteurs possibles du son comme autant de valeurs possibles d'une variable (la hauteur), sur lesquelles pourraient être effectuées des opérations (par application de certaines fonctions définies par le compositeur ou par inscription dans des matrices), de même est-il possible d'effectuer un travail similaire sur tous les autres paramètres du son et de déterminer sa durée, son intensité, son timbre et pourquoi pas son déploiement spatial en soumettant chacun de ces paramètres à des opérations semblables. Le sérialisme ainsi « généralisé »[1] ouvre ainsi sur une quasi-infinité de combinaisons possibles, *précisément parce qu'aucune loi n'établit* a priori *quelque lien que ce soit entre la variation d'un paramètre (par ex. la durée) et celle d'un autre (par ex. le timbre ou le déploiement spatial).*

Une telle méthode repose sur une conception *abstraite* du son, selon laquelle ses différents paramètres peuvent et doivent pouvoir être strictement séparés et traités indépendamment les uns des autres. On sait les réactions qu'une telle conception du son provoquera,

1. P. Boulez, *Penser la musique aujourd'hui*, *op. cit.*, par ex. p. 93 dans le chapitre sur l'espace.

dans une volonté de retour à une conception *concrète* du son, que ce soit par la « musique concrète » ou par le spectralisme, lequel s'appuiera précisément sur les exemples dans lesquels les paramètres du son sont, au contraire, inséparables – par exemple, le timbre évoluant en corrélation directe avec l'intensité ou la hauteur pour de nombreux instruments, le son du « mi » grave du trombone doit être conçu comme une totalité qualitative dont les différents « paramètres » sont inextricablement liés les uns aux autres[1]. Mais insister sur cette opposition entre une musique prétendument concrète et une musique purement abstraite serait d'autant plus réducteur que cela ne tiendrait pas compte de l'évolution de Boulez depuis les années 1950, et en particulier, précisément, de l'apport de la conception spatialisée du son. Dès *Penser la musique aujourd'hui*, Boulez pense le son dans un « espace » total, englobant les différents paramètres comme autant de ses *dimensions*. Or, si dans un espace, les différentes dimensions sont en droit séparables les unes des autres au sens où la variation de l'une n'entraîne pas nécessairement la variation de l'autre (ce qui dérive de la définition même d'une dimension), elles n'en sont pas moins posées inséparablement dans « l'unité la plus petite », le point – ou ici : le son considéré comme individu isolable. Qu'il y ait une forme d'abstraction irréductible de la musique de Boulez, cela est indéniable mais cette abstraction est moins bien décrite par la notion de paramétrisation ou de combinatoire que par la

1. Voir à ce sujet la pièce de G. Grisey, *Partiels*, Milano, Ricordi, 1975, ainsi que les explications données par H. Dufourt dans *La musique spectrale. Une révolution épistémologique*, Sampzon, Delatour, 2014, par exemple dans le premier chapitre, « La violence de l'art », p. 17 *sq*.

notion d'*enveloppe*, quoique ce terme n'intervienne que plus tardivement dans les écrits de Boulez[1].

Car l'écriture d'une pièce comme le *Dialogue de l'ombre double* n'est pas réductible à l'application de combinatoires dans lesquelles les différents paramètres du son seraient systématiquement obtenus par calculs à partir de matrices, comme c'était le cas à l'époque du *Marteau sans maître*[2]. Les sons s'y rassemblent par groupes ou motifs auxquels sont appliquées des *enveloppes* typiques d'une section de la pièce (et lui conférant une identité stylistique), comprenant un certain timbre, une certaine intensité, une certaine hauteur, une certaine durée *et une certaine spatialisation* – ou pour être plus précis, une certaine *variation* de ces cinq dimensions ou un certain jeu sur elles. L'enveloppe impose à la matière sonore une certaine figure ou plutôt un certain *mouvement* dans l'espace sonore. Ce déplacement dans l'espace sonore qui définit le caractère ou caractérise l'aspect ou la forme de l'objet – ce que la tradition phénoménologique nomme « Gestalt » – peut bien sûr laisser intactes certaines de ses dimensions, mais n'en suppose pas pour autant leur traitement séparé. Ainsi, dans la section intitulée « Transition de III à IV » de la version aux chiffres

1. Voir par ex. P. Boulez, *Jalons (pour une décennie) : dix ans d'enseignement au collège de France (1978-1988)*, Paris, C. Bourgeois, 1989, p. 386. Boulez utilise la notion acoustique d'enveloppe (amplitude d'une onde considérée comme une fonction du temps) pour lui conférer un sens purement musical, l'enveloppe désignant le profil « lisible » d'une unité musicale composée d'éléments complexes, son profil ou son *Gestalt* (voir J. Goldman, « Pierre Boulez, théoricien de l'écoute », *Circuit* 13, 2, 2003, p. 81-92, en particulier p. 86-87) ; une modification de l'enveloppe consiste donc à modifier, non pas les éléments de l'objet musical mais son profil général.

2. P. Boulez, *Le Marteau sans maître*, pour voix d'alto et six instruments, New York-Wien, Universal, 1955.

romains du *Dialogue*, l'écriture des hauteurs, du rythme voire de l'intensité semble inséparablement liée à l'effet de spatialisation qui amplifie cette enveloppe par une mise en mouvement circulaire de plus en plus rapide du son autour des auditeurs, ce tourbillon ne pouvant être le résultat que d'un mouvement du son dans l'espace sonore relativement à *plusieurs de ses dimensions*. Cependant, si la notion d'enveloppe ne suppose pas que les différents paramètres ou les différentes dimensions du son puissent être systématiquement traités séparément, *elle exige au contraire que rien dans le son pris en lui-même n'interdise de lui imposer une enveloppe plutôt qu'une autre*. Un même motif peut *par principe* recevoir différentes enveloppes – et c'est en ce sens, et en ce sens seulement, qu'il est possible ici de parler d'écriture *abstraite*.

Aussi en sommes-nous conduits au constat suivant : les sons peuvent recevoir des *enveloppes spatiales* multiples – et une question se pose : cela implique-t-il qu'il n'y ait pas de lien intrinsèque entre le son « lui-même » et son déploiement dans l'espace – autrement dit que l'appréhension spatiale du son lui soit inessentielle ? Il faudra, pour y répondre, bien distinguer deux choses : que, d'un côté, un son puisse recevoir telle ou telle enveloppe spatiale, qu'il n'y ait donc pas de lien *essentiel* entre une matière ou un « matériau » sonore (au sens où les musiciens emploient ce terme) et la possibilité d'une appréhension spatiale, cela ne signifie pas que, d'un autre côté, il n'y ait pas de différence entre son spatial et son non spatial, au niveau phénoménologique de l'appréhension du son lui-même comme pure *hylè* se déployant dans le temps. Il est nécessaire ici de distinguer strictement le plan de la réalité objective et le plan phénoménologique. En d'autres termes : certes, un son peut toujours être ou non spatialisé, objectivement, c'est-à-dire être ou non produit ou diffusé par une source suffisamment déterminée pour être localisable, mais une fois ce son produit, spatialisé ou non, le problème demeure de savoir s'il y a *dans le vécu* que j'en ai quelque caractère descriptif qui motiverait l'appréhension spatiale ou non spatiale que j'en fais. *La question de l'écriture abstraite de l'espace doit donc être clairement séparée de la question du caractère arbitraire de son appréhension spatiale.* Pour comprendre le lien entre le vécu sonore pré-objectif et l'appréhension spatiale du son, il faut donc se détourner des enjeux d'écriture musicale pour se tourner vers l'expérience perceptive de l'auditeur.

Or, ce qui apparaît du point de vue de l'expérience perceptive du *Dialogue*, c'est une structure contrastante. Si je ferme les yeux pour éliminer toute tentation d'attribuer synesthésiquement une position au son de la clarinette réelle dans l'espace parce que je la « vois » et que je me contente au contraire d'écouter, alors le « sigle initial » me met tout d'abord en présence du son de la clarinette réelle ou incarnée, lequel peut, de prime abord et selon ma position dans la salle, me paraître situé en un lieu déterminé mais fixe. Intervient alors la clarinette double qui, brièvement superposée à la clarinette réelle au début de la section suivante, m'installe dans un son spatialisé *et en mouvement.* Quel que soit le degré de détermination avec lequel la situation spatiale du son de la clarinette réelle m'était d'abord apparue, la relative *fixité* de ce dernier par rapport au son de la clarinette double me fait rapidement perdre le sens de sa localisation : le son m'apparaît alors comme non spatial, non pas absolument, mais au sens d'une déspatialisation relative.

Deux sons *de nature différente* viennent ainsi s'opposer : le son emplissant l'espace de la clarinette réelle, et le son situé de la clarinette double. Cette différence est bien une différence entre deux types de sons distincts, deux types de sons qui ne varient pas selon le timbre, ni selon l'intensité, ni aucune autre qualité, sinon du point de vue de ce que *nous devons dès lors reconnaître comme une qualité du son lui-même : sa manière d'occuper l'espace.* Si le son de la clarinette double et le son de la clarinette réelle sont qualitativement différents – et il faut qu'ils le soient pour qu'on puisse rendre compte de l'expérience d'écoute ici en jeu –, c'est que le son spatialisé possède une *qualité* propre et se présente d'emblée dans une « orientation » propre. L'espace n'est pas encore constitué ici comme objectif, l'objet n'a pas encore reçu une position dans cet espace qui n'est pas encore édifié, mais il n'en apparaît pas moins immédiatement comme *au moins* orienté – comme un fantôme ou comme *l'ombre d'un fantôme d'espace.* Insistons sur ce point : le son ne nous apparaît pas à ce niveau pré-objectif comme provenant d'un objet situé dans l'espace, de sorte que ce serait à partir de la détermination de son origine que le son lui-même apparaîtrait dans l'espace. Le son n'est pas perçu comme traversant l'espace depuis l'objet pour nous informer sur lui, mais *c'est le son lui-même qui se trouve investi d'un sens spatial.* C'est pourquoi il n'est pas évident qu'on puisse déjà dire ici, comme le fait Husserl à propos du fantôme d'espace, que le son serait d'emblée perçu comme « provenant d'un certain lieu » ou occupant une certaine position dans l'espace ou encore comme « retentissant à travers l'espace ». Il est effectivement possible de détacher ces propriétés pré-objectivantes du pur *datum* de sensation sonore que nous décrivons ici ; il est possible, en d'autres termes, de ne pas effectuer ces appréhensions spatiales pour réduire le son à la pure sensation fluante dans laquelle il se donne primordialement à nous. Mais il n'en va pas de même pour l'orientation : le son m'apparaît d'emblée comme *orienté*, dans un espace pré-empirique dont il nous incombera de déterminer les propriétés. Je perçois le son *comme* remplissant l'espace ou *comme* provenant de la gauche ou de la droite – non pas au sens où je lui attribuerais déjà une source dans l'espace, dont il proviendrait au sens strict du terme, mais au sens de la pure et simple orientation – au même titre exactement que je le perçois comme possédant telle ou telle intensité, telle ou telle hauteur, tel ou tel timbre.

L'orientation[1] désigne donc un sens pré-objectif et purement hylétique de l'espace, à savoir ce qui, dans la matière même du vécu, motive son appréhension spatiale. Sur l'orientation s'édifie le « fantôme d'espace d'ordre sonore » où l'objet sonore apparaît en outre comme provenant d'un point de l'espace et traversant l'espace à partir de lui, mais elle-même n'en est que l'ombre, la trace au niveau du pur vécu, ce qui précisément reste de l'espace sonore une fois accomplie sa réduction phénoménologique. Bien sûr, il est toujours possible de pousser plus loin la réduction, d'éliminer cette ombre ou cette esquisse (l'allemand *Abschattung* est ici particulièrement parlant) d'espace du vécu, de s'en tenir aux autres dimensions de la sensation sonore et de rechercher ainsi quelque chose comme un *absolu phénoménologique sonore*, ou comme une

1. Voir sur ce point le chapitre suivant, *infra* p. 189-194.

pré-immanence purement temporelle dans laquelle ces dimensions du vécu viendraient elles-mêmes se constituer, et où l'on pourrait éliminer toute esquisse spatiale. Mais dans la recherche d'un tel absolu, ne risque-t-on pas de perdre ce qui pouvait être l'apport essentiel de la phénoménologie : le niveau où, immanente au vécu sonore, la spatialité s'y trouve inextricablement mêlée aux autres qualités sensibles ? Loin de déterminer *a priori* un sol d'absolue donation des phénomènes, la phénoménologie doit rechercher, ici comme ailleurs, le *niveau de réduction* où se trouve clarifié le problème particulier que l'on cherchait à résoudre.

Or, l'expérience d'écoute du *Dialogue de l'ombre double* le confirme : l'espace n'est pas injecté de l'extérieur dans un objet sonore purement temporel; il est au contraire d'emblée présent, sur le mode de l'orientation, au cœur du vécu sonore et avant même, précisément, que le son soit constitué comme objet[1]. Ce constat offre une solution séduisante au problème de Strawson : à ce niveau très fondamental de la constitution du son, ce dernier se présente déjà comme spatial – en tout cas suffisamment pour qu'on puisse affirmer qu'une expérience purement auditive laisserait une place à certains prédicats spatiaux, sans qu'il soit pour autant nécessaire d'articuler cette expérience auditive à une expérience synesthésique ou kinesthésique. Entendons bien : nous n'avons certes pas ici constitué un espace objectif pouvant servir de

1. De là à dire que cette inscription du son dans un espace primordial serait la *condition* de son objectivation et de sa mise en rapport avec un objet externe, il n'y a qu'un pas, qui nous ramènerait à une théorie de type kantienne, où l'espace deviendrait la condition transcendantale des phénomènes externes. Nous nous garderons à ce stade de franchir ce pas.

référentiel universel dans lequel tous les particuliers sonores viendraient s'inscrire, mais nous n'avons atteint qu'une couche pré-objective dans laquelle n'apparaissent que des *orientations* ; mais cette structure semble tout à fait comparable à celle qui prévaut dans la constitution de l'espace objectif *visuel*, lequel se trouve également fondé sur une couche pré-objective dans laquelle les choses se présentent dans une certaine *orientation* par rapport au champ visuel, qui ne semble pas moins subjectif que le « champ auditif » auquel nous avons affaire ici. Si donc la question de la possibilité d'un espace auditif objectivé exige des développements supplémentaires, nous pourrions estimer avoir au moins montré que le son comportait « en lui » une dimension spatiale et que la lui ôter relèverait d'un geste d'abstraction plus que d'une plongée dans un niveau phénoménologiquement plus *pur*. D'un strict point de vue phénoménologique, l'apport des analyses précédentes consiste donc à avoir déplacé le curseur de la pureté phénoménologique : le phénomène sonore le plus concret, le plus pur voire le plus « absolu » ne serait pas le son dépourvu de spatialité (le pur *Zeitobjekt*), mais au contraire le son investi de qualités spatiales (le *concretum* sonore possédant, entre autres, une orientation).

Mais en sortant des strictes limites de la phénoménologie, on peut infléchir ce résultat dans la direction suivante : si la constitution du son comme objet comporte différentes *strates*, de quel droit pourrait-on affirmer qu'une de ces strates posséderait un statut privilégié ? Plutôt que de désigner telle ou telle strate comme absolue, pourquoi ne pas nous demander plus radicalement s'il y a quelque chose comme un *absolu* sonore ? La question se pose à vrai dire sous deux angles : d'abord sous celui, méthodologique ou métaphilosophique, des limites de la phénoménologie et de la capacité de cette dernière à définir, en général, un niveau de fondation absolue ; ensuite sous l'angle de la description de la chose même, à savoir relativement à la stratification du phénomène sonore et à la possibilité de déterminer en lui ce qui relèverait du pur phénomène absolument concret et ce qui lui serait au contraire inessentiel.

1. En ce qui concerne le problème méthodologique, sur lequel nous reviendrons ultérieurement, il suffit d'en dire ici quelques mots. Une certaine tradition phénoménologique a pu voir dans la découverte d'un sol *absolu* de fondation l'essentiel de la phénoménologie husserlienne. Or, on peut déceler une certaine tension, chez Husserl, entre cette recherche d'un absolu qui vaudrait pour sol de *toute* réalité et l'attention sans cesse exigée par Husserl aux différences régionales entre les domaines d'objets. Sans cette dernière exigence, la réduction phénoménologique serait en effet *réductrice*, au sens où elle assignerait toute fondation à la même adresse ou au même niveau. Sur un tel fil, la phénoménologie doit pouvoir glisser du côté de l'idéalisme, lequel trouverait une de ses formes les plus systématiques et abouties chez Alexander Schnell, qui fait de l'absolu le véritable thème de la phénoménologie[1], ou au contraire du côté de la description du feuilletage du monde, courant dont on pourrait voir en Carnap un hériter – certes paradoxal. S'ouvre ici une voie pour la phénoménologie dans laquelle la réduction, loin de s'enfoncer jusqu'à un

1. *Cf.* A. Schnell, *Le clignotement de l'être*, *op. cit.*, p. 273-274.

niveau d'immanence ou de pré-immanence considéré comme absolu, doit être pensée comme une *descente progressive jusqu'au niveau où tel ou tel phénomène donné reçoit une attestation intuitive suffisante.* On substituera donc la notion de fondement *ultime* (dans ce que ce superlatif a de relatif à un domaine d'objets particulier) à celle de fondement *absolu.* Aussi, par exemple, le fondement ultime de la temporalité de la conscience ne se trouve-t-il pas au même niveau que, par exemple, le fondement des idéalités mathématiques, qu'il serait en un sens absurde autant qu'inutile de ramener à la pré-immanence. La phénoménologie ainsi assouplie consisterait donc, non pas tant à *fixer* un absolu phénoménologique qu'à accompagner le progrès de la réduction et saisir, à chaque étape de la progression, de nouvelles données intuitives.

2. Or, cette impossibilité méthodologique de fixer un *absolu* phénoménologique semble étonnamment corrélée, dans le cas du son, à l'impossibilité de déterminer un niveau de *réalité* qui pourrait valoir comme absolu – et en l'occurrence un *son absolu* – et plus généralement d'instaurer une hiérarchie entre les différents types de son. En effet, l'univers sonore semble éminemment chaotique, et cela se marque au niveau même des concepts à partir desquels on pourrait être tentés d'y établir quelque hiérarchie ou stratification : le bruissement, le bruit, le son, la sonorité, les notes – autant de notions au sein desquelles il est en réalité particulièrement ardu d'opérer des distinctions. Pour clarifier cette situation, nous conférerons un sens excessivement déterminé à ces notions, tout en reconnaissant que, dans leur usage courant, leurs limites demeurent en réalité bien plus floues et perméables. Par

« son », nous entendrons comme nous l'avons fait jusqu'à présent tous les phénomènes sonores, à quelque niveau d'objectivité qu'on les considère – tout ce qui, donc, appartient à l'univers auditif ou au « cercle de qualités » qui lui correspond. Par « sonorité », nous désignerons le son *dans son rapport à l'objet dont il émane*, donc en tant qu'il peut être considéré comme l'indicateur ou le signe de reconnaissance (*Kennzeichen*) de la chose, laquelle n'appartient pas par principe à l'univers sonore. Le « bruit » désigne la réalité du son, ou plus précisément le son brut, non idéalisé, dont la « note » serait le strict opposé, à savoir le son idéalisé, essentialisé au double sens où il aurait perdu certaines de ses caractéristiques « inessentielles » et aussi sa dimension individuelle – un *do* demeurant un *do* quel que soit le contexte dans lequel il se trouve effectivement joué[1].

« Bruit » et « note » désignent donc des *pôles* de l'univers sonore et sont susceptibles de recevoir différents degrés, une note pouvant par exemple être idéalisée au point de ne plus conserver comme essentielle que la *hauteur* du son (le *do*, ou le do_3 par exemple), ou sa hauteur et sa durée (*do* noire dans tel ou tel tempo), ou encore sa hauteur, sa durée, son timbre et son intensité (le *do* noire *fortissimo* de la chanterelle[2] du violoncelle) – et un bruit pouvant également être un pur bruit indéterminé ou un bruit partiellement

1. Le terme de « note » ainsi entendu correspond peu ou prou à ce que recouvre le terme allemand « Ton », qui désigne le son individuel en tant qu'il peut être saisi comme une unité douée de certaines déterminations idéales, en particulier une certaine hauteur. Voir à ce sujet les distinctions établies par Stumpf au début du second tome de la *Tonpsychologie* (C. Stumpf, *Tonpsychologie*, III. Abschnitt, Vorbemerkungen, *op. cit.*, t. 2, p. 2).

2. Il s'agit de la corde la plus aiguë du violoncelle.

déterminé, comme le « bruit » du moteur, à la limite donc de la « sonorité », au sens dégagé ci-dessus, de ce dernier. Aussi pourrait-on, pour clore cette typologie, nommer « bruissement » le bruit le plus indéterminé qui soit, bruit de fond à peine distinct, bruit du coquillage que Levinas rapproche de l'indétermination de l'*il y a*. L'univers sonore se déploierait donc comme un *continuum* de réalités sonores de types différents, du bruit à la note, sans que soit décidée la question de savoir si ces différences appartiennent effectivement à la réalité même et correspondraient à des objets sonores effectivement et d'emblée distincts, ou si elles ne seraient introduites que pour les besoins de la connaissance, ou plus généralement par notre rapport (intentionnel) à elles[1].

Cependant, qu'on considère l'univers sonore comme structuré en lui-même ou au contraire comme un chaos au sein duquel seule la conscience viendrait opérer des distinctions, il faut se défaire de l'idée qu'il soit hiérarchisé, au moins au sens où une de ces réalités sonores recevrait un statut plus fondamental, plus réel ou plus « vrai » que les autres. Quel sens y aurait-il à affirmer que le son serait *essentiellement* bruit, note,

1. On retrouve ici l'opposition entre, d'un côté, Husserl pour qui le monde de la vie est d'emblée un monde d'objets différenciés qui imposent à la conscience transcendantale leurs différences et leur structure, et de l'autre Rickert pour qui le monde serait un « continu hétérogène » dans lequel seule notre connaissance viendrait introduire des scissions ou des discontinuités pour les besoins de la science. Voir à ce sujet le cours de Husserl de 1927 (E. Husserl, *Natur und Geist, Vorlesungen Sommersemester 1927*, Hua XXXII, éd. M. Weiler, Dordrecht-Boston-London, Kluwer Academic Publishers, 2001, § 15, p. 86-92 ; trad. fr. J. Farges, *Nature et esprit, Cours du semestre d'été 1927*, Paris, Vrin, 2017, p. 111-117). Je remercie Julien Farges d'avoir attiré mon attention sur cette opposition.

bruissement ou sonorité, donc à rechercher un son de référence dans l'univers sonore à partir duquel les autres seraient pensés, de la même manière que, dans la perspective phénoménologique, on pouvait avoir tendance à rechercher un *niveau* absolument basal à partir duquel les autres strates du phénomène sonore seraient constituées ? Il faut reconnaître que chacun de ces types de sons semble avoir sa place dans l'univers sonore et correspondre à une certaine expérience possible du son. Le « bruit » n'est pas plus réel que la « note », puisqu'une note peut aussi être perçue contextuellement comme un bruit, ou un bruit devenir note dans certaines musiques ; bruit et note correspondent bien plutôt à différentes attitudes possibles par rapport au son, attitudes dont ils sont le corrélat, et qui elles-mêmes sont liées à certaines *formes de vie*, lesquelles, comme nous le verrons, engagent très différemment le rapport à l'espace.

Dire cela, ce n'est cependant pas nier qu'il y ait dans l'écoute du son en tant que bruit quelque chose de plus brut, de plus naturel aussi, que dans l'écoute du son en tant que note (qui suppose une certaine élaboration culturelle), et que cela conduit à accorder au bruit une forme de réalité que ne possède pas la note, quoiqu'à un autre niveau et en un autre sens, cette dernière soit également – et tout aussi – réelle. Si le bruit est d'une certaine manière le son du réel, ce n'est pas seulement parce qu'il n'est pas encore investi de sens, comme le remarque Jocelyn Benoist dans *Le bruit du sensible*[1], mais parce qu'il n'est pas idéalisé, ni même visé pour lui-même. *Le bruit met à mal l'idée même d'intentionnalité*, bien qu'il ne soit pas non plus pure

1. J. Benoist, *Le bruit du sensible*, *op. cit.*, p. 188-189.

sensation ; il n'est même pas proprement « donné », mais il est simplement là, au plus près de la réalité. Entendre un bruit, ce n'est pas encore conférer du sens, ce n'est même pas saisir un objet, *c'est simplement accueillir le réel dans ce qu'il peut avoir de plus brut*. Le bruit n'est pas « le son du réel » parce qu'il serait plus réel que les autres sons, mais parce qu'entendre le son comme bruit suppose d'avoir mis en suspens, autant que possible en tout cas, toute médiation conscientielle, ne même pas être à l'écoute mais entendre simplement, *brutalement*. Le bruit dérange précisément parce qu'on ne l'écoute pas, parce qu'on n'est pas avec lui dans un rapport sensé – parce qu'entendre le son comme bruit suppose de revenir à un rapport primitif au réel. *Le bruit n'est pas seulement pré-linguistique, il est pré-intentionnel.*

Plus précisément, cette réalité primitive du bruit, prise en ce dernier sens, en fait pour ainsi dire une *clairière intentionnelle*. Le terme de « clairière » ne doit pas être entendu ici au sens heideggérien, comme lieu où la lumière se fait jour, mais plutôt au sens que Michaël Levinas prête à ce terme dans le domaine de l'analyse harmonique[1], à savoir pour désigner les moments où

1. *Cf.* M. Levinas, *Beethoven, toujours. Trente-deux sonates pour quel infini?*, Paris, Cerf, 2021, en particulier chap. IX, p. 195-196 : « Il s'agit d'un épisode où, arrivé en un certain endroit de l'œuvre, ou tout simplement arrivé en certains endroits d'éléments thématiques, s'ouvrent pour le compositeur plusieurs chemins possibles ». Plus précisément : « La clairière représente un moment névralgique qui peut se situer hors du système formel apparent de l'œuvre. À un moment donné, dans le processus de composition, s'impose un système qui peut devenir autodestructeur, qui peut ruiner l'œuvre en devenir, ou la faire stagner : (…) un émerveillement, un dénouement des impasses, des bouleversements que dans le passé j'appelais le 'hors-la-loi'. Ce phénomène de hors-la-loi peut parfois révéler ensuite de nouvelles lois ». Or, s'il ne faut pas « amalgamer

l'engagement dans une tonalité est provisoirement mis en suspens, ouvrant un univers de tonalités possibles, sans qu'aucune ne soit proprement appelée ou attendue. Les gammes par tons de Debussy, les octaves martelées sans harmonisation de la septième sonate de Beethoven ou de l'opus 106, les accords de septième diminuée ou de quinte augmentée constituent des « clairières » en ce sens. En appliquant cette notion musicologique à l'analyse intentionnelle, on peut noter que quelque chose d'analogue se produit lorsque le bruit se fait entendre : la modalité, ou plutôt la « tonalité intentionnelle » par laquelle nous allons aborder ce bruit n'est pas encore déterminée, même s'il est nécessaire que ce dernier finisse par être saisi d'une manière ou d'une autre, selon telle ou telle modalité.

Or, de toutes ces tonalités possibles, deux nous intéresseront particulièrement dans la mesure où elles engagent très différemment le rapport à l'espace : *l'attitude inquiète vis-à-vis du bruit* en tant précisément que « son du réel » et en tant que signe d'un objet réel, et *l'attitude contemplative vis-à-vis du son* en tant qu'objet d'écoute et en tant qu'il possède des qualités sonores (donc en tant que « note »).

La *première attitude* conserve pour ainsi dire la dimension de pur bruit du bruit, autant que possible puisque le rapport au son y est redevenu intentionnel. Or, si le bruit se caractérise de prime abord par sa capacité à faire irruption, la modalité de la prise que je peux

les références » et « transférer des concepts philosophiques [sur cette notion], notamment le concept de *Lichtung* chez Heidegger, traduit ordinairement par "clairière" ou "éclaircie" », il faut cependant remarquer que « l'illumination de la clairière est souvent (...) une découverte harmonique qui apporte en effet un 'éclairage' sublime sur l'œuvre, ce que j'appelle la *clé du merveilleux* ».

exercer sur lui devra être *inquiète*, comme si j'étais en quelque sorte tenu en alerte – et il n'est pas anodin que les signaux d'alerte soient le plus souvent, précisément, des bruits. Lorsque le bruit entendu n'est pas relégué à l'arrière-plan, devenant bruissement ou bruit de fond, lorsqu'il demeure comme bruit, c'est le plus souvent en tant qu'il entretient un rapport intime avec la réalité que je lui prête attention, en tant qu'il signale un danger, un surgissement inattendu, qu'il suscite mon attention et la tourne vers quelque réalité non sonore. Lorsque j'écoute un son comme bruit, ce que je vise est la chose dont ce bruit provient, une réalité *extérieure* et *individuelle.* Il n'y a pas plus de réalité dans le bruit que dans les notes, mais il est vrai que, *dans l'écoute du bruit, c'est le caractère de réalité qui m'importe.*

Aussi le bruit est-il en quelque sorte à la note ce que le fait est à l'essence. Car ce qui caractérise la note, comme corrélat de la *deuxième attitude* généralement possible par rapport au son, est précisément son idéalité et, comme nous le verrons, son internalisation. On se gardera bien de caricaturer cette thèse : la « note » ne désigne pas ici la pure idéalité visée par le symbole « noté » sur la portée dans la musique savante occidentale, et qui suppose que certains caractères bien spécifiques du son (en particulier sa hauteur, mais également par exemple sa durée) soient abstraitement séparés pour devenir la référence idéale du symbole. Il faut pour le comprendre s'intéresser au fait qu'une note peut très bien être perçue comme un bruit (l'enfant qui tape sur le clavier du piano en est un exemple assourdissant, les madrigalismes un exemple plus stylisé), et à l'inverse qu'un bruit peut très bien être traité comme une note (le bruit du tamtam ou du gong dans la musique symphonique, ou plus généralement les bruits à partir desquels la musique concrète est « composée »). Le bruit n'est pas autre chose que la note, il relève ou semble relever simplement d'une attitude différente par rapport au son – donc d'une différence intentionnelle. Or, il est essentiel pour la note qu'elle puisse être écoutée (contrairement au bruit qui peut demeurer bruit de fond) et qu'elle puisse être *composée*, ce pourquoi la musique est le lieu privilégié des notes, quoiqu'en ce sens du terme, elle ne soit pas le seul. Que les notes puissent être composées, et que ce travail de composition puisse être écrit, cela implique ou suppose que les notes aient été détachées de leur individualité factuelle pour être traitées comme des idéalités – au sens où des significations ou des essences sont idéales, à savoir comme ce qui définit l'individu en tant que tel ou tel et qui peut en droit être instancié par d'autres individus[1]. Or, il n'y a *a priori* rien dans le bruit qui exclue par principe une telle idéalisation, et si la musique n'a d'abord traité idéalement que certaines dimensions du son, rien n'interdit d'en idéaliser d'autres aspects moins communs – et il est alors en droit possible de noter, quitte à inventer un système de notation *ad hoc*, chacun de ces aspects ou chacune de ces dimensions du son. Aussi est-il parfaitement envisageable de traiter idéalement voire de *composer* la spatialisation du son, à condition de mettre en place un système de notation adéquat, ce que fait Boulez dans ses œuvres des années 1980, et en particulier dans le *Dialogue de l'ombre double*.

Il n'y a donc rien de « plus » dans le bruit que dans la note, aucune différence qualitative ou, devrait-on dire, « réelle » ; et pourtant, *entendre un bruit* et *écouter une*

1. Voir E. Husserl, *Ideen I*, *op. cit.*, § 2, p. 8-9 ; trad. fr., p. 23-25.

note, ce n'est pas la même chose. À quelle *expérience* cette différence entre l'individualité du bruit et l'idéalité de la note renvoie-t-elle ? Il semblerait que cette différence, si tant est qu'on doive lui faire droit dans une description du son, tienne au fait que ce qu'on nomme l'*écoute* est davantage tourné vers l'expérience *interne* du son que vers son rapport à l'extériorité. Entendre un bruit, c'est faire l'expérience de l'irruption de la réalité extérieure dans ce qu'elle peut avoir de surprenant, d'inattendu, de non maîtrisable – voire de désagréable ou de violent. Le rapport au bruit est un rapport au son *en tant qu'objet du sens externe* (l'externe étant ici marqué par son étrangéité), ce que n'est pas fondamentalement le rapport au son en tant que note. Écouter un son – donc en faire l'expérience comme note – c'est au contraire se tourner vers les qualités sensibles du son, se tourner vers la *corrélation* entre le son entendu et le vécu sonore, s'intéresser non pas au son dans son individualité et son extériorité, mais en tant qu'objet immanent. Écouter, c'est foncièrement *s'écouter*, se percevoir ressentir le son ; c'est mettre entre parenthèses le rapport du son à la réalité pour en saisir l'essence intentionnelle.

On pourrait ainsi remarquer que la distinction entre bruit et note peut être interprétée aussi bien comme une distinction intentionnelle que comme une distinction entre deux types de réalités – non pas seulement une distinction entre le plan noétique (l'acte de viser le son de telle ou telle manière) et le plan noématique (les objets se constituant corrélativement à ces actes), mais une distinction entre le point de vue phénoménologique (selon lequel les différents types de sons se distinguent précisément dans cette corrélation avec leur mode de visée) et le point de vue réaliste (selon lequel il s'agit tout simplement d'objets ou de réalités distincts, indépendamment de notre manière de les appréhender). On pourrait alors aller jusqu'à affirmer l'existence d'un *parallélisme* entre ces deux points de vue : le bruit en tant que type de réalité sonore correspondrait ainsi au bruit en tant que corrélat d'une certaine manière de se rapporter au son; la note en tant que réalité distincte du bruit (et peut-être équivalente au *Ton* allemand) correspondrait quant à elle à la note comme objet de l'écoute idéalisante; et entre note et bruit se déploierait tout un *continuum* de réalités sonores (du point de vue réaliste) ou de degrés d'idéalisation du son (du point de vue intentionnel). Mais précisément la distinction de ces plans *grosso modo* parallèles ouvre un espace de jeu, de sorte qu'il demeure toujours possible de saisir intentionnellement un bruit comme une note, ou réciproquement une note comme un bruit – friction dans laquelle certaines possibilités de création musicale déjà évoquées se trouvent inscrites.

Mais alors, ces deux rapports au son que nous appelons « bruit » et « note » – et qui correspondent, du point de vue réaliste, à deux types de sons différents, sans qu'il soit autorisé d'interpréter ce parallélisme comme une corrélation – engagent des rapports à l'espace profondément différents. Qu'un bruit puisse ne pas apparaître en un lieu déterminé de l'espace, qu'il puisse au contraire contextuellement être essentiel à une note de provenir d'un haut-parleur situé à gauche ou à droite, cela n'affecte pas cette différence phénoménologique majeure : quand nous entendons un son comme bruit, nous le visons dans sa réalité même, en tant qu'objet extérieur et en tant qu'émis par un objet matériel situé en un point déterminé de l'espace – au point que le bruit se réduit souvent pour nous à sa fonction d'indication ou de signalement de cet objet réal dont il peut être parfois vital de déterminer la position; quand au contraire nous écoutons le son comme note, nous mettons entre parenthèses son rapport à la réalité objective, nous n'effectuons aucun acte positionnel, mais nous nous tournons vers l'intériorité, éliminant *de facto* aussi bien le rapport à l'individualité du son que son rapport à l'espace, afin de saisir le son dans son essence, dans sa matérialité au sens de la *hylè* et non de la *réalité.*

Pour prendre la mesure des implications de ce constat relativement au problème du rapport du son à l'espace, poussons plus loin encore le parallélisme entre le point de vue réaliste et le point de vue intentionnel sur la polarisation de l'univers sonore et la distinction entre bruit et note. En effet, outre ces deux plans déjà distingués, il semblerait que ce que nous nommons ici « bruit » et « note » corresponde également aux deux niveaux de la constitution du son que nous avions distingués d'un strict point de vue phénoménologique : la note correspondrait au son dans son pur déploiement immanent, le son comme pur objet-de-temps investi de qualités ; le bruit désignerait au contraire le son compris comme objet transcendant – externe. Aussi serait-il possible, *outre le parallélisme entre types de sons et types de rapport au son, de poser un parallélisme entre ces types d'expériences et les différents niveaux constitutionnels du son* que nous avons distingués dans le chapitre précédent. Mais ce rapprochement ne va pas de soi, pour au moins trois raisons : 1. Si ce que nous avons appelé « note » correspond au vécu réduit à un pur *concretum* de qualités se déployant dans le temps, il peut paraître difficile d'identifier le caractère *idéalisé* de la note avec le caractère *concret* du vécu ; 2. En outre, établir ce nouveau parallélisme reviendrait à transférer la *continuité* que nous avons décelée, dans l'univers sonore, entre les deux pôles que constituent la note et le bruit, à la description phénoménologique des strates constitutionnelles du son ; il faudrait donc qu'il y ait une continuité là où il semblait y avoir des niveaux constitutionnels strictement distincts et présentant une discontinuité fondamentale, voire un « abîme de sens » irréductible ; 3. Un tel parallélisme supposerait qu'on puisse traiter comme des différences de même niveau (donc horizontalement) ce que la phénoménologie présente comme un étagement vertical dans des relations de fondation.

Le premier point n'est un problème qu'en apparence, puisque le passage à l'attitude phénoménologique se caractérise précisément, chez Husserl, par la mise entre parenthèses de l'existence individuelle de la chose. Accomplir la réduction phénoménologique du son objectal au pur vécu sonore, c'est bien ne conserver de lui que son *essence*, c'est bien se situer à un niveau qui, non sans paradoxe, est celui où se manifeste le plus intensément ce qu'il y a de plus concret dans le son et celui où, désindividualisé, il atteint une certaine forme d'idéalité. Écouter le son comme note, c'est donc bien *à la fois* se détourner de ce que la réalité a d'individuel et se tourner vers ce qu'il y a de plus réel[1], en un autre sens, dans le son – son essence. L'écoute nous place donc à la fois *dans ce qu'il y a de plus idéal et dans*

1. On pourrait rapprocher ce sens du terme « réel » de ce que Husserl vise, en allemand, par le terme « *reell* » par opposition à l'adjectif « *real* ».

ce qu'il y a de plus réel – au sens immanent – ou concret dans l'expérience sonore. De cette équivalence, on peut d'ailleurs tirer deux conséquences relatives à la philosophie de la musique : tout d'abord, cela explique la puissance suggestive de la musique, puisque l'idéalisation du son exigée par la composition musicale nous place paradoxalement face au vécu sonore le plus pur ou à l'expérience la plus concrète, intime et immanente du son ; ensuite, le type de significativité particulier de la musique (ce que Jankélévitch exprime par la signification « grosso modo » ou par le caractère « ineffable » du sens musical[1]) s'explique par le fait que ce que nous éprouvons dans la perception la plus intime du son est précisément de l'ordre du sens, mais non pas du sens linguistique : le « sens-se-faisant » dont parle Alexander Schnell, le sens non encore formulé ni formulable, mais malgré tout porté par le vécu lui-même.

Or, et c'est là la deuxième condition de notre thèse, s'il y a une équivalence entre le bruit et le son objectal d'un côté (finalement : le son comme objet du sens externe), la note idéalisée et le pur vécu sonore de l'autre (le son désexternalisé), ne faut-il pas admettre une *continuité phénoménologique* entre ces deux niveaux constitutionnels plutôt qu'une simple juxtaposition qui supposerait une discontinuité ou une césure ? N'est-ce pas là *ce que le réel enseigne à la phénoménologie* ? Déclinons cette thèse en deux aspects, le premier concernant la phénoménologie en général, le second se rapportant plus précisément à la question de la dimension spatiale du son.

1. V. Jankélévitch, *La musique et l'ineffable*, Paris, Seuil, 2015, p. 64.

Qu'il puisse y avoir une continuité entre les différents niveaux constitutionnels, et en particulier entre le niveau du pur vécu et celui du son réal, cela ne va pas de soi pour la phénoménologie, et entre même directement en conflit avec la reconnaissance par Husserl d'un « abîme de sens entre la conscience et la réalité »[1]. Nier cette discontinuité, c'est donc incontestablement rompre avec l'idéalisme phénoménologique en tant que ce dernier prend le vécu comme sol transcendantal *absolu* de la connaissance et de l'expérience. C'est pourtant sur cette voie que nous nous engagerons, en substituant à la réduction phénoménologique orientée vers un absolu phénoménologique une *réduction phénoménologique progressive* consistant à dégager plusieurs niveaux de phénoménalité. Il n'est pas anodin que, chez Husserl, ce soit précisément dans le cours sur l'*espace* que quelque chose comme une réduction phénoménologique à plusieurs niveaux ou encore progressive soit mise en œuvre. En effet, dans le résumé de son cours de 1907 sur l'espace[2], Husserl propose une reconstruction de l'espace (du champ visuel bidimensionnel et fini à l'espace objectif tridimensionnel, euclidien et infini) dans laquelle chaque niveau constitutionnel correspond à une expérience non seulement possible mais *effectuable* de l'espace. Un niveau constitutionnel y correspond en effet à un certain type de *mouvement* que je peux accomplir avec mon corps (tourner la tête, marcher, etc.), si bien que l'approfondissement progressif des strates de l'espace s'adosse à l'effectuation toujours possible

1. E. Husserl, *Ideen I*, *op. cit.*, § 49, p. 93 ; trad. fr., p. 151.

2. E. Husserl, *Ding und Raum, Vorlesungen 1907*, Hua XVI, éd. U. Claesges, Den Haag, Nijhoff, 1973 ; trad. fr. J.-F. Lavigne, *Chose et espace, Leçons de 1907*, Paris, Puf, 1989.

de ces expériences. Ce qui doit donc être interprété phénoménologiquement comme une superposition verticale de niveaux *fondés* les uns sur les autres, peut parallèlement être interprété horizontalement comme autant d'expériences possibles de l'espace visuel – de sorte que la troisième difficulté que nous avons soulevée ci-dessus se trouve aussi levée.

Ainsi, ce qui peut être représenté horizontalement comme une continuité entre le simple bruit et le son le plus idéalisé (la note) peut également être représenté verticalement comme un dégradé entre le son saisi comme objet réal spatio-temporel, voire comme émanant d'un objet matériel, et le son comme objet-de-temps, voire comme pure donnée immanente. Le schéma suivant permet de modéliser cette correspondance :

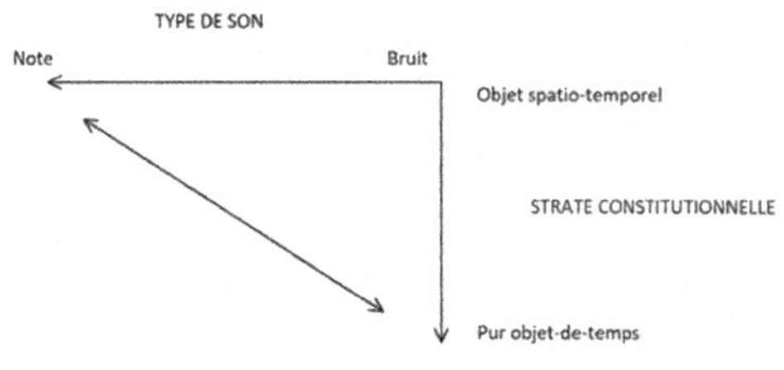

En considérant que ces différentes strates constitutionnelles peuvent être atteintes par approfondissement progressif de la réduction phénoménologique, on peut ajouter cette dernière au schéma de la manière suivante :

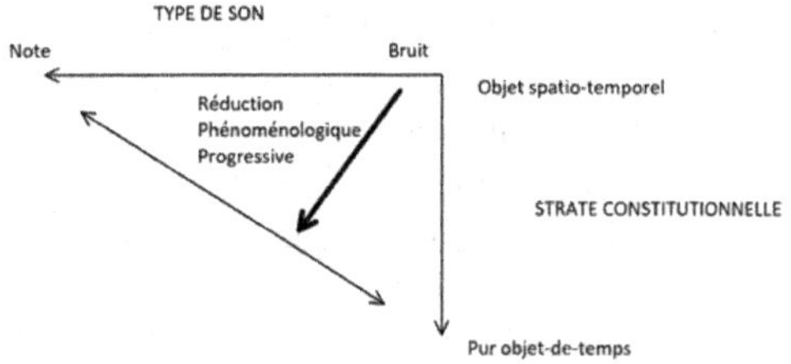

Accomplir la réduction phénoménologique reviendrait ainsi à opérer une translation de la double flèche oblique dans le sens indiqué par le vecteur. Enfin, en considérant le parallélisme entre les différents types de sons et les modalités intentionnelles correspondantes, on obtient :

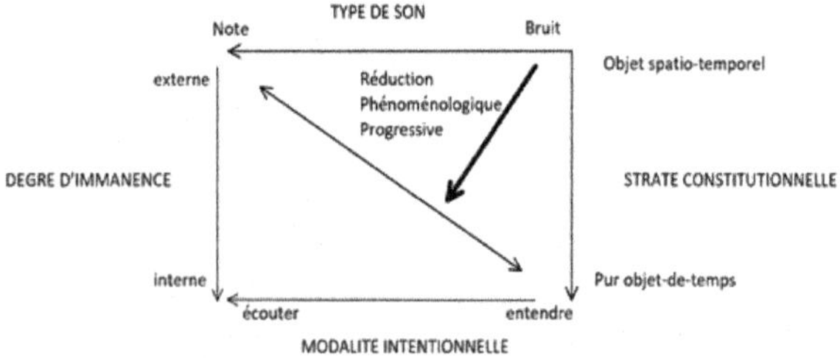

Ainsi, pousser plus loin la réduction signifierait à la fois ne plus saisir le son comme bruit mais comme note, ne plus le saisir comme objet réal spatio-temporel mais comme pur objet-de-temps, ne plus s'intéresser au simple fait d'entendre le son dans son caractère de réalité mais à l'écouter comme objet idéal et comme pur *concretum* qualitatif, et enfin ne plus le saisir comme externe au double sens du rapport à l'espace et de la transcendance par rapport au flux de vécus, mais au contraire le saisir dans l'immanence de la conscience, dans une écoute pour ainsi dire internalisée.

Il ne s'agit donc aucunement de dire ici que la différence entre le bruit et la note ne serait qu'une différence intentionnelle ; il y a au contraire, à côté de la différence intentionnelle, une différence réelle ou descriptive entre le bruit de la porte qui grince et le *la* de la chanterelle du violoncelle, avec son timbre et sa hauteur parfaitement déterminés. Mais à ne traiter la différence entre bruit et note qu'au point de vue objectif, on se heurte à la plasticité de ces concepts ainsi qu'à la porosité de leurs frontières, au fait que le grincement de la porte peut devenir un son musical au même titre que la note du violoncelle, ou au fait que le violoncelle peut produire un bruit parfaitement noté sur la partition comme dans les œuvres de Lachenmann[1] ou de Raphaël Cendo[2], ou encore que le même *la* du violoncelle qui était perçu comme une note peut lui-même être perçu comme un bruit. Au moins l'analyse intentionnelle permet-elle de rendre compte de cette porosité : si je peux percevoir un même son comme note ou comme bruit, c'est bien que cette distinction ne relève pas *seulement* de la réalité objective du son en question, ni

1. Voir par ex. H. Lachenmann, *Pression (für einen Cellisten)*, Leipzig, Breitkopf und Härtel, 1970 ; sur la partition sont notés tous les bruits, gestes, positions de l'archet, pressions, etc.).

2. Voir par ex. R. Cendo, *In vivo, Quatuor à cordes n° 1*, Paris, Lemoine, 2007.

même du contexte dans lequel il intervient (lequel n'en fixe que partiellement la règle), mais bien de la manière à travers laquelle je l'aborde. De la clairière intentionnelle dans laquelle le son se présente d'abord, il dépendra au moins partiellement du fait que je l'écoute comme une note ou que je l'entende comme un bruit qu'il soit ou son ou bruit. Reste que cette différence intentionnelle ne sature pas la différence entre son, bruit et note, et qu'il faut bien reconnaître, à côté d'elle ou parallèlement à elle, une différence réale.

Telle est donc la thèse vers laquelle convergent ces analyses : la différence entre le bruit et la note – ou plus précisément le dégradé continu qui constitue la richesse phénoménologique du son –, peut être lue de trois manières dont aucune n'est *en soi* plus pertinente que les autres, mais qui doivent être mobilisées *contextuellement* : premièrement, comme une différence réelle (*il y a* des bruits et des notes qui se distinguent par leur matière ou leur teneur réale même) ; deuxièmement, comme une différence intentionnelle (je vise comme note ou comme bruit l'objet sonore) ; troisièmement, comme une différence d'approfondissement de la réduction phénoménologique, à savoir comme une distinction de niveau d'immanence. De là un espace de variations ou de jeux possibles : la musique concrète, par exemple, joue sur la différence intentionnelle sur fond de ce qui, réellement, est un bruit ou se présente d'abord comme un bruit ; et la musique en général nous « touche » en nous conduisant à ne pas écouter le son comme objet externe mais comme objet interne dont la fluance épouse celle de la conscience …

De là aussi, un certain *parallélisme entre l'ordre de la réalité, l'ordre intentionnel et la continuité du dégradé de la transcendance vers l'immanence.* On se gardera de faire de ce parallélisme une structure universelle de l'objectivité et de réduire en général l'opposition entre réalisme et phénoménologie à une simple différence de points de vue, comme si le réel se caractérisait en général par des distinctions descriptives entre entités qu'il serait indifférent de traiter comme des différences entre types d'objets ou comme des différences intentionnelles. Au contraire, *il semblerait que ce soit une spécificité de l'univers sonore que de rendre possible un tel parallélisme*, à savoir qu'il soit possible de traiter les différences entre types de sons comme des différences intentionnelles et réciproquement, donc d'accomplir un va-et-vient entre le point de vue réaliste et le point de vue phénoménologique. Cette spécificité confirmerait ainsi le statut ambigu du son relativement aux distinctions philosophiques clairement établies dans le domaine visuel et aux catégories traditionnellement utilisées pour décrire l'objectivité.

Or – et c'est là le deuxième aspect que nous signalions plus haut – si ce parallélisme méritait d'être établi ou au moins suggéré ici, c'est que la question de l'espace s'y joue au plus haut point. Si la note correspond à ce que nous posons lorsque nous *écoutons* le son en nous tournant vers sa teneur qualitative, si donc elle se situe au niveau qu'atteint la réduction phénoménologique poussée jusqu'à l'immanence, c'est précisément parce que toute dimension spatiale en a été éliminée. Au contraire, si le bruit désigne le son en tant qu'objet externe, il faut bien, d'après nos analyses antérieures, que l'espace en soit constitutif. Au *continuum* entre le bruit et la note, ou au *continuum* entre les systèmes d'intentionnalités qui leur correspondent, il faut donc bien faire correspondre un dégradé continu de spatialité.

Ce constat nous permet d'éliminer un faux problème profondément lié à la pensée transcendantale, kantienne (la distinction entre le sens interne et le sens externe) ou phénoménologique (la distinction entre le son immanent et le son comme objet transcendant), à savoir le problème du *passage* du son internalisé ou du pur vécu sonore au son spatialisé, c'est-à-dire externe au sens spatial. En effet, au fil directeur de la réduction phénoménologique *progressive* que nous avons mise en place, nous pouvons partir de l'expérience du bruit dont nous avons noté la dimension intrinsèquement spatiale et retrouver la trace de cette spatialité dans toutes les couches de sa constitution, y compris les plus profondes, que la stricte phénoménologie avait tendance à considérer comme absolues. Et nous pouvons en outre nous appuyer sur le parallèle établi plus haut entre types de sons et niveaux de réduction pour imaginer ce que pourrait être une expérience effective des différents niveaux d'approfondissement de la réduction.

1. La première modalité intentionnelle avec laquelle nous abordons le son se caractérise par ce que nous avons nommé plus haut la « clairière intentionnelle », modalité encore indéterminée par laquelle le bruit ne fait pas encore l'objet d'une attention et n'est pas encore posé véritablement comme objet déterminé, mais se donne malgré tout en lui-même comme *pouvant être constitué* comme un tel objet. Le bruit entendu attire donc l'attention et suscite un certain rapport intentionnel

à lui sans être déjà pris dans un tel rapport[1]. Or, *s'il est un caractère essentiel de ce rapport primaire voire primitif au son simplement entendu, c'est précisément sa spatialité* : avant même d'entendre le son *comme* tel ou tel son (ou le son de telle ou telle chose), je tends l'oreille *vers lui*, je me tourne dans sa direction. Dans la clairière intentionnelle où il se présente d'abord de manière indéterminée, le bruit me signale un lieu, m'invite à porter mon attention sur une portion de l'espace. Me promenant dans la forêt, j'entends de prime abord le bruit dans les fourrés non pas comme *tel ou tel* bruit, mais comme signal, et en sursautant je me tourne vers le lieu de provenance du bruit avant même de l'*écouter* ou de chercher à déterminer synesthésiquement (souvent : visuellement) *ce que c'était que ce bruit*, autrement dit avant même que la question « *quid* ? » se pose. Non seulement donc l'espace ne constitue pas une détermination seconde ou superficielle du son, mais *c'est en un sens au contraire à partir de lui* (mais un espace encore indéterminé sinon par un vague sentiment d'*orientation*, à droite ou à gauche, en haut ou en bas) *que s'ouvre la possibilité de son objectivation.*

2. L'objectivation du son – à savoir sa constitution comme objet sonore, et comme objet possédant un rapport déterminé aux choses du monde dont il est posé comme émanant – peut alors impliquer la détermination

1. Notons d'ailleurs que cette prise intentionnelle sur le son est partiellement déterminée par la nature du son entendu, et non purement arbitraire, même si les cas limites cités plus haut montrent que cette relation demeure flottante. De même, il est bien connu que, selon Husserl, l'intention ne doit pas être confondue avec l'attention, mais dans ce cas précis, le type d'attention que je porte au bruit entendu motive la relation intentionnelle que j'établis avec lui.

plus précise de l'horizon spatial dans lequel il se présente de prime abord, mais peut également, selon le rapport intentionnel établi avec lui, impliquer la mise entre parenthèses de sa spatialité. Les deux pôles intentionnels s'ouvrant à partir de la clairière, et qui correspondent comme nous l'avons noté à autant de manières d'écouter le son ou de se rapporter à lui, débouchent sur deux rapports à l'espace profondément distincts. Dans le premier cas, si mon attention se porte sur le bruit en tant qu'objet réel, voire en tant qu'objet susceptible de m'intéresser ou de m'agresser, ou si encore la situation de l'objet dans l'espace me paraît si déterminée qu'elle me semble en constituer une dimension *essentielle*, alors déterminer l'objet comme *cet* objet impliquera de déterminer sa situation, si bien que son rapport à l'espace sera déterminé comme constitutif de cet objet. Dans le second cas, au contraire, je me tourne vers les qualités sensibles de l'objet sonore pour le déterminer en tant que *tel* objet (et la dimension déictique s'estompe ici au profit de la quiddité) et dans ce cas, la dimension spatiale du son, sans jamais disparaître, demeure dans un horizon d'indétermination, quoique toujours disponible pour une éventuelle saisie ultérieure. Il est nécessaire d'insister sur la perméabilité de la frontière entre perception spatialisante et non spatialisante du son : le son se tient dans une certaine forme de *tension* entre ces deux perceptions possibles, et le basculement de l'une à l'autre fait partie des possibilités intentionnelles *essentielles* du son. C'est en ce sens que peut être interprétée la dialectique boulézienne dans le *Dialogue de l'ombre double* : plus qu'une pure et simple opposition entre un son spatial et un son non spatial, l'œuvre illustre la tension inhérente au rapport du son à l'espace. D'un côté, un objet matériel localisé dans l'espace (la clarinette réelle) crée un son qui, rapidement, ne semble plus provenir de nulle part et perd ainsi ses propriétés spatiales ; d'un autre côté, un son désincarné apparaît comme éminemment situé dans l'espace : le *Dialogue* peut finalement être lu comme la mise en mouvement de ces tensions, tant au niveau de la réalité (les deux sons étant bien en un sens de nature différente) que de la manière de les écouter (donc des différents modes intentionnels).

3. Cette disponibilité de la dimension spatiale du son, à savoir le fait qu'elle puisse être à tout moment ressaisie par une modification du rapport intentionnel au son, est d'une importance capitale car elle signale que le comportement spatial ou le mode de déploiement spatial du son fait partie de l'essence même du phénomène sonore et en est un caractère constitutif. Pour le mesurer, prenons une situation dans laquelle nous chercherions à *faire effectivement l'expérience* du pur phénomène sonore qui se présente à nous comme le résidu ultime de la réduction phénoménologique. J'écoute sur un disque de bonne qualité une œuvre présentant un large spectre de sonorités différentes, par exemple une œuvre symphonique. Si mon écoute est uniquement et purement musicale, je vais chercher à saisir le grain de l'orchestre, la qualité du son qui se déploie d'une manière que je vis comme essentiellement temporelle. Si maintenant je me trouve placé à côté d'un des deux haut-parleurs qui diffusent cette pièce, mon écoute se trouve perturbée : le son m'apparaît déséquilibré, j'entends les violoncelles, les trombones et les instruments situés à droite de l'orchestre de manière surexposée, mais plus simplement, je suis gêné dans mon écoute par le fait que le son se présente à moi comme *situé* à droite. Pour

pouvoir entendre le son comme pur *concretum* qualitatif, je dois pour ainsi dire éliminer ce caractère spatial, ce que je ne peux faire qu'en me déplaçant par rapport au son (et en l'occurrence, par rapport à sa source). Lorsque je me déplace, la sensation spatiale qui inhibait l'écoute « pure » du phénomène sonore tend à disparaître, et lorsque je parviens à une position idéale par rapport aux haut-parleurs, elle semble avoir été éliminée. Mais cette expérience le montre bien : se déplacer dans l'espace (ou par rapport à l'espace) auditif, ce n'est pas l'éliminer, c'est seulement se placer là où les conditions perceptuelles rendent impossible une détermination précise de la situation de l'objet et de ce que nous avons nommé son « orientation ». Si je me déplace à nouveau par rapport à cette position optimale, le son m'apparaîtra à nouveau selon une certaine orientation davantage déterminée, et l'écoute purement qualitative s'en trouvera inhibée. Mais ce que je peux faire, dans cette situation particulière, en déplaçant mon corps, je peux très bien le faire en général, dans n'importe quelle écoute et quel que soit le degré de purification que je lui impose, en modifiant ma manière de me rapporter au son. Si je suis placé exactement entre les deux haut-parleurs, je peux aussi bien modifier mon écoute et viser le son du violoncelle *comme* provenant de la droite (ce que fait, d'ailleurs, le chef d'orchestre lorsqu'il doit corriger sur le vif le jeu inadapté d'un instrumentiste), ou tout simplement viser le son comme provenant des baffles. Je peux même m'intéresser pour elle-même à la position des baffles, par exemple pour les placer à l'endroit où la qualité du rendu sonore sera optimale. Dans ce cas précis, je porte mon attention sur la dimension spatiale du son, non pas pour elle-même, mais pour améliorer la qualité sonore, laquelle apparaît dès lors comme inséparable des considérations relatives à l'inscription du son dans l'espace. En d'autres termes, même lorsque je n'écoute le son qu'en tant que *concretum* qualitatif et non pas en tant qu'objet externe, je peux toujours ressaisir sa dimension spatiale – qui était donc toujours déjà incluse dans ce *concretum*, à titre de propriété disponible et saisissable. C'est parce qu'à ce niveau de purification du phénomène sonore, quelque chose de spatial ou de pré-spatial est toujours présent qu'un tel va-et-vient est possible entre l'écoute purement musicale du phénomène sonore et l'écoute du son en tant qu'objet individualisé inscrit dans l'espace. À ce niveau de réduction du son au pur *concretum* qualitatif, ce qu'on nomme « espace » ne peut évidemment pas être l'espace objectif déjà constitué, mais un pré-espace lui-même réduit à sa pure inscription dans le *concretum* – un pré-espace ou, pourrait-on dire avec Husserl, un « fantôme d'espace »[1], une orientation non encore proprement spatiale du son, mais dans laquelle l'espace sonore à proprement parler se trouve fondé.

4. Peut-on alors pousser encore plus loin la réduction, et atteindre un phénomène sonore ultime dans lequel toute dimension spatiale, même embryonnaire, du son objectif se trouverait éliminée ? Un tel phénomène sonore ultime n'a d'existence qu'asymptotique, à titre de limite idéale et non de *terminus ad quem* de la réduction, et l'idée d'un son purement non spatial ne serait corrélativement que la limite de la déspatialisation abstraite du son. Il y a là, en réalité, deux thèses distinctes. Tout d'abord, de manière générale, on peut s'interroger sur le statut, en phénoménologie husserlienne, des phénomènes réduits

1. E. Husserl, *Ideen II*, *op. cit.*, § 10, p. 22 ; trad. fr., p. 47.

qui constituent la sphère d'expériences transcendantales. En effet, et sans entrer dans le détail, s'il est bien entendu possible de traiter les vécus comme une sphère absolument donnée, il est également possible d'insister, à la lumière de certains textes de Husserl, sur le fait que la réduction constitue un *effort constant* qui n'atteindrait jamais pleinement les vécus mais tendrait toujours davantage vers eux. Ainsi, dans l'*Idée de la phénoménologie*, Husserl insiste sur le fait que l'attitude phénoménologique n'est jamais gagnée, mais que la réduction doit être sans cesse effectuée[1] ; et on remarquera en outre que la réduction *eidétique* (certes non transcendantale) repose sur un *passage à la limite*. Ce dernier point est crucial : il signifie qu'il est parfaitement possible de saisir un objet (ici l'essence) dans une intuition véritable (l'intuition eidétique), directement et en respectant scrupuleusement le « principe de tous les principes »[2], alors même que les essences ne sont atteintes que par variation eidétique et au prix d'un passage à la limite, et se situent donc toujours, précisément, à la limite, dans une forme d'objectivité qui ne peut être calquée sur celle des objets mondains[3]. Il semble légitime de transférer cette possibilité à la réduction transcendantale et de considérer que les prétendus « phénomènes purs » ou « réduits » pourraient bien faire l'objet d'une intuition véritable sans pour autant devoir être posés comme absolument atteints par la réduction, mais au contraire comme sa

1. E. Husserl, *Die Idee der Phänomenologie*, éd. W. Biemel, Hua II, Den Haag, Nijhoff, 1973, p. 29 : trad. fr. A. Lowit, *L'idée de la phénoménologie*, Paris, Puf, 1970, p. 51.

2. E. Husserl, *Ideen I*, *op. cit.*, § 24, p. 43-44 ; trad. fr., p. 71.

3. Voir D. Pradelle, *Intuition et idéalités : phénoménologie des objets mathématiques*, *op. cit.*, p. 57 *sq.*

limite idéale. La réduction devrait donc être interprétée comme un effort toujours inachevé de purification, qui précisément n'aurait pas besoin d'être achevé pour nous donner à voir, à titre de limite, des phénomènes purs. En un sens, donc, ne va pas de soi l'idée même qu'on puisse fixer une fois pour toutes un « phénomène sonore pur » qui serait le *terminus ad quem* de la réduction; et il se pourrait bien que ce phénomène ne soit jamais posé qu'à titre d'objet-limite, dans le procès même de la réduction. Mais quoi qu'il en soit du statut des phénomènes en général et du phénomène sonore en particulier, il faut reconnaître que la dimension spatiale ne peut jamais lui être entièrement ôtée : ce qui apparaît dans la progression de la réduction, c'est au contraire que *l'élimination de la spatialité est progressive, et que son élimination totale n'est que la limite de ce processus.* On peut donc projeter, à partir de la possibilité d'éliminer progressivement toute qualité spatiale au son, un son idéal qui serait non spatial, mais ce son ne peut aucunement faire l'objet d'une expérience, ne peut pas se donner en personne. Éliminer la dimension spatiale est bien sûr possible, de même qu'éliminer telle ou telle autre dimension du son, mais il s'agit d'une *abstraction* et non pas d'un retour à un phénomène véritablement pur. Lorsque j'entends un son, le phénomène réduit *au maximum* possède un timbre, une hauteur, une intensité, une durée, mais *il possède aussi une orientation déterminée.* Rien dans le mouvement de la réduction phénoménologique n'implique nécessairement que cette détermination du son soit éliminée plutôt que n'importe quelle autre : la réduction au phénomène sonore pur et l'élimination de la spatialité sont deux processus différents, qui ne partagent que le fait de tendre asymptotiquement vers ce qu'elles posent – à savoir, respectivement, le phénomène pur du son et le son déspatialisé. Quoi qu'il en soit du statut du phénomène sonore, il faut donc lui reconnaître une dimension spatiale irréductible – ou plutôt dont l'élimination ne permet pas d'accéder à un phénomène sonore plus pur ou plus concret, mais au contraire à un phénomène tronqué par un geste d'abstraction arbitraire.

De cette résistance du caractère spatial du son à l'approfondissement des couches constitutives de l'objet sonore jusqu'à cette limite que constitue le phénomène sonore pur, on peut tirer quelques conséquences de première importance pour notre problème :

1. *L'espace appartient de manière essentielle au son.* Quel que soit le niveau d'approfondissement phénoménologique du phénomène sonore auquel on se situe, on observe une variation de ce qu'il conviendrait d'appeler la « qualité spatiale » du son, mais non pas son pur et simple anéantissement. Ce constat fonctionne quel que soit le point de vue que nous adoptons sur le son : si nous nous tenons au strict point de vue phénoménologique et que nous considérons que le son objectal trouve dans le vécu sonore sa *fondation*, nous devons bien reconnaître que les caractères spatiaux saisissables dans le premier doivent être fondés dans certaines propriétés descriptives du second qui motivent l'appréhension spatiale ; si au contraire nous considérons bruit et note comme autant d'objets réels et adoptons donc sur le son un point de vue réaliste, alors ce qui distingue les différents types de sons pourrait précisément être la plus ou moins grande détermination de leur situation dans l'espace : certains sons, comme celui de la clarinette double de Boulez, seraient éminemment spatiaux, d'autres, comme

celui de la clarinette « réelle », pourraient bien paraître non spatiaux par contraste avec les premiers, mais posséderaient en réalité également un certain degré, tendant vers zéro, d'orientation spatiale.

2. *L'espace peut bel et bien être considéré comme la condition de possibilité de donation du son comme objet externe*, dans la mesure où même au niveau du pur vécu sonore, quelque chose comme une esquisse de sa spatialisation est donné. On ne peut donc pas trancher la question de savoir si l'extériorité du son est donnée *avant* l'espace par le rapport intentionnel que nous avons avec lui ou si au contraire cette intentionnalité est elle-même portée par ce niveau de pré-donation de l'espace. Reste que la corrélation est ici indéniable : le type d'objectivité que le son semble posséder est inextricablement lié à une forme d'extériorité qui n'est pas réductible à une pure et simple transcendance, mais bien à son déploiement dans l'espace. La transcendance du son n'est pas assimilable à celle d'un pur objet-de-temps ; le son se présente d'emblée comme situé dans l'espace au même titre que la chose matérielle dont il provient. Éliminer abstraitement cette couche spatiale ne signifie donc pas se tourner vers un résidu qui serait le pur son dans toute sa richesse phénoménologique, mais au contraire l'idéaliser. Si quelque chose comme une différence entre individu et essence a lieu dans le monde sonore, c'est précisément dans la relation à l'espace que, comme dans le domaine sensible en général, elle peut être construite : si j'écoute le *la* du violoncelle en tant que pur *concretum* de qualités sensibles (timbre, hauteur, durée, intensité), c'est vers une *essence* que je me tourne ; mais si j'écoute le *la* comme le *la* produit par la chanterelle de *ce* violoncelle situé à ma droite, ou même si j'écoute le *la* comme le

son qui, *dans le contexte perceptuel particulier dans lequel je me trouve*, m'apparaît comme provenant de la droite, à ma hauteur, à quelques mètres de moi, et si le changement d'orientation du son lorsque je me déplace m'apparaît comme une variation *non négligeable* et affectant le son lui-même, c'est alors bien l'individu sonore que je vise. La prise en compte plus ou moins assumée de cette inscription dans l'espace détermine le degré d'individualité ou d'idéalité que l'on prête à l'objet sonore, si bien que le lien opéré par la philosophie transcendantale entre objectivité, extériorité, espace et, ici, individu, semble inextricable.

3. Cependant, conformément à l'intuition helmholtzienne, *admettre que l'espace ait cette fonction transcendantale exige d'abandonner la conception euclidienne et intuitive de l'espace et d'élargir notre concept d'espace pour prendre en compte l'espace tel qu'il se donne aux différents niveaux constitutionnels mentionnés.* Ce point fera l'objet du prochain chapitre.

4. Ces remarques aboutissent à une conséquence générale sur la nature du son et sur un renversement de la conception qu'en élabore une certaine tradition philosophique : le son n'est pas un objet de prime abord non spatial (un pur objet-de-temps) auquel un lien à l'espace serait pour ainsi dire surajouté dans un système d'intentionnalités fondées, voire qui viendrait le dénaturer ; au contraire, *le son, en tant qu'objet externe, se donne de prime abord et à tous les niveaux de sa constitution dans l'espace, et sa déspatialisation n'est jamais que secondaire et correspond à un certain type d'idéalisation du son.*

Revenons donc à la lecture du *Dialogue de l'ombre double.* S'il est vrai que l'œuvre de Boulez joue sur le contraste entre le son spatialisé et le son déspatialisé, il est tout aussi essentiel de remarquer à quel point les frontières entre ces deux types de son sont poreuses. Le son de la clarinette réelle paraît de prime abord *situé* dans l'espace, et n'est finalement perçu comme déspatialisé que par contraste avec le son de la clarinette double. Mais il est remarquable que je puisse toujours à nouveau me *tourner vers* ce son *comme* situé dans l'espace. Pris par le jeu des haut-parleurs, je m'étais détourné des propriétés spatiales de ce son pour me tourner vers ses autres qualités, pour être attentif à la finesse de grain du timbre de l'instrument réel comme si, paradoxalement, ce son n'était plus perçu que dans son essence, idéalement, désincarné, et comme si le son de la clarinette double seule me paraissait accéder au statut d'individu situé dans l'espace. Mais de cette écoute typique de la salle de concert (où la présence sur scène des musiciens ne conduit pas à une écoute attentive à la localisation du son mais au contraire à une écoute éminemment idéalisée où seul compte finalement le grain particulier que la présence des musiciens confère au phénomène sonore), je peux toujours me détourner, désidéaliser et respatialiser le son en réactivant un certain rapport intentionnel à lui. Mais ce jeu n'est possible que parce que l'espace, plus ou moins appréhendé, était toujours bel et bien là, prêt à l'être. Le *Dialogue de l'ombre double*, comme toutes les œuvres jouant sur la spatialisation du son, déstabilise les règles d'écoute idéalisantes implicitement liées à la situation de la salle de concert, déplace[1] le *niveau*

1. Notons que ce déplacement qui nous conduit d'un type de son à un autre ou d'un rapport intentionnel au son à un autre, peut également être interprété comme un approfondissement plus ou moins radical de la réduction phénoménologique du son au pur vécu sonore.

d'écoute du son généralement associé à la musique, pour mieux dévoiler l'essence spatiale du son. Le son est et demeure toujours spatial – et c'est à ce titre qu'il peut être considéré lui-même, indépendamment de sa source, comme un objet, et comme un objet *externe*. Reste donc à déterminer comment, à chacun de ces niveaux et selon les différents types de sons considérés, le son *remplit l'espace*.

CHAPITRE V

CHÔRA SPATIALE
COMMENT LE SON REMPLIT L'ESPACE

La difficulté à saisir la spatialité à tous les niveaux de constitution du phénomène sonore tient à un fait que nous avons déjà signalé sans jamais nous y consacrer thématiquement : la *plasticité* de l'espace auditif. Ainsi, par exemple, selon l'attention que je lui porte, un même phénomène peut être saisi de manière strictement localisée ou au contraire apparaître quasi-déspatialisé, au point que l'écoute d'un disque ou d'un concert peut presque prendre l'aspect que possède l'écoute interne que je fais du morceau lorsque, connaissant suffisamment la musique pour « me la chanter », j'en lis la partition. De même, dans certaines situations, les sons « proches » évoluent-ils dans l'espace très différemment des sons « lointains », au point que leurs qualités mêmes puissent être perçues différemment en fonction de leur distance par rapport à nous. Ou encore, il n'est pas toujours vrai que l'appréhension d'une profondeur ou plus généralement d'une distance dans l'espace auditif soit possible, même si dans certains cas elle semble l'être[1]. En un mot, reconnaître que tous les sons, en tant que phénomènes externes, possèdent une qualité spatiale ou semblent s'inscrire dans une forme d'espace implique *d'admettre un concept souple d'espace* dont il nous incombe de décrire les différents moments.

Or, dans le cours sur l'espace de Husserl 1907, et plus particulièrement dans le résumé analytique que l'auteur en fait et que les éditeurs du volume des *Husserliana* ont placé en appendice[2], on trouve le modèle, appliqué à l'espace visuel, d'une telle description. Husserl y effectue une reconstruction systématique de l'espace tridimensionnel objectif à partir du pur champ visuel, en insistant sur la corrélation entre la stratification ainsi mise au jour et les systèmes de sensations kinesthésiques impliqués à chacun de ses niveaux. Notre analyse s'appuiera sur le mouvement de ce texte et, comme Husserl, nous isolerons le problème de la constitution d'une profondeur, problème particulièrement ardu dans le cas de l'espace sonore, puisque le rapport entre espace et temps y joue un rôle crucial.

Supposons donc poussée à son maximum la réduction phénoménologique du son, à savoir jusqu'au niveau où l'appréhension du son serait éminemment idéalisée et *quasi* déspatialisée.

En vertu du parallèle précédemment établi entre les différents types de sons (distingués dans la pure

1. Nous verrons par la suite que ces constats, fondés sur la description phénoménologique de l'expérience de l'espace auditif, sont étayés par des données empiriquement vérifiables. Voir *infra*, p. 239 *sq*.

2. E. Husserl, *Ding und Raum. Vorlesungen 1907, op. cit.*, p. 297-321 ; trad. fr., p. 347-372.

et simple description réaliste naïve) et les différents niveaux d'approfondissement phénoménologique, l'exemple suivant pourrait nous aider à nous rendre intuitive l'expérience de l'espace obtenue à ce premier niveau constitutionnel. Je prends place dans une église, l'organiste tire tous les jeux et joue une note grave dans ce « grand jeu » éclatant. Le son m'entoure au point que, comme le remarquait Kant dans le texte de l'*Anthropologie* cité plus haut[1], il m'apparaît *presque* comme un phénomène interne. Certes, l'expérience est ici phénoménologiquement distincte de ce que serait une expérience purement interne du son (par exemple le son que je m'étais représenté intérieurement, connaissant la partition, avant que l'organiste se mette à jouer), en vertu de la différence descriptive très nette entre perception et imagination, et en particulier de la richesse qualitative du son entendu lui conférant un caractère de réalité[2]. Mais, du point de vue de l'espace, les deux expériences demeurent *quasi* indistinctes, puisqu'aucune appréhension spatiale ne semble y intervenir – ou, en tout cas, ne semble atteindre le seuil de la perceptibilité.

Pourtant, tel n'est pas le cas : je puis bien, au lieu de saisir le son comme non spatial, le saisir au contraire comme *occupant tout l'espace*. Le son non localisé n'est pas un son non spatial, mais un son *omnispatial* : je suis entouré de son au point de ne pas pouvoir

1. Voir *supra* p. 54.

2. Il serait, de ce point de vue, intéressant d'appliquer à la différence entre l'écoute interne de la musique lue sur une partition et l'écoute à proprement parler de la musique *jouée* les outils développés par Husserl pour distinguer l'intuition imaginative de l'intuition perceptive dans le troisième chapitre de la sixième *Recherche logique* (voir Husserl, *Logische Untersuchungen*, VI. Untersuchung, Hua XIX/2, § 23, p. 79 *sq.* ; trad. fr., p. 102 *sq.*).

saisir son origine, comme lorsque, dans le *Dialogue de l'ombre double*, les six haut-parleurs entourant le public émettaient en même temps le même son. Le son a perdu toute extension, je ne le saisis plus qu'en termes d'*intensité*[1], si bien que la sensation déborde largement l'objet, prend le dessus par rapport à la perception à proprement parler, en tant qu'appréhension d'objet. Je perçois le son, bien sûr, mais pas comme on perçoit un objet : non pas que le son, pris en lui-même, ne soit plus un objet (car si j'étais hors de l'église, ma perception en serait très différente et le même son me paraîtrait bien provenir de quelque part) mais tel qu'il est perçu contextuellement, ce n'est pas comme objet qu'il est perçu, mais, pourrait-on dire, *quasi* comme pur phénomène, comme ce que pourrait atteindre, pour tout objet sonore, la réduction phénoménologique poussée à son maximum. Car il est vrai qu'ainsi perçu, le son qui m'entoure et qui, brouillant la frontière de l'interne et de l'externe, de l'immanent et du transcendant, n'est plus appréhendé comme *réalité* mais comme pure matière sonore, possède une manière insigne, particulièrement pure et intense, de se donner.

Mais dire que le son a alors perdu toute extension, dire qu'il brouille la frontière entre l'interne et l'externe, ce n'est certainement pas dire qu'il n'est plus ou pas encore spatial, ni que cette frontière a disparu. Approfondissons, pour nous en convaincre, l'exemple du *tutti* de l'orgue. Le son de l'orgue ne possède pas seulement une certaine hauteur, un certain timbre (d'une extrême complexité dans le cas du *tutti*), une durée, une intensité : il possède en outre ce qu'il conviendrait

1. Il s'agit ici de l'intensité par opposition à l'extension, pas de l'intensité au sens musical.

d'appeler un *comportement spatial*, une manière d'occuper l'espace. À proprement parler, l'auditeur *entend* l'espace de l'église, comme il entend d'ailleurs, sans s'en rendre compte, l'espace de la salle de concert ou l'espace dans lequel tout bruit retentit, mais dans le cas de l'orgue d'église, cette dimension de l'expérience d'écoute est *essentielle* et fait partie intégrante du phénomène sonore. Fermant les yeux, l'organiste entend à proprement parler l'espace autour de lui, ce pourquoi les organistes aveugles, tels Louis Vierne ou, plus récemment, Jean-Pierre Leguay se représentent l'espace dans lequel ils se situent à travers le comportement spatial du son que projette leur instrument. Il n'y a pas là quelque *raisonnement*[1] qui, s'appuyant par exemple sur le temps de réverbération du son, en déduirait la taille de l'église comme on peut mesurer la distance d'un orage en comptant les secondes entre l'éclair et la foudre ; il ne s'agit pas non plus d'une application de *connaissances* sur l'acoustique des églises : il s'agit, plus profondément, de ce sur quoi *et* le raisonnement en question *et* les connaissances acoustiques sont ultimement fondés, à savoir de l'expérience directe et intuitive d'une dimension essentielle quoique souvent négligée du phénomène sonore, et qui n'est autre que sa manière d'occuper l'espace.

Olivier Latry, expliquant la difficulté à jouer certaines pièces de Bach sur le grand-orgue de Notre-Dame

1. En tout cas, il n'y a ici aucun raisonnement qui puisse s'attester phénoménologiquement ; mais nous verrons par la suite que le lien entre profil spatial et qualité sonore (ou « coloration spectrale ») repose néanmoins sur une « analyse » de la coloration spectrale du son par l'oreille et le cerveau. Mais *cette analyse se situe pour ainsi dire à un niveau infra-phénoménologique*.

de Paris[1], l'exprime très clairement : « le son » du Cavaillé-Coll de Notre-Dame (entendons par là son *essence*, ce qui rend ce son unique et le définit comme ce qu'il est) n'est pas déterminé que par la combinaison complexe des jeux, par le mélange de tuyaux médiévaux, de mixtures et de jeux fabriqués par Cavaillé-Coll, de chamades de la deuxième moitié du XXe siècle ; il est tout autant, voire plus encore, déterminé par sa manière d'animer l'espace. Dans l'essence même du son, c'est-à-dire dans ses qualités épurées de tout caractère réal, l'espace est éminemment présent, il se donne comme entièrement rempli, mais comme rempli *d'une certaine manière*, avec un certain « style » caractéristique de « ce » son. Le même tuyau déplacé dans l'atelier du facteur d'orgue pour être réparé « n'a pas le même son » que dans la cathédrale parce que le son qu'il produit n'a pas la même manière d'occuper l'espace (lequel, objectivement, n'est pas le même) ; et à l'inverse, un enregistrement de l'orgue de Notre-Dame donnera à l'auditeur disposant d'un bon matériel une expérience très proche de celle qu'il aurait dans l'église, précisément parce que le comportement spatial du son fait partie de ses qualités mêmes, et peut, dès lors, être enregistré au même titre que son timbre ou son intensité. La confusion de l'interne et de l'externe doit donc rester simplement illusoire ou, au mieux, asymptotique : en termes acoustiques, l'« enveloppement » de l'auditeur peut créer une sensation d'« internalisation » parce que l'espace semble se « refermer »[2], mais je n'entends précisément

1. O. Latry, *Bach to the future*, La Prima Volta, 2019, livret, p. 3.

2. Empiriquement parlant, ce phénomène correspond à ce qu'on nomme, en acoustique, « l'internalisation par enveloppement ». L'enveloppement qui se définit comme la « sensation » sonore

jamais le son de l'orgue comme un phénomène interne à proprement parler, parce que l'espace est d'emblée appréhendé avec lui comme *ce que remplit le son* – et en l'occurrence, ce qu'il remplit entièrement et d'une certaine manière qui lui est propre – et *ce qui m'enveloppe.* Je peux donc bien, comme le remarquait Kant, oublier ou ne plus prêter attention à l'externalité du son, mais je peux toujours bien la ressaisir et m'assurer ainsi qu'occupant l'espace, le son entendu n'est pas l'objet d'une simple écoute interne, sans même qu'entre en compte la question de la spontanéité de cette écoute[1]. L'espace fonctionne donc bien ici comme la condition de possibilité du sens externe, au sens où l'externalité du son est indétachable de son inscription dans l'espace, même si, dans le cas de l'enveloppement maximal, cette dernière peut asymptotiquement *tendre* vers zéro.

Reste que nous sommes jusqu'ici restés dans le cadre de la pure description réaliste naïve et n'avons parlé que d'une expérience sonore particulière, tout aussi objective que l'expérience du bruit ou de n'importe quel son, l'expérience d'un son réel possédant certaines propriétés d'enveloppement insignes. De quel droit pourrions-nous transférer les conclusions que nous en

d'être dans un lieu peut en effet, s'il n'est pas optimal ou s'il possède certaines caractéristiques particulières, « fermer l'espace » et créer un effet d'« internalisation », lequel n'est jamais qu'asymptotique. Voir par ex. B. Périaux, J.-L. Ohl, P. Thévenot (dir.), *Le son multicanal : de la production à la diffusion du son 5.1., 3D et binaural*, Paris, Dunod, 2015, p. 151.

1. On prendra garde de ne pas accorder trop d'importance à ce phénomène de l'écoute interne : non seulement il semble très exagéré de considérer qu'une confusion serait possible avec l'écoute à proprement parler (externe), mais il convient de ne pas oublier qu'une telle « écoute » est acquise, et l'est sur la base d'une certaine expérience de la musique.

avons tirées au phénomène sonore « pur » atteint par réduction phénoménologique ? Ce point est essentiel car il s'agit d'interroger non seulement la validité du parallèle précédemment construit entre les différents types de sons (du point de vue réaliste naïf), les différentes formes d'écoute (du point de vue intentionnel) et les différents niveaux d'approfondissement de la réduction phénoménologique, mais aussi la pertinence de la thèse selon laquelle, au niveau le plus profond atteint par la réduction du son (même donc au niveau où il pouvait sembler n'être qu'un pur phénomène temporel), l'espace serait déjà présent.

Au moins peut-on affirmer que l'expérience du son enveloppant (que rend très bien le terme anglais « surrounding ») est ce qui *se rapproche le plus* de ce que serait une expérience pure du phénomène sonore réduit. Plus disparaît la localisation du son, plus donc il m'entoure, plus deviennent superflus ou inessentiels les actes par lesquels le son serait visé comme objet. Dans l'expérience du *tutti* de l'orgue, c'est bien un *analogon* de la *déréalisation* du son qui s'accomplit – entendons par là la conversion de l'écoute, laquelle ne se tourne plus vers le son en tant qu'objet ou *a fortiori* en tant qu'émanant d'un objet, mais en tant que phénomène sonore, en tant que *concretum* de qualités, en tant que pure sensation. C'est exactement à cela que correspond la réduction phénoménologique du son poussée à son maximum, c'est-à-dire au point critique où le son est perçu avec une intuitivité maximale, le point au-delà duquel il est toujours possible d'aller, bien sûr, mais par un mouvement d'abstraction et au prix de l'intuitivité. Certes, je peux toujours ôter à ce *concretum* sonore telle ou telle de ses propriétés : son timbre, sa manière d'occuper l'espace, etc. Certes, une telle abstraction prolonge pour ainsi dire dans la même direction la réduction phénoménologique. Mais elle en sort. Je ne peux pas plus me rendre intuitif un son sans comportement spatial qu'un son sans timbre ; je ne peux me les représenter qu'abstraitement. Dans le cas du son, le *point critique* de la réduction phénoménologique, celui jusqu'où cette dernière doit et peut parvenir sans rompre avec l'exigence d'intuitivité, c'est celui du *concretum* sonore dont le comportement spatial est un moment au même titre que les autres qualités du son. Or, à ce niveau qui est le niveau phénoménologique *ultime* (mais pas *absolu*), il y a bien, indétachable de l'externalité du son, quelque chose de spatial. L'espace à proprement parler n'est pas encore constitué, mais il se constituera sur la base de ce *caractère spatial* du vécu sonore. Et ce caractère spatial est donc bien, à ce niveau très profond de l'analyse phénoménologique, ce qui conditionne l'appréhension du phénomène sonore comme externe – et en constitue donc, en ce sens et en ce sens *seulement*, la condition de possibilité.

Ce caractère ou cette dimension spatiale du vécu sonore motive comme nous l'avons déjà observé la mise en œuvre d'un complexe intentionnel dans lequel peuvent avoir lieu des appréhensions proprement spatiales, et nous laisserons donc de côté les cas où, comme dans l'écoute musicale, ces appréhensions restent non-effectuées pour laisser place à une écoute idéalisante du son (l'écoute « musicale »). Or, si l'on décrit ces appréhensions au fil directeur de l'intuition, on peut remarquer que l'espace qui s'y dessine diffère profondément de l'espace tridimensionnel euclidien auquel nous ramenons généralement notre espace visuel objectif, et cela pour au moins trois raisons : 1. Il est *centré* (c'est un « champ » plus qu'un « espace »), 2. Il n'est pas distinctement tridimensionnel, 3. Ses trois (deux ?) dimensions ne sont pas indifférentes ou superposables.

On prendra soin de noter que ces propriétés correspondent à celles que Husserl attribue à l'espace pré-objectif (visuel) sur le fondement duquel se constitue l'espace objectif. L'espace tel qu'il apparaît de prime abord au sujet accomplissant la réduction phénoménologique est un champ dans lequel se constituent des *orientations*. Il faut, pour en préciser le sens, s'arrêter sur l'argument de Husserl dans le « Mémoire » sur la « constitution systématique de l'espace » en complément du cours sur l'espace de 1907. L'essentiel du propos de Husserl consiste à montrer qu'à ce premier niveau de constitution de la spatialité, ce qui se constitue n'est pas à proprement parler un espace, mais ce qu'il conviendrait d'appeler un *quasi*-espace ou un *pré-espace*. Il ne s'agit donc pas seulement de reconnaître que le « champ oculomoteur » dans lequel les objets sont primordialement orientés n'est qu'un « espace bidimensionnel » ou un « plan », puisque « nous n'avons de plan que dans l'espace ; là où aucun espace n'est constitué, il n'y a pas non plus de plan constitué, et où il n'y a pas de chose pleine, il n'y a pas de projection plane d'une chose »[1]. Le champ sensible n'est donc pas en lui-même un espace, mais il présente néanmoins une forme originaire de spatialité dans laquelle se fonde la constitution de l'espace. Il

1. E. Husserl, *Ding und Raum. Vorlesungen 1907*, *op. cit.*, § 48, p. 166 ; trad. fr., p. 203.

importe donc, pour décrire proprement ce pré-espace, d'affubler tous les termes spatiaux du préfixe « quasi » : aussi ne parlera-t-on pas de « distance » mais de « quasi-distance », de « profondeur » mais de « quasi-profondeur », etc. Car si, dans le cas de l'espace visuel, cet emploi peut sembler quelque peu malhonnête, puisque nous pouvons toujours, si nous le souhaitons, appliquer les catégories proprement spatiales à ce pré-espace, et y voir se dessiner des « figures », des « distances », et tout ce que nous trouvons ordinairement dans notre espace; autant donc on peut suspecter l'analyse phénoménologique de vouloir, dans le cas de l'espace visuel, utiliser circulairement un vocabulaire spatial pour décrire le niveau pré-spatial sans en assumer entièrement les règles ou la grammaire, autant, dans le cas de l'espace auditif, cette précaution est essentielle. Car utiliser dès ce niveau des termes spatiaux, c'est supposer ce que précisément nous cherchons à établir, à savoir la possibilité d'utiliser de tels prédicats spatiaux dans une expérience purement sonore, et répondre donc en avance au problème de Strawson au lieu de l'affronter.

À ce second niveau, donc, l'espace se constitue comme un système de « places » dans lesquelles viennent s'insérer les (*quasi*-)objets. Ces places déterminent la « position » des objets, mais non pas au sens absolu d'un « lieu » que ces objets occuperaient dans leur matérialité, puisque précisément, il ne s'agit pour ainsi dire que de « fantômes » ou de simples « schèmes » d'objets encore vides de toute substance – ce qui est essentiel dans le cas du son puisque, si une spatialité semble en être indétachable, rien ne dit au contraire que la notion de substance ait un sens pour qualifier la nature, non pas de la source matérielle du son, mais de l'objet sonore lui-même. Il faut donc, pour penser ce niveau essentiel de la constitution d'un espace sonore, se défaire de la conception usuelle de l'espace : ce dernier n'est pas, en tout cas pas de prime abord, un cadre absolu dans lequel les choses occuperaient des lieux ; l'espace, autrement dit, n'est pas déjà là, donné avant les choses et prêt pour les recevoir ; il se constitue au contraire lui-même à partir des « places » qu'occupent les objets, ces places n'étant qu'une « qualité » des objets, à savoir le fait qu'ils se présentent avec une certaine orientation spatiale, dans un certain rapport spatial les uns avec les autres. Les places sont déterminées à partir des objets et déterminent à leur tour l'espace, mais elles présentent des lois d'essence sur le fondement desquelles les lois de l'espace sont à leur tour fondées et parmi lesquelles, dans le cas de l'espace visuel, on compte la loi selon laquelle un même objet ne peut pas occuper deux places en même temps :

> Tout corps, et plus précisément tout schème sensible de la pleine corporéité est une corporéité spatiale (une figure spatiale), « sur laquelle » et « dans laquelle » des qualités s'étendent. Tout schème sensible de ce genre a une déterminité « place » variable, de telle sorte qu'avec l'identité du schème, un système clos de places (orientations) est idéalement possible. Ces places ont le caractère de qualités dans un système de qualités, c'est-à-dire que deux places sont, pour le même schème (donc aussi pour le même corps), incompatibles l'une avec l'autre ; mais d'autre part, tout corps doit avoir dans l'intuition une place, il n'est, par principe, donné dans l'intuition qu'orienté[1].

1. E. Husserl, *Ding und Raum. Vorlesungen 1907*, *op. cit.*, p. 297 ; trad. fr., p. 347.

S'il faut retenir de cette remarque que l'espace se fonde sur un *quasi*-espace constitué des « places » ou « orientations » qui ne sont pas autre chose que des qualités des objets et qui possèdent leurs lois d'essence, on remarquera par ailleurs que, dans le cas de l'espace sonore, ces lois ne sont pas les mêmes que dans le cas de l'espace visuel ! Par exemple, un même son peut bien être entendu à la fois à gauche (avec, donc, une certaine orientation ou une « place » déterminée dans le champ) *et* à droite tout en restant le même son. En effet, si j'entends un son d'abord à droite puis à gauche, par exemple dans un système stéréophonique, je peux avoir l'impression qu'il s'agit de deux sons différents, mais si je les entends à la fois à gauche et à droite, cette impression disparaît, et c'est bien un seul et même son que j'entends alors. À l'inverse, deux sons différents peuvent parfaitement occuper en même temps le même espace – ce qui constitue même une condition de possibilité de l'harmonie. Mais que les lois du *quasi*-espace sonore diffèrent de celles du *quasi*-espace visuel n'est qu'une preuve supplémentaire du fait que de telles lois existent et constituent notre expérience de l'espace, même si cela peut contribuer à expliquer la réticence de certains philosophes à voir dans le son un authentique objet spatial[1]. Parmi ces lois, on trouvera celles que nous avons déjà observées : qu'un son apparaît toujours dans une certaine orientation, mais que, dans certains cas, la combinaison de certaines orientations (par exemple

1. On pourrait voir dans cette difficulté le résultat de la tendance, dont nous sommes partis au début de ce livre à la lumière de la critique helmholtzienne de Kant, à confondre espace en général et espace tridimensionnel euclidien comme condition de possibilité des phénomènes externes.

un son émis en même temps à volume égal par un haut-parleur situé à gauche et un haut-parleur situé à droite) donne au son le caractère particulier d'occuper tout l'espace, à savoir d'avoir pour « place » l'ensemble du champ sonore; ou encore que certaines qualités sonores entraînent une variation dans la manière pour le son d'occuper l'espace, etc. Reconnaître une spatialité au son impliquera donc d'*élargir* notre concept d'espace pour lui permettre d'intégrer ces lois qui s'opposent à celles de l'espace visuel – normal.

Quoi qu'il en soit, ces lois ne constituent aucunement les lois géométriques de l'espace objectif, mais les *lois d'orientation* des objets dans le *quasi*-espace qu'est le champ auditif. Or, Husserl précise le sens que le terme d'orientation doit recevoir dans ce contexte pré-spatial – et ce terme s'avère en réalité posséder un double sens. En un premier sens, noématique, l'orientation désigne la manière dont l'objet ou le phénomène s'insère dans le champ, à gauche ou à droite, en haut ou en bas – et l'orientation désigne donc bien la « place » de l'objet, sa position non pas dans l'espace objectif mais dans le champ visuel ou, ici, auditif. Mais l'orientation possède en outre un second sens, actif, noétique, directement corrélé au premier – l'orientation au sens de *ce qui oriente*. Les places se définissent comme « orientations » parce qu'elles dépendent de systèmes kinesthésiques qui *orientent* :

> Dans l'aperception comme corps, le contenu sensible est coordonné à un donné kinesthésique de telle façon que cela implique consciemment que, lorsque le donné kinesthésique parcourt dans son système (librement ou non) une « ligne », une série, le contenu d'esquisses

que contient le champ sensible parcourt une certaine variation caractérisée comme variation afférente[1].

L'orientation de l'objet (disons : du pré-objet) dépend donc de la manière dont s'oriente ma perception : si je déplace par exemple ma tête de droite à gauche, l'orientation du champ et de tous les objets qui s'y présente change ; si par exemple, écoutant le *Dialogue de l'ombre double* de Boulez, je tourne la tête de 180° vers la gauche, tous les objets qui se présentaient à une certaine place viennent en occuper une autre. Mais il est essentiel de bien noter que « parcourir une ligne » ou « tourner la tête de 180° » sont des expressions impropres, qui ne reçoivent leur sens qu'*a posteriori*, une fois l'espace objectif constitué. Au niveau constitutionnel qui nous occupe ici, le terme de « ligne » correspond donc seulement à un certain type de mouvement, une certaine progression dans le système des sensations kinesthésiques, le fait, par exemple, d'avancer de manière régulière et sans changer de direction, de même que l'expression « tourner la tête » ne désigne pas un mouvement circulaire à proprement parler mais une sensation musculaire particulière de tension de plus en plus forte des muscles du cou. Dans ces mouvements, dont la définition n'est pas encore géométrique mais purement kinesthésique, le son change lui aussi d'orientation, non pas au sens où il parcourrait une ligne à proprement parler, mais au sens où il présenterait certaines « variations », vécues comme strictement corrélées aux variations kinesthésiques, variations dans lesquelles se constituent des « places »

1. E. Husserl, *Ding und Raum. Vorlesungen 1907*, *op. cit.*, p. 298 ; trad. fr., p. 349.

et, à travers elles, un *quasi*-espace, sur la base duquel le concept géométrique de « ligne » ou de cercle pourra ultérieurement être édifié. L'orientation de l'objet, la « place » dans le champ visuel ou auditif, n'est donc que le corrélat de l'orientation du champ lui-même :

> Le même élément objectif s'expose différemment avec chaque esquisse sensible, et en relation avec le donné kinesthésique afférent, s'inscrit consciemment dans le système. Cette coordination détermine l'orientation, qui trouve donc son point d'appui dans le kinesthésique et dans la coordination. Du fait que l'image sensible, l'esquisse en tant que telle, est constituée, est donc rapportée au système kinesthésique et à son emplacement [*Stelle*], l'objet est donné dans une orientation déterminée[1].

Ce qui s'ouvre alors à nous, c'est la possibilité de décrire les *quasi*-espaces exposés par les différents degrés de liberté que l'on peut conférer aux variations des systèmes kinesthésiques – en d'autres termes par les différents mouvements que l'on s'autorise à accomplir. Husserl le fait dans le *Mémoire* du cours sur l'espace et on peut y distinguer quatre moments, rapportés à certains mouvements kinesthésiques, et dont on peut chercher un équivalent dans l'espace sonore (I. Développement de l'axe latéral – tête fixe ; II. Développement de l'axe d'élévation – tête en mouvement, corps fixe ; III. Développement de la profondeur sans mouvement du corps ; IV. Développement de la profondeur avec mouvement du corps)

1. E. Husserl, *Ding und Raum. Vorlesungen 1907*, *op. cit.*, p. 299 ; trad. fr., p. 349.

I. Husserl commence par remarquer[1] que certains mouvements kinesthésiques (comme les rotations de la tête) n'augmentent pas le nombre de dimensions de l'espace alors que d'autres (comme le déplacement du corps vers l'avant ou l'arrière) l'augmentent. Nous nous en tiendrons dans un premier temps au premier type de mouvements, en repartant de l'exemple de l'espace visuel. Si je m'interdis de bouger la tête et que j'observe mon champ visuel, je le perçois comme un espace euclidien fini à deux dimensions ; si j'introduis en outre le mouvement de la tête, d'abord de droite à gauche, puis de haut en bas, j'obtiens un espace toujours bidimensionnel, mais sphérique (« riemannien »[2]). En effet, une ligne droite horizontale (l'horizon, par exemple) s'y comporte comme une géodésique, retourne sur elle-même lorsque j'accomplis un tour complet et croise toute ligne verticale deux fois, une fois devant moi, une fois derrière, symétriquement par rapport au point-zéro de ma perception, lequel est situé quelque part « dans » ma tête, à savoir au point focal de ma perception. En d'autres termes, le mouvement de la tête modifie la structure du champ visuel mais pas son nombre de dimensions.

En est-il de même pour l'espace auditif? Deux remarques s'imposent de prime abord. Premièrement, il est nécessaire de noter une différence fondamentale entre la binauralité et la binocularité. Si je ferme un œil, j'obtiens un champ visuel bidimensionnel au même titre que si j'ouvre les deux yeux – comme Carnap le remarque dans « Dreidimensionalität des Raumes und Kausalität », la tridimensionnalité est

1. *Ibid.*, p. 307 ; trad. fr., p. 358.
2. *Ibid.*, p. 311 ; trad. fr., p. 361.

ici une construction, une « fiction » (*Fiktion*), car, prise en elle-même, la superposition de deux champs bidimensionnels ne donne pas un espace tridimensionnel mais bien un espace bidimensionnel[1]. En un sens, donc, la binocularité n'est pas en elle-même la condition de possibilité de la perception des phénomènes visuels dans l'espace; elle permet seulement, combinée à d'autres données, d'en développer certains aspects. Il n'en va pas de même dans le cas de l'ouïe : la perception de l'espace est, comme nous le verrons et pour des raisons à la fois physiologiques et acoustiques, inextricablement liée à la binauralité. *L'espace auditif est, en d'autres termes, nécessairement binaural.* Pourtant, si je me bouche une oreille, il n'est pas tout à fait vrai que je n'obtienne aucune sensation d'espace, quoique cette dernière soit extrêmement grossière. En effet, je peux, grâce aux qualités des sons et en particulier grâce à leur intensité, faire la différence entre un son lointain (moins intense, parfois moins timbré) et un son plus proche, ou entre un son situé du côté de l'oreille restée ouverte et un son situé de l'autre côté. Par contre, dans un cas comme dans l'autre (distance ou latéralité), je n'ai jamais affaire qu'à un seul et même type de différence, et je ne peux donc pas, avec une seule oreille, distinguer un son qui s'éloigne d'un son qui change de côté tout en conservant une distance égale par rapport à moi. En d'autres termes, d'une seule oreille, je peux tout au plus attribuer aux phénomènes une « place » dans un champ *unidimensionnel*, et la

1. R. Carnap, « Dreidimensionalität des Raumes und Kausalität. Eine Untersuchung über den logischen Zusammenhang zweier Fiktionen », *Annalen der Philosophie* IV, 1924, p. 105. Husserl notera d'ailleurs que, pour obtenir un espace tridimensionnel, le *déplacement* du corps dans l'espace doit être pris en compte.

sensation d'espace est ici strictement équivalente à une différence qualitative entre les sons. L'espace monaural se situe donc quelque part à la limite entre ce que nous avons nommé « l'espace sonore » (qualitatif) et l'espace réel (ou l'espace auditif à proprement parler), dans la zone-tampon entre l'interne et l'externe où Strawson situait le son *en général*. La constitution de l'espace auditif à proprement parler commence donc dans une situation kinesthésique légèrement différente de la constitution de l'espace visuel, puisqu'on ne peut pas partir d'un éventuel champ monaural.

Deuxièmement, il est nécessaire de s'entendre sur le sens que peut recevoir ici la notion de « dimension ». Ce problème se pose déjà dans le cas du champ visuel. En quel sens peut-on dire du champ visuel obtenu sans mouvement de la tête qu'il est bidimensionnel ? Deux possibilités s'offrent en effet à nous : soit on utilise ici de manière impropre la notion géométrique intuitive de dimension à des fins de simplification, à savoir pour rendre intuitive la description du champ visuel – mais alors cette notion n'aurait ici aucune légitimité et ne pourrait recevoir aucune valeur cognitive, à moins de s'enfermer dans un cercle et de supposer déjà donné ce que précisément il s'agit de construire ; soit on admet un *concept proprement phénoménologique de dimension*, qui serait lui-même fondateur de la notion géométrique de dimension, laquelle en serait en quelque sorte l'idéalisation, une fois constitué l'espace objectif. Le problème est alors que dans le cas de l'espace *visuel*, la tentation est grande de traiter le champ oculaire comme un « plan », au sens *géométrique* du terme, et de plaquer sur l'espace pré-empirique les outils utilisables dans l'espace à proprement parler. C'est au niveau de l'espace sphérique obtenu par mouvement de la tête dans toutes les directions qu'on voit le mieux le sens proprement kinesthésique que pourrait recevoir la notion de dimension : je peux tourner la tête dans un sens ou dans l'autre et recevoir ainsi des données kinesthésiques de type différent selon que je le fais du haut vers le bas ou de la droite vers la gauche, si bien que les « dimensions » reçoivent ici un sens phénoménologique, en tout cas non géométrique. Mais au niveau du pur champ visuel obtenu sans mouvement de la tête ni même des yeux, le sens d'un concept non géométrique de dimension est moins obvie et pourrait ne désigner que l'*effort* consistant à déplacer l'attention d'un point à l'autre du champ, ce qui, ici aussi, peut être accompli en deux sens, du haut vers le bas et de la droite vers la gauche. *Le sens phénoménologique du concept de dimension est donc lié à un « je peux »* et, plus précisément, répond à la question : « quel type de mouvement dois-je (et puis-je) faire pour déplacer mon regard d'un point du champ à un autre ? »

Dans le cas du son, la situation est plus claire, dans la mesure où l'application des notions géométriques (de plan, de dimension, etc.) n'y va pas d'emblée de soi. Il y a bien dans l'expérience du champ auditif quelque chose qui n'est pas encore à proprement parler spatial, mais qui relève d'un sens éminemment phénoménologique, voire quasi-corporel de l'*orientation.* Comme le remarque Kant dans l'opuscule qu'il consacre à cette question, l'orientation ainsi comprise (en ce sens originaire, plus encore que les deux précédemment distingués[1]) relève de ce « sentiment » par lequel la gauche se distingue de la droite (et plus généralement telle ou telle « place »

1. Voir *supra*, p. 194.

dans l'espace de telle autre), non pas objectivement (car précisément, rien d'objectif ne distingue la droite de la gauche), mais subjectivement, par rapport à moi – par rapport, plus précisément, à mon corps entendu comme chair en prise avec le monde[1]. Dans le cas de l'espace visuel, le caractère premier de l'orientation ainsi entendue par rapport à la perception objectivante de l'espace n'est pas évident parce que la perception d'un objet s'accompagne toujours de la co-perception d'un contexte, à savoir d'éléments qui, *objectivement*, me permettent de m'orienter dans ma perception : le violon posé *sur* le piano situé *dans* la pièce où je me situe et que je reconnais, etc. Au contraire, comme nous l'avons déjà constaté, dans l'univers sonore, ces éléments de contexte, si tant est qu'ils puissent exister, ne font l'objet que d'une constitution d'un niveau très largement supérieur : ce qui m'est donné de prime abord n'est pas un champ perceptif dans lequel des éléments de contexte objectifs me permettraient de me situer, mais bien plutôt la pure et simple orientation des objets autour de moi, sur la base de laquelle (et de laquelle *seulement*) je m'oriente. *L'espace auditif a donc bien de prime abord pour moi un sens phénoménologique irréductible aux concepts de l'espace objectif, un sens strictement lié à l'orientation des objets en lui et à ma manière de m'orienter dans le champ et d'orienter activement mon champ.*

Il n'en est pas moins possible, cependant, de décrire cet espace et d'en déterminer le nombre de dimensions. Il faut pour cela s'intéresser à la différence qui existe

1. I. Kant, *Was heißt : sich im Denken orientieren?*, Ak VIII, Berlin, De Gruyter, 1928, p. 134-135 ; trad. fr. P. Jalabert, *Qu'est-ce que s'orienter dans la pensée*, dans *Œuvres Philosophiques*, t. 2, « Bibliothèque de la Pléiade », Paris, Gallimard, 1985, p. 531.

entre le champ auditif perçu sans mouvement (tête fixe) et le champ obtenu par rotation de la tête dans toutes les directions. Or, ici encore, la situation semble très différente de l'espace visuel tel que Husserl le décrit. En effet, selon lui, l'introduction du mouvement de la tête modifie la structure du champ visuel qui, d'un espace bidimensionnel fini euclidien, devient un espace bidimensionnel « riemannien »[1]. Dans le cas de l'espace auditif, l'espace obtenu sans mouvement de la tête est au contraire d'emblée un espace sphérique, puisque, contrairement à ce qui se passe dans le cas de la vue, je peux aussi bien percevoir un son produit derrière moi qu'un son produit devant, sans tourner la tête. Lorsque je me tourne « vers » ce son, je ne modifie pas la structure de l'espace mais je *constitue plus précisément une région de l'espace*, celle qui, jusqu'à présent, m'apparaissait de manière grossière. « Tendre l'oreille » vers un son revient donc à en approfondir la dimension spatiale et dévoiler la « place » qu'il occupe, alors que tourner le regard vers un lieu, c'est certes déterminer ce qui dans l'objet demeurait indéterminé, mais sans modifier fondamentalement le rapport de cet objet à l'espace.

Cette particularité de l'ouïe requiert une description plus approfondie. Revenons à cette fin dans la salle du concert du *Dialogue de l'ombre double* et imaginons que je sois placé devant la scène, « sous » le clarinettiste mais à la hauteur des haut-parleurs situés autour de moi. Sans bouger la tête, je perçois bien un espace au moins bidimensionnel et sphérique, puisque je peux percevoir distinctement, quoique de manière approximative, le son de chaque haut-parleur (selon, donc, l'axe droite-gauche)

1. E. Husserl, *Ding und Raum. Vorlesungen 1907*, *op. cit.*, p. 311 ; trad. fr., p. 361.

et celui du clarinettiste au-dessus de moi (selon, donc, un axe haut-bas). Et les « dimensions » de cet espace correspondent bien à un « je peux », donc aux dimensions au sens phénoménologique explicité ci-dessus : *je peux* (même si, en l'occurrence, je ne le fais pas) tourner ma tête dans tel ou tel sens pour me retrouver en face du son, c'est-à-dire pour m'orienter de telle sorte que la « place » du son pourra être déterminée plus précisément. Or, je peux théoriquement atteindre chacune de ces positions en combinant les mouvements de rotation de la tête du haut vers le bas et de la gauche vers la droite, si bien que les sons m'entourent dans un champ bidimensionnel.

Cette situation correspond à celle que permettent les techniques dites de « son binaural » grâce auxquelles, sans bouger la tête, je peux faire l'expérience d'un espace sonore théoriquement tridimensionnel (même si nous laissons provisoirement de côté la question de la troisième dimension[1]). Le son binaural est une technique d'enregistrement et de restitution du son dont le principe général consiste à placer deux micros à une distance l'un de l'autre et avec un angle correspondant le plus précisément possible à la distance et à l'angle entre nos deux tympans, de sorte que le son soit restitué, à l'aide d'un casque, de manière exactement semblable à celle de notre écoute naturelle. Le grand intérêt, pour nous, de ces techniques, est qu'elles permettent ensuite de visualiser sur un ordinateur les ondes enregistrées par chacun des micros, et de déterminer ainsi comment, empiriquement, notre oreille évalue la position de l'objet sonore dans l'espace. On peut ainsi, en retour, jouer sur ces mécanismes pour « créer » un son situé possédant

1. Voir *infra*, chap. VI.

une certaine orientation spatiale, en reproduisant la manière dont les objets situés à telle ou telle place se présentent à nos deux oreilles.

La technique du son binaural atteste empiriquement ce que nous avons pu dégager phénoménologiquement, à savoir l'asymétrie des dimensions de l'espace sonore et, pourrait-on dire, le *primat de la latéralité sur la dimension de la hauteur et, plus encore, de la profondeur*. Ce fait s'explique très bien empiriquement : la structure de notre oreille rend la perception du son selon l'axe droite-gauche plus aisée que selon les autres dimensions. Il faut, pour le comprendre, s'intéresser à la manière dont, empiriquement, notre oreille « repère » la provenance d'un son[1].

L'espace auditif se construit sur la base de l'analyse des différences entre les ondes sonores reçues par les deux oreilles. Or, ces différences sont de quatre types : décalage entre la réception des ondes, différence de phase entre les ondes reçues, différences qualitatives, en particulier d'intensité et de timbre et, enfin, différences de structure interne des oreilles. En acoustique, la théorie Duplex[2] précise que la localisation du son dans l'espace repose sur l'articulation de ces critères, tout en

1. Dans les précisions acoustiques qui suivent, nous laissons provisoirement de côté la distinction précédemment établie entre le vocabulaire objectivant de la « provenance du son » et le vocabulaire phénoménologique de l'« orientation » et du « champ » auditif.

2. La « théorie Duplex » de Lord Rayleigh décrit la localisation des sons sur un plan horizontal à partir des deux critères que sont le délai interaural pour les sons de basse fréquence et la disparité de l'intensité pour les sons de haute fréquence. Voir L. S. J. W. Rayleigh, « On our perception of sound direction ». *Philosophical Magazine* 13, 1907, p. 214-232. Les analyses sur la stéréophonie et le son binaural présentées dans ce chapitre s'appuient sur l'ouvrage de B. Périaux, J.-L. Ohl, P. Thévenot (dir.), *Le son multicanal*, *op. cit.*, p. 109-144.

reconnaissant une certaine primauté au premier. Ainsi, *toute localisation* suppose de prime abord que soit évaluée la *différence de temps* de réception des ondes par l'oreille « ipsilatérale » (celle située du côté de la source) et par l'oreille « controlatérale » (celle située le plus loin de la source). Il s'agit du critère fondamental, nommé « ITD (Interaural Time Difference) », dont la valeur peut être approximée pour les ondes planes, c'est-à-dire provenant d'une source située sur le plan « horizontal », par le modèle de Woodworth (1938) :

> L'ITD traduit, par une valeur de temps, la différence de marche que subit l'onde sonore pour atteindre l'oreille opposée, controlatérale. Le modèle de Woodworth donne une approximation en ondes planes de l'ITD, assimilant la tête humaine à une sphère : $ITD = r/c\ (\theta + \sin\theta)$, avec r : rayon de la tête ; θ : angle de provenance de la source [et c : la vitesse du son] [1].

En d'autres termes, plus l'azimut (c'est-à-dire l'angle entre le point de provenance du son et le point focal de la perception) est grand, plus le temps mis par l'onde pour atteindre l'oreille controlatérale est élevé, sachant que « le maximum du retard intéraural naturel est voisin de 700 microsecondes » [2] et que « la plus petite différence perçue [est] de l'ordre de 20 microsecondes » [3]. Notons d'emblée que l'azimut en question est défini par rapport au plan *horizontal* et que l'ITD est donc indépendant de

1. B. Périaux, J.-L. Ohl, P. Thévenot (dir.), *Le son multicanal*, *op. cit.*, p. 116.
2. G. Canévet, « La localisation auditive des sons dans l'espace », dans G. Canévet et L. Demany, *Psychoacoustique et perception auditive*, Paris, INSERM, 1989, p. 17.
3. B. Périaux, J.-L. Ohl, P. Thévenot (dir.), *Le son multicanal*, *op. cit.*, p. 116.

la position de l'objet selon les deux autres axes (haut-bas et profondeur), ce qui, comme nous le verrons, n'est pas le cas des autres critères.

Sur la base, donc, d'une évaluation de l'azimut latéral grâce à l'ITD, les deux critères suivants permettent de préciser la localisation mais dépendent de la longueur d'onde du son considéré : ainsi, pour les basses fréquences, l'ITD est complété par l'IPD (Interaural Phase Difference), autrement dit la différence de phase entre les ondes reçues par l'oreille ipsilatérale et par l'oreille controlatérale. Au-delà de 1500 Hz en effet, soit à peu près au-delà du Fa# 5, l'oreille ne peut plus distinguer les phases et compléter ainsi la localisation du son. Pour les hautes fréquences, supérieures à 200 Hz (soit un sol 2), l'oreille percevra en outre (ou à la place de l'IPD) une différence de niveau ou d'intensité notée ILD (Interaural Level Difference), dans la mesure où, à partir de cette fréquence, la tête absorbe une partie des ondes et diminue ainsi l'intensité du son perçue par l'oreille controlatérale tout en modifiant légèrement le spectre sonore. Enfin, ces critères sont complétés par un dernier, synthétique et qualitatif (HRTF : Head Related Transfert Function), prenant en compte les « fonctions de transfert » liées à la tête, à la structure du conduit auditif, aux fréquences modifiées par la position du corps, à celles qui ne le sont pas, à la réfraction du son sur les épaules, etc. – autrement dit, le HRTF prend en compte les « colorations spectrales », lesquelles dépendent à la fois du timbre du son et de paramètres liés à l'individu percevant le son, ainsi que certains paramètres culturels et liés aux habitudes d'écoute[1].

1. B. Périaux, J.-L. Ohl, P. Thévenot (dir.), *Le son multicanal*, *op. cit.*, p. 115.

Si l'on écarte provisoirement ce dernier critère, déterminant mais plus difficilement mesurable, on peut remarquer au moins deux choses. Premièrement, il faut reconnaître que, comme nous l'avons déjà noté, l'espace auditif ne possède ni les mêmes propriétés ni la même détermination selon la qualité du son entendu : dans une zone située entre 200 et 1500 Hz, l'oreille bénéficie en effet des trois premiers modes de localisation, alors que pour les ondes de basse fréquence ou de haute fréquence, elle n'en possède plus que deux (ITD + IPD ou ITD + ILD). L'espace auditif n'est donc pas homogène et sa structure dépend d'autant plus de la qualité du phénomène sonore considéré qu'on prendra en outre en compte le quatrième critère (HRTF). Deuxièmement, et surtout, les recherches acoustiques sur la stéréophonie montrent que la localisation du son se fait de prime abord selon l'axe droite-gauche. En effet, c'est dans le cas de la dimension latérale que ces quatre différences sont les plus claires et permettent donc le positionnement le plus précis des objets. C'est en particulier là que la différence temporelle entre les ondes reçues par les deux oreilles est la plus nette. L'adjonction des valeurs de l'ITD et de l'ILD, par exemple, ne permet pas de distinguer un son produit avec un certain angle *devant* moi et un son produit avec le même angle *derrière* moi :

> En effet, pour un même angle d'incidence, la différence de marche est exactement la même que le son vienne de l'avant ou de l'arrière. La mesure des ITD et ILD à valeurs constantes sur une tête humaine donne des cercles concentriques, centrés sur l'axe interaural. Il existe alors une infinité de positions qui engendrent un même couple de valeurs d'ITD et d'ILD[1]

1. *Ibid.*, p. 117.

En d'autres termes, autant la détermination de la différence de temps de réception des ondes et de la différence de niveau (ou, d'ailleurs, de la différence de phase) permet de situer clairement le son à droite ou à gauche, autant elle est insuffisante pour déterminer si le son provient de l'avant ou de l'arrière, du dessus ou du dessous, ni d'ailleurs la distance entre la source sonore et ma tête : seuls sont déterminés des *cônes* (qualifiés de « cônes de confusion ») symétriques par rapport à l'axe interaural. En vertu de la structure de la binauralité, l'espace sonore est donc fondamentalement construit autour d'une dimension qui revêt le caractère de *dimension principale*, l'axe droite-gauche ou, en d'autres termes, la latéralité. Les autres dimensions sont, d'une certaine manière, construites à partir de cette dimension principale ou obtenues par une sorte de *projection* à partir d'elle, en prenant en compte d'autres aspects du phénomène sonore, en particulier le timbre et la manière dont le son pénètre dans l'oreille.

II. C'est en particulier le cas de la deuxième dimension de l'espace auditif, autour de l'axe haut-bas (qu'on nommera, conformément aux usages en acoustique, « élévation » du son pour éviter toute confusion avec la « hauteur » au sens de la longueur d'onde). La constitution de cette dernière, tout comme la distinction entre l'avant et l'arrière, repose sur l'analyse des colorations spectrales du son associée à des « indices de localisation dynamiques ». Ces derniers correspondent aux micromouvements de tête, lesquels permettent d'analyser la variation de l'angle d'incidence, et de déterminer ainsi si le son provient de l'avant ou de l'arrière :

> Par exemple, pour une source située devant l'auditeur, dans le plan horizontal, si ce dernier tourne la tête vers la gauche, la source sera localisée sur la droite et si ce dernier tourne la tête vers la droite, la source sera localisée sur la gauche. Pour une source positionnée à l'arrière, l'effet sera inverse. L'auditeur peut ainsi discriminer l'avant de l'arrière[1].

Grâce à ces micromouvements, et en considérant qu'ils peuvent être effectués dans toutes les directions, une discrimination des différents points des « cônes de confusion » est donc possible. Elle n'est cependant pas possible dans toutes les situations, par exemple dans le cas auquel nous nous sommes restreints, à savoir celui d'une perception du son sans mouvement kinesthésique, ou encore dans le cas similaire de l'expérience binaurale, où, avec ses écouteurs, l'auditeur ne peut pas déplacer sa tête par rapport à la source sonore.

En éliminant donc les micromouvements, donc les « indices de localisation dynamiques », et en admettant que « l'utilisation exclusive des [ITD et ILD] ne permet pas de localiser convenablement les sons en hauteur », nous devons donc reconnaître que « la localisation des sons en élévation [soit] contrôlée par leur contenu fréquentiel »[2]. Il faut par conséquent prendre en compte les « fonctions de transfert HRTF » pour constituer la seconde dimension de l'espace auditif. Mais ces dernières posent problème, car elles sont liées à la structure individuelle de l'oreille, font l'objet d'un apprentissage (donc ne peuvent pas valoir comme critère

1. B. Périaux, J.-L. Ohl, P. Thévenot (dir.), *Le son multicanal*, *op. cit.*, p. 118.

2. *Ibid.*

a priori) et pourraient même être « calibrées » par la vision[1]. *Elles n'ont donc, du point de vue transcendantal, ni la même fonction ni le même statut que les ITD et ILD.* Les HRTF dépendent en grande partie du chemin emprunté par le son pour pénétrer dans l'oreille, et en particulier son angle d'entrée dans le pavillon, lequel « fonctionne comme une cavité résonnante » et « ajoute des colorations spectrales variables en fonction de la direction de la source »[2]. Ainsi, « chaque direction du son a une courbe de transfert spécifique et l'oreille est capable d'extraire cette caractéristique fréquentielle pour retrouver la provenance angulaire de la source »[3]. Mais pour pouvoir discriminer efficacement ces angles, l'oreille doit rapporter les spectres perçus aux spectres enregistrés dans la mémoire, noter « les pics et les creux dans le spectre perçu »[4], donc les irrégularités associées à certaines positions particulières. Et surtout, le cerveau doit comparer les spectres reçus par les deux oreilles, si bien que c'est encore une fois à partir de l'axe latéral que s'effectue la constitution des autres dimensions du son.

Les recherches acoustiques confirment donc empiriquement que « l'oreille localise de façon très précise

1. B. Périaux, J.-L. Ohl, P. Thévenot (dir.), *Le son multicanal*, *op. cit.*, p. 118.

2. *Ibid.*, p. 119.

3. *Ibid.*

4. D'une manière générale, chaque zone de la sphère fictive définissant l'espace auditif bidimensionnel rapportée aux axes haut-bas et droite-gauche se caractérise par une certaine coloration spectrale pour un son donné ; par exemple, un son provenant de devant et d'en bas se caractérisera par un pic des ondes dont les fréquences sont comprises entre 10 et 15 kHz, mais d'un creux pour les ondes comprises entre 8 et 10 kHz. Il s'agit du profil spectral de cette zone de l'espace.

dans le latéral »[1], quoique de manière non homogène (en particulier « la localisation en azimut dans le frontal et à l'arrière est précise, moins bonne sur les côtés »[2]), mais « le degré de précision est moindre pour l'élévation ». On ne peut cependant appliquer ces connaissances empiriques à la description phénoménologique du son sans une certaine circonspection, car rien ne garantit *a priori* que les structures dégagées par les travaux sur la stéréophonie et le son binaural correspondent à *ce dont nous pouvons effectivement faire l'expérience* – dans les strictes limites de l'intuition imposées par la méthode phénoménologique telle que nous l'avons définie – puisque par principe la phénoménologie implique la mise en suspens de tous les résultats des sciences empiriques.

Ainsi, dans les deux dimensions du champ sonore que sont l'axe droite-gauche et l'axe haut-bas, on voit que la constitution de l'espace repose sur la combinaison d'une différenciation *qualitative* des ondes sonores reçues par les deux oreilles et d'une différence *temporelle*, lesquelles permettent de mesurer un *angle* (l'azimut) entre le son entendu et le rayon focal de la perception sonore, ligne fictive entre le centre de ma tête et le point de fuite situé face à moi. Quoique le fait que l'espace auditif soit dérivé d'un complexe qualitatif et temporel soit du plus haut intérêt pour la philosophie transcendantale en général, comme nous le verrons dans le chapitre suivant, il serait excessif de dire, au moins de prime abord et sans nuances, qu'il appartient à la sphère des données phénoménologiques. Quand j'entends un son, quel que soit le niveau d'approfondissement

1. B. Périaux, J.-L. Ohl, P. Thévenot (dir.), *Le son multicanal*, *op. cit.*, p. 126.
2. *Ibid.*, p. 124.

de la réduction phénoménologique que j'accomplisse, je perçois effectivement un profil spatial, mais je ne peux jamais « entendre » la différence qualitative ou temporelle entre les *data* au niveau de mes deux oreilles. Il faut donc, ici, faire la différence entre ce que nous « entendons » réellement, et que notre cerveau est capable d'analyser, et ce que nous « entendons » au sens phénoménologique, ce dont nous faisons l'expérience, ce que nous *vivons*. Or, en ce sens, *nous ne pouvons jamais entendre la différence que pourtant, en un autre sens, il faut bien que nous puissions entendre*. En d'autres termes, si le son binaural nous renseigne empiriquement sur la manière dont nous construisons l'espace sonore, rien ne dit que ces données puissent correspondre à la manière dont nous vivons cette expérience et donc être utiles à la description phénoménologique.

Laissant donc provisoirement de côté la question du rapport de l'espace au temps et aux qualités sonores, nous pouvons au moins retenir du modèle du son multicanal trois faits essentiels :

1. *quelque chose dans la manière dont le son se présente à nous motive son appréhension spatiale* (détermine son orientation),

2. cette dernière prend de prime abord la forme de la *détermination d'un angle* par rapport à l'axe droite-gauche et par rapport à l'axe haut-bas. Dire qu'un objet m'apparaît à une certaine place dans le champ, donc qu'il possède une certaine orientation, c'est dire qu'il m'apparaît avec un certain angle par rapport à l'axe focal de ma perception. L'appréhension spatiale du son est donc, en ce sens, essentiellement trigonométrique.

3. *l'espace sonore est de prime abord et fondamentalement un espace construit autour de la dimension de la latéralité.* Cette dernière est toujours présente, à tous les niveaux de l'appréhension spatiale du son, constitue la dimension principale de l'espace sonore et fait l'objet de l'appréhension la plus clairement déterminée.

III. C'est précisément pour cette raison que la question de la profondeur et plus généralement de la distance par rapport à moi pose un problème particulier pour le son. En effet, à vouloir s'en tenir au modèle trigonométrique, donc à l'idée que la binauralité permet de déterminer des angles sur la base desquels serait construit l'espace[1], il faudrait admettre un modèle hautement improbable, qui supposerait que nous ayons la capacité à déterminer la *parallaxe* du son : un son lointain apparaîtrait presque simultanément aux deux oreilles (et plus doucement), un son plus proche présenterait une différence plus nette entre sa manière de les affecter respectivement. Une telle détermination supposerait que nous soyons capables de déterminer avec exactitude la position de l'objet selon les axes haut-bas et droite-gauche, ce qui ne correspond pas à notre expérience de l'espace sonore.

La seule donnée phénoménologique dont nous semblions disposer pour déterminer la distance d'un son par rapport à nous serait donc bien son timbre et son intensité, correspondant aux HRTF définies en acoustique : *la profondeur serait ainsi une pure fiction*

1. Cela correspond d'ailleurs à l'expérience que j'en ai puisque le mouvement que « je peux » accomplir pour constituer cet espace requiert une *rotation* de la tête, donc un certain angle en ce sens pré-géométrique, purement kinesthésique.

introduite par l'interprétation de la plus ou moins grande intensité du son rapportée à notre capacité à la faire augmenter par le mouvement de notre corps en direction de cet objet ou à la faire diminuer en nous en éloignant. Ici encore, les recherches acoustiques sur la stéréophonie et en particulier autour du son binaural confirment l'ambiguïté de la perception d'une profondeur auditive, voire sa fragilité. S'il est assez aisé d'évaluer la variation de la distance d'un objet sonore en mouvement, ou de comparer la distance de deux sources sonores *connues*, il est au contraire bien plus difficile de déterminer une distance absolue, donc de constituer la profondeur comme une véritable dimension de l'espace : « Le jugement de distance est assez imprécis, des erreurs d'environ 20 % sont assez communes pour les sons non familiers. Les valeurs perçues pour les sons proches ont tendance à être surévaluées, tandis que pour les sons lointains, les valeurs ont tendance à être sous-évaluées »[1], l'espace se trouvant pour ainsi dire *aplati*.

Cette fragilité de la dimension de la profondeur de l'espace auditif s'explique acoustiquement par les méthodes utilisées pour la déterminer. En premier lieu, l'oreille évalue le niveau sonore perçu, ce qui permet d'évaluer des distances absolues et non pas seulement relatives, mais requiert une certaine familiarité avec les sources sonores : une alarme perçue à un niveau sonore faible apparaîtra lointaine parce que nous connaissons cet objet et savons que le son émis par lui peut être très puissant. De même, lorsque j'écoute le début du prélude

1. B. Périaux, J.-L. Ohl, P. Thévenot (dir.), *Le son multicanal*, *op. cit.*, p. 128.

de *Tannhäuser*[1], je n'attribue pas la faiblesse du volume sonore au réglage de ma chaîne hi-fi ou à la distance de la source sonore parce que je *sais* que le timbre des cors que je perçois correspond à la sonorité de cet instrument dans les nuances *piano* et que, dans le *forte*, il aurait un tout autre son. Je ne peux donc déterminer la plus ou moins grande proximité de la source que grâce à ma connaissance de la source, en l'occurrence le cor ou l'alarme – connaissance relativement technique dans le cas du cor. Deuxièmement, le profil spectral du son entre également en jeu, dans la mesure où l'air absorbe plus rapidement les sons aigus que les sons graves, si bien que l'évaluation du rapport entre les ondes de haute fréquence et les ondes de basse fréquence permet de déterminer avec une certaine précision les distances modérées. Enfin, un troisième critère, sur lequel nous reviendrons ultérieurement, s'ajoute aux deux premiers : le rapport entre la réception directe du son et la réception de ses premières réflexions. Si l'on met de côté ce dernier critère, qui exigera de plus amples développements, force est de constater que l'évaluation de la distance suppose la prise en compte de données extérieures à la pure expérience sonore : connaissances physiques, expériences antérieures, points de comparaison, familiarité avec les sources sonores… Et même dans ce cas, il semble que les variations de timbre et d'intensité imputables à la source sonore et les variations liées à la proximité ou l'éloignement de la source étant

1. R. Wagner, *Tannhäuser und der Sängerkrieg von Wartburg, Paris Version*, Leipzig, Peters, 1920, réimpr. Mineola, Dover, 1984, « Ouvertüre », p. 1.

foncièrement qualitatives, une confusion demeure toujours possible entre elles.

Nous en revenons donc au problème de Strawson tel que nous l'avions formulé au début de notre analyse, à une restriction près cependant. En effet, nous avons pu voir que l'emploi de prédicats spatiaux dans le cadre d'une expérience purement auditive n'est pas en soi un problème, puisque les expressions telles que « à gauche », « à droite » et même « plus haut » ou « plus bas » y ont bel et bien un sens strictement spatial, et non seulement de manière analogique. Notre expérience du son est d'emblée spatiale, sans que doive intervenir la prise en compte des données visuelles, tactiles, ou kinesthésiques. Seule la dimension de la profondeur (et avec elle, la possibilité de mesurer une *distance* dans l'espace sonore) semble ainsi requérir que soient également prises en compte ces données. C'est donc lorsqu'il s'agit de distinguer l'éloignement ou le rapprochement d'un son de la simple augmentation ou diminution de son intensité qu'il est nécessaire de s'intéresser à ce qui se passe au quatrième niveau de la constitution de l'espace telle que la reconstruit Husserl dans *Chose et espace*[1], à savoir l'introduction du mouvement de la tête et de l'ensemble du corps.

IV. Lorsque j'écoutais le son sans bouger la tête, j'avais autour de moi, a-t-on déjà noté, un espace complet, à deux dimensions plus une dimension « fictive » ou une pseudo-dimension (à savoir une esquisse ou une « sensation » de profondeur). Que se passe-t-il donc si je m'autorise à tourner la tête ? Comme nous l'avons vu, je n'accède pas encore ainsi à une nouvelle dimension de

1. E. Husserl, *Ding und Raum, Vorlesungen 1907*, *op. cit.*, p. 311 ; trad. fr., p. 361.

l'espace, ni même, contrairement à ce que notait Husserl pour l'espace visuel, à une nouvelle structure spatiale. Lorsque je regarde en direction de l'objet, je dévoile pour ainsi dire sa dimension spatiale, je fais accéder la région de l'espace où il se situe à un niveau de *plénitude spatiale*. Michel Chion le remarque avec une grande finesse descriptive : regarder en direction de l'objet fait partie de l'activité même de l'écoute[1]. Ce n'est pas seulement que je complète ce que j'entends par ce que je vois, selon le modèle classique de la synesthésie : la vue a ici une fonction de focalisation – *regarder me fait mieux entendre*, la vue dirige pour ainsi dire l'oreille vers l'objet ou tout au moins vers la provenance du son. La plénitude ainsi acquise n'est pas une plénitude visuelle mais bien une plénitude sonore.

Aussi doit-on reconnaître qu'il existe, dans le champ auditif comme d'ailleurs dans le champ visuel, une orientation privilégiée pour percevoir adéquatement les objets. Dans le cas de la perception visuelle, je repère un objet *à une place déterminée de mon champ visuel* et je tourne le regard *vers* ce lieu pour mieux percevoir l'objet; dans le cas de la perception auditive, je repère grossièrement une région de l'espace auditif et c'est *en me tournant vers elle* que je peux déterminer plus précisément la place à laquelle se situe l'objet. Ce n'est pas seulement l'objet mais l'espace qu'il occupe qui vient ainsi à la donation adéquate. Aussi l'asymétrie ou l'hétérogénéité de l'espace auditif – en vertu de laquelle ce dernier n'est pas perçu uniformément mais, au contraire, possède une région plus déterminée quant à sa spatialité que les autres (celle vers laquelle je suis

1. M. Chion, *Le son*, Paris, Armand Colin, 2018, p. 33.

tourné) – peut-elle être compensée par la possibilité que j'ai toujours d'orienter différemment ma perception et de faire apparaître dans toute sa plénitude spatiale telle ou telle région de cet espace. Cette possibilité n'est pas toujours effective, bien sûr, comme d'ailleurs dans le cas de l'écoute binaurale où, avec mon casque sur les oreilles, je ne peux aucunement modifier mon orientation dans l'espace, ce dernier se déplaçant avec moi lorsque je tourne la tête. Mais elle demeure toujours là, à titre précisément de possibilité : ce qui dans l'espace auditif ne m'est donné que vaguement, indistinctement, m'apparaît toujours comme *pouvant* être amené à la plénitude spatiale par un mouvement déterminé de ma tête. « Je peux » signifie ici, non pas que je peux toujours effectivement me tourner vers le son que j'entends, mais que, si les conditions étaient réunies (si par exemple le son durait suffisamment longtemps, si je pouvais bouger la tête sans que mon casque bouge avec moi, etc.), je *pourrais* le faire.

Alors, il serait possible d'apporter également une réponse kinesthésique au problème de la profondeur : lorsque j'entends un son d'une intensité donnée, *je peux* toujours me tourner vers lui puis m'approcher de lui ou m'en éloigner pour déterminer sa distance par rapport à moi. Mais même si je ne le fais pas, le simple fait que je *puisse* le faire est suffisant pour *faire apparaître l'intensité du son comme un critère permettant de déterminer sa distance par rapport à moi.* C'est donc dans la *possibilité* que j'ai toujours de me rapprocher ou de m'éloigner des objets sonores que s'ouvre une expérience de la profondeur dans l'espace auditif. Aussi la troisième dimension de cet espace ne me serait-elle pas donnée directement, ni non plus par un mouvement *actuel* vers l'objet, mais dans la possibilité d'effectuer un certain mouvement vers lui.

Helmholtz, dans sa conférence sur « Les faits dans la perception », développe une conception tout à fait similaire de l'espace : ce que nous appelons « spatial », c'est précisément tout ce que, parmi nos sensations, nous pouvons modifier par le mouvement de notre corps. Je sais (ou plutôt, je sens, en vertu de la constitution même de mon corps), sans qu'il soit besoin de bouger effectivement mon corps, qu'en déplaçant ce dernier je *pourrais* modifier certaines de mes sensations, mais pas d'autres : ainsi, si je vois le violon sur le piano, et que cela m'évoque tel ou tel souvenir, telle ou telle phrase de la sonate de Franck ou de Vinteuil, je sais qu'en déplaçant mon corps, la situation du violon dans mon champ visuel changera, sa figure géométrique, sa position par rapport au piano, mais pas mon sentiment, pas mon souvenir musical. *L'espace, ce n'est pas autre chose que ce qui peut être modifié par le mouvement de mon corps, ce qui donc est directement corrélé aux modifications des systèmes kinesthésiques.* Et c'est en ce sens éminemment kinesthésique que l'espace peut être considéré comme la condition de possibilité des phénomènes externes : ce qui m'apparaît comme *externe*, c'est – et c'est *seulement* – ce qui est spatial en ce sens, donc dépendant de mon mouvement. Or, même avec mon casque binaural, par rapport auquel je ne peux pas bouger *effectivement*, l'espace auditif s'inscrit lui aussi dans la possibilité que j'ai toujours de m'orienter en lui, et de modifier ainsi certaines propriétés ou qualités du son. Certaines propriétés m'apparaissent comme spatiales parce que je *pourrais* les modifier en me déplaçant, ou en tournant la tête.

Nous sommes arrivés, relativement à notre question de départ, à un résultat important : il y a bien un sens à dire que l'espace est la condition de possibilité des phénomènes externes, mais en un sens fortement éloigné de la thèse kantienne et que nous qualifierons de « transcendantalisme faible ».

On peut, pour poser cette thèse, partir d'un étonnement : dans ses notes critiques au texte déjà cité de Helmholtz, « Les faits dans la perception », Moritz Schlick reproche au physicien et philosophe allemand de donner une interprétation faible du transcendantal faute de distinguer entre ce qui est « transcendantal » et ce qui est simplement « *a priori* », par exemple entre la « condition *a priori* » des phénomènes externes et leur « condition transcendantale »[1]. On peut cependant lire cette prétendue confusion comme une thèse philosophique forte et comme une interprétation strictement non métaphysique du transcendantal. En effet, à s'en tenir aux définitions effectivement proposées par Kant du transcendantal, on ne peut que constater la grande liberté qu'offre ce concept. Dans la *Critique de la raison pure*, en effet, le transcendantal n'est de prime abord défini qu'en tant que *méthode*, question ou, pourrait-on dire, perspective philosophique : est transcendantale la philosophie qui s'intéresse à la connaissance en tant qu'elle peut être *a priori*[2]. Or, ne peut être connu *a priori*

1. Voir par ex. M. Schlick, note 60, dans H. v. Helmholtz, « Die Tatsachen in der Wahrnehmung », art. cit., p. 181 ; trad. fr., p. 188.

2. Sur les nombreuses définitions du transcendantal chez Kant et de la relation entre cette notion et celle d'*a priori*, voir la présentation de R. Authier dans « L'idée d'un transcendantal historique a-t-elle un sens ? », dans J.-B. Fournier et L. Tavernier, *Les limites du transcendantal*, *op. cit.*, p. 100-102.

que ce qui est déjà contenu, d'une certaine manière, dans les choses, si bien que la philosophie transcendantale se définit ultimement comme la discipline dont la tâche consiste à dévoiler *ce qui, dans ce qui nous est donné, est* a priori.

À ce premier niveau de définition du transcendantal s'ajoute un second, à savoir la *thèse* kantienne ou l'interprétation que Kant donne de cet *a priori*, lequel constitue les *conditions de possibilité* de la connaissance, et plus précisément ses conditions *subjectives*. Mais il est essentiel de voir (et c'est ce que fera Husserl, parmi d'autres), que le transcendantal en tant que tel peut être détaché de cette thèse. Or, le texte kantien lui-même nous donne les outils pour opérer cette distinction. Car qu'est-ce, au fond, que l'*a priori*, ou plutôt, comment une connaissance ou une donnée peut-elle se manifester comme étant *a priori*? La réponse est donnée dès les premières pages de la *Critique* : l'*a priori* se manifeste par la stricte universalité et par la nécessité[1]. Ces marques purement formelles sont les *seuls* critères de l'*a priori* et se réduisent toutes deux à une seule : l'absence stricte d'exception. Aussi le temps, par exemple, est-il donné *a priori* dans les phénomènes car aucun phénomène ne peut être proprement saisi en dehors du temps ; de même les catégories de la quantité sont-elles *a priori* parce qu'aucun objet ne peut être pensé qui ne puisse être saisi comme unité, ou comme pluralité, ou comme totalité ; de même le principe de causalité est-il *a priori* parce qu'aucun objet ne peut être pensé qui ne dépende quant à son existence d'un autre. La thèse transcendantale

1. I. Kant, *Kritik der reinen Vernunft*, *op. cit.*, B 3-4 ; trad. fr., p. 759.

kantienne consiste à interpréter ces représentations (le temps, les catégories de la quantité, le principe de causalité, etc.) comme les conditions subjectives de la connaissance; *le transcendantalisme faible s'en tiendra au contraire au simple constat de leur présence universelle dans les phénomènes, seule marque tangible de leur apriorité.*

Bien sûr, nos analyses ne permettent pas d'affirmer *strictement* que l'espace est *universellement* inscrit dans l'expérience externe, mais elles ont au moins permis de lever un doute : l'ouïe, dont la dimension spatiale n'était pas évidente, *ne fait pas exception.* À *tous* les niveaux de l'expérience auditive, les sons nous apparaissent dans l'espace, comme dans le cas de l'expérience visuelle ou, pourrait-on certainement montrer, de l'expérience tactile. En d'autres termes, nous ne pouvons pas mobiliser l'exemple de l'ouïe pour penser une expérience qui serait à la fois *externe* et non spatiale, comme cela pouvait encore paraître possible dans le second chapitre de notre livre, et à lire les analyses phénoménologiques strictement temporelles du son. Au contraire, la phénoménologie du son, une fois assouplie, nous a permis de confirmer la corrélation entre externalité et spatialité.

Il est essentiel de noter que ce simple constat se situe pour ainsi dire aux *limites du transcendantal.* Dire que tout phénomène externe est spatial, ce n'est pas encore dire que l'espace, par exemple, est la condition de possibilité des phénomènes externes, c'est encore moins dire qu'il en est la forme subjective; mais à l'inverse, on ne peut dire que l'espace est la condition de possibilité subjective des phénomènes externes qu'après avoir reconnu que tout phénomène externe sans exception est spatial. En d'autres termes, *le constat du recouvrement de l'externe et du spatial constitue le fond et le fondement de toute thèse transcendantale.* Or, la fonction de la phénoménologie strictement descriptive pourrait bien être de dégager cet arrière-plan sur la base duquel une philosophie transcendantale pourrait s'appuyer et qui en constitue ainsi la condition de possibilité – mais un arrière-plan qu'il serait tout autant possible d'interpréter en termes non transcendantaux, sans sortir du terrain de la réalité, comme dévoilant un des aspects fondamentaux de cette dernière[1]. Le transcendantalisme faible est donc, en ce sens, métaphysiquement neutre, mais rend possible l'élaboration d'une philosophie transcendantale métaphysiquement engagée.

Reste donc, pour l'instant, à préciser, sur ce terrain pré-transcendantal et en s'en tenant à ce qu'implique le constat du recouvrement de l'externe et du spatial, ce que nous pouvons dire de l'espace. Car malgré son caractère faible, le transcendantalisme ou pré-transcendantalisme dont nous commençons à entrevoir les principes exige de l'espace certains caractères précis.

1. La première exigence découle directement du critère en vertu duquel l'espace peut recevoir un statut *transcendantal*, à savoir l'absence d'exception, autrement dit le fait qu'aucun objet ne puisse être considéré comme extérieur sans s'inscrire dans l'espace. Comme nous le signalions au début de ce livre, autour du problème du statut transcendantal des axiomes

1. Voir à ce sujet nos analyses dans *Carnap et la question transcendantale*, *op. cit.*, p. 269 *sq.* et dans « De l'intentionnalité à la connaissance : le processus de remplissement. Sur la Sixième Recherche (§ 1-35) », dans J.-B. Fournier et D. Pradelle (dir.), *Lire les* Recherches logiques *de Husserl*, *op. cit.*, p. 291-327.

géométriques tel que le posait Helmholtz, ne reconnaître comme « espace » qu'une structure déterminée par un système d'axiomes particulier reviendrait à exclure de cet espace certains objets (en particulier les sons), donc de lui nier sa fonction transcendantale (même au sens faible). Affaiblir le transcendantal – considérer que « l'espace [puisse] être transcendantal sans que les axiomes le soient » – c'est donc bien tenter de le sauver. Il découle donc du critère de l'universalité et de la nécessité que l'espace soit conçu comme une structure souple, indéterminée quant à ses propriétés : une *chôra* spatiale dans laquelle aussi bien les objets visuels que les phénomènes sonores, aussi bien l'espace physique que les espaces constructibles abstraitement, aussi bien les espaces euclidiens que non euclidiens, puissent s'intégrer. L'espace auditif peut ainsi être, en un sens, tout à fait incommensurable avec l'espace visuel, il n'en est pas moins un espace – et « un » espace, non pas au sens où il y aurait une multitude d'espaces séparés qui seraient juxtaposés les uns sur les autres, mais au sens où « l'» espace serait assez souple pour prendre telle ou telle forme en fonction du domaine d'objets considérés et selon le niveau où se situerait l'expérience de ces objets, au sens donc où *l'*espace pourrait se décliner en autant d'espaces sans perdre son unité.

2. Mais, au niveau pré-transcendantal où nous nous situons, il serait illusoire de prétendre affirmer que cette *chôra* spatiale correspondrait à un niveau fondamental voire absolu de la constitution de l'espace, un espace pré-empirique *encore indéterminé* sur le fondement duquel l'espace *véritable* viendrait s'édifier. La *chôra* spatiale ne désigne donc pas un niveau où, en deçà de l'expérience, cette dernière viendrait puiser

son extériorité, un niveau où le sujet s'auto-affecterait de spatialité et constituerait ainsi l'extériorité comme extériorité ; au contraire, la *chôra* spatiale n'est pas autre chose que l'espace, mais au sens où l'espace est reconnu comme protéiforme, ouvert, au sens où il ne désigne pas autre chose que l'extériorité. Au lieu, donc, comme une certaine phénoménologie, de constituer l'espace sur le fondement d'une extériorité pré-spatiale ou d'un niveau où l'espace ne serait pas encore vraiment espace, le transcendantalisme faible et la reconnaissance d'une spatialité à tous les niveaux de la constitution du son nous imposent de reconnaître une coïncidence bien plus stricte encore entre l'extériorité et la spatialité.

Aussi a-t-on dépassé l'alternative posée au début de ce livre entre, d'un côté, une lecture strictement kantienne du transcendantal qui attribuerait à la forme pure de l'intuition sensible la fondation directe des axiomes, et, d'un autre côté, une lecture phénoménologique qui chercherait dans une extériorité pré-spatiale la condition de possibilité des phénomènes *et* de la géométrie en général. Nous avions alors signalé l'existence d'une voie alternative, helmholtzienne, selon laquelle il faudrait reconnaître au concept le plus large d'espace (le concept analytique) ce statut transcendantal que les géométries non euclidiennes refusent dorénavant au seul espace tridimensionnel euclidien. Mais ce concept général d'espace ne doit pas être confondu avec le niveau pré-empirique dans lequel toute extériorité trouverait sa fondation ultime voire absolue. Il y a là une différence majeure entre la démarche helmholtzienne, empiriste et refusant d'adhérer à toute forme d'idéalisme, et la démarche phénoménologique. Selon Helmholtz, les espaces non euclidiens sont intuitionnables au même titre que l'espace euclidien, quoiqu'au prix d'un élargissement du concept d'intuition ; mais l'espace au sens analytique du terme ne l'est pas. La raison en est simple : il ne l'est pas parce qu'il n'est *rien d'autre* que tous ces espaces intuitionnables. On ne peut pas faire d'expérience de l'espace en tant que condition transcendantale de l'expérience externe, non pas parce qu'il se situerait quelque part en deçà de la limite inférieure de toute expérience possible, mais parce qu'il n'est rien d'autre que cette forme insaisissable de l'extériorité, forme paradoxalement protéiforme voire informe, forme plastique qui, dès l'instant qu'elle est saisie, reçoit une forme déterminée.

3. On peut maintenant interpréter ce caractère protéiforme de manière verticale ou horizontale, en vertu du parallélisme établi plus haut. On peut, en d'autres termes, s'intéresser d'un côté au fait que tous les domaines d'objets ouvrent certaines structures spatiales (ou dévoilent certains aspects de la *chôra* spatiale), et que faire l'expérience d'un nouveau type d'objet peut conduire à une expérience nouvelle de l'espace. C'est le cas de certains types de sons, autour desquels se constituent des espaces non homogènes, non euclidiens, au nombre de dimensions variable, etc. Mais, d'un autre côté, on peut aussi s'intéresser comme nous l'avons fait aux espaces ouverts par l'approfondissement progressif de la réduction phénoménologique – verticalement, donc – et au fait que la plongée dans les profondeurs de la conscience ouvre, elle aussi, de nouvelles structures d'espace, sans que pour autant l'espace en soit jamais totalement absent.

Enfin, même si rien dans le concept de *chôra* spatiale n'impose de la traiter comme un niveau de fondation absolue de l'espace, cette interprétation – disons : celle d'une certaine phénoménologie – demeure cependant possible : l'idéalisme transcendantal consistera précisément à accomplir ce pas supplémentaire. Pour préciser ce point, il faudra aborder l'interprétation heideggérienne de Kant pour y confronter le transcendantalisme faible, mais aussi pour en tirer les leçons essentielles sur le rapport fondamental au temps qui est propre à l'espace et peut éclairer autrement la phénoménologie et la philosophie transcendantale en général.

CHAPITRE VI

L'ESPACE ET LE TEMPS, L'EXTERNE ET L'INTERNE

L'étude du son binaural révèle un aspect essentiel de la constitution auditive de l'espace, qui n'est autre que son rapport insigne au temps. Or, il y a dans le rapport de fondation de l'espace dans le temps quelque chose de fondamental pour la philosophie transcendantale en général et qui pourrait bien en définir l'essence, par-delà les révolutions copernicienne et anti-copernicienne. Qu'il s'agisse de l'inclusion kantienne du sens externe dans le sens interne, du schématisme transcendantal, de la constitution d'une transcendance dans l'immanence du flux de vécus ou de la temporalité ek-statique du *Dasein*, la possibilité de résoudre le spatial dans le temporel pourrait bien être considérée comme la thèse la plus profonde de la pensée transcendantale, mais aussi son présupposé le plus massif. Reconnaître cette possibilité, ce serait ici encore ouvrir la possibilité (mais sans s'y engager) du transcendantalisme, à un niveau où l'adresse du transcendantal, du côté des facultés du sujet, du côté de l'objet ou du côté de l'être-au-monde, ne serait pas encore déterminée. Or, notre thèse sera ici la suivante : si le projet transcendantal d'une constitution temporelle de l'espace peut légitimement être considéré comme illusoire dans le cas de l'espace visuel, il prend un tout autre sens dans le cas de l'espace auditif et semble pouvoir se confirmer aussi bien empiriquement que phénoménologiquement.

Le cours de Heidegger consacré à l'*Interprétation phénoménologique de la* Critique de la raison pure *de Kant*[1] offre sur la fonction transcendantale insigne du temps une prise particulièrement efficace. Si une interprétation phénoménologique de la *Critique* est possible, si en d'autres termes la position transcendantale kantienne peut être réappropriée par la phénoménologie, c'est précisément parce que ce qui s'y joue, au-delà du rapport des phénomènes au sujet transcendantal, est leur rapport au temps. Au début de ce livre, nous sommes partis de l'idée selon laquelle l'intuition pure de l'espace pouvait être analysée comme une pure *syndosis* : l'espace fait l'objet d'une donation originaire – il est originaire au point, comme nous l'avons vu, de ne pas pouvoir être déjà déterminé quant à sa structure – dans laquelle ce qui est saisi est l'*unité* des phénomènes externes, unité qui précède et rend possible toute synthèse (donc *a priori*), mais unité véritablement donnée :

> Ce laisser-faire-encontre (*Begegnenlassen*) préalable à partir d'une unité tient plus originairement ensemble que ne le ferait toute réunion après coup d'un donné d'abord dispersé. L'intuition pure : une con-donation (*Zusammengeben*) préalable et unissante de la pure multiplicité de l'espace et du temps. En elle, il y a un

1. M. Heidegger, *Phänomenologische Interpretation von Kants* Kritik der reinen Vernunft, Frankfurt, Klostermann, 1977; trad. fr. E. Martineau, *Interprétation phénoménologique de la* Critique de la raison pure *de Kant*, Paris, Gallimard, 1982.

> « cum » originaire, dont l'unité ne consiste nullement dans la liaison d'un donné dispersé et n'est donc pas synthèse [...]. Cette unité de la *syndosis* ne se confond nullement avec l'unité qui appartient à la synthèse de l'entendement par concepts, aux catégories. Bien plutôt cette unité synthétique des concepts, des catégories présuppose cette unité syndotique originairement intuitive[1].

Cette unité pré-conceptuelle de l'extériorité est bien une *chôra* spatiale encore indéterminée, et c'est sa saisie conceptuelle qui lui confère ses déterminations :

> Cela signifie qu'en géométrie l'espace pur, c'est-à-dire ce qui est aperçu dans l'intuition pure de façon d'abord inobjective, mais quand même déjà comme totalité unie, devient proprement objet de saisie. Sur le fondement de l'unité originaire comme totalité, le pur divers des rapports spatiaux est maintenant limité, et, dans de telles limitations, unifié en figures spatiales déterminées. Ici intervient une détermination conceptuelle de l'entendement, une synthèse[2].

Mais nous sommes, jusqu'ici, restés à la surface de la lecture heideggérienne, puisque nous nous sommes contentés de décrire cette *chôra* spatiale au lieu de nous demander comment et à partir d'où l'espace est ainsi donné, et avec lui la possibilité du « laisser-faire-encontre » de l'étant à-portée-de-la-main externe – l'ouverture même, en d'autres termes, du *Dasein*. Pour être proprement comprise, la donation originaire de l'espace doit être ramenée au temps, et cela à deux niveaux, esthétique et logique.

1. *Ibid.*, p. 134-135 ; trad. fr., p. 137.
2. *Ibid.*

Au niveau esthétique, Heidegger part d'une apparente contradiction entre l'affirmation selon laquelle le temps ne serait pas la condition des phénomènes externes et celle selon laquelle il serait celle de *tous* les phénomènes. Ainsi, au premier regard, si « le temps obtient la primauté sur l'espace » c'est *seulement* parce que « celui-ci n'est la condition formelle que du physique, le temps au contraire celle du physique et du psychique »[1]. Cette formule pose problème à deux égards : d'abord parce qu'elle entre en contradiction avec l'affirmation selon laquelle « le temps ne peut être une détermination de phénomènes externes ; il n'appartient ni à une figure ni à une situation ... »[2] ; ensuite, parce qu'elle semble supposer que le rapport du temps à l'espace ne serait qu'un rapport d'inclusion. Et Heidegger de résoudre la difficulté en remarquant que « l'intra-temporalité (*Innerzeitlichkeit*) »[3] de l'espace a un autre sens : les phénomènes externes sont temporels *médiatement*, ils reçoivent leur déterminité temporelle du fait d'être représentés, c'est-à-dire appropriés par le sujet.

> La première thèse de Kant : « le temps ne peut être une détermination de phénomènes externes » nie seulement l'intra-temporalité immédiate des objets physiques, mais elle accorde la possibilité d'une déterminité temporelle médiate des objets de l'intuition externe. C'est seulement dans la mesure où les choses physiques

1. M. Heidegger, *Phänomenologische Interpretation ...*, *op. cit.*, p. 147 ; trad. fr., p. 147.
2. Cité par M. Heidegger, *Phänomenologische Interpretation ...*, *op. cit.*, p. 147 ; trad. fr., p. 146 ; le texte de Kant est tiré de *Kritik der reinen Vernunft*, *op. cit.*, A33/B50 ; trad. fr., p. 794-795.
3. M. Heidegger, *Phänomenologische Interpretation ...*, *op. cit.*, p. 148 ; trad. fr., p. 147.

> sont choses représentées et où le représenter, quant à lui, se déroule intra-temporellement, que les choses physiques sont aussi intra-temporelles[1].

Si donc la question de l'« intra-temporalité » de l'espace revêt une importance particulière pour la philosophie transcendantale, c'est que dans la primauté du temps se joue *l'appropriation* de l'externalité par le sujet. Contrairement à l'espace, le temps appartient au sujet de manière insigne, il est la forme que se donne le sujet – et en ce sens, il *est* le sujet :

> Il faut donc bien garder les yeux fixés sur ce *double* caractère du temps : *il appartient plus originellement* au sujet, au moi, *à notre Soi* que l'espace, et d'autre part, sans préjudice pour cette subjectivité originaire, il est quand même précisément la forme de tous les phénomènes. C'est seulement si nous prenons garde à cette double caractéristique que nous pourrons réussir à tirer au clair l'interprétation qui permet à Kant de déterminer en dernière instance le temps comme *auto-affection*[2].

La notion d'auto-affection vient ici à la fois décrire la co-appartenance très particulière du temps au sujet et expliquer à travers elle le sens de la subjectivité transcendantale : en se donnant le temps, le sujet se laisse advenir à lui-même, mais de telle sorte que s'ouvre un écart entre lui (en tant que ce qui laisse advenir) et lui-même (en tant qu'il advient ou est à venir), un écart qui n'est autre que l'ouverture à quelque chose en général, au sens où cette chose qui est de prime abord

1. *Ibid.*, p. 148 ; trad. fr., p. 148.
2. *Ibid.*, p. 150 ; trad. fr., p. 149.

interne (le sujet lui-même, le temps) peut aussi bien être externe (l'étant à-portée-de-la-main) :

> La pure intuition du temps est donc un accomplissement – libre d'expérience – du laisser-faire-encontre du l'un-après-l'autre, et, simultanément à ce l'un-après-l'autre, vient à la rencontre du soi quelque chose qu'en tant que soi il laisse ad-venir à partir d'elle-même et vers lui-même, quelque chose que lui-même est en quelque façon et que comme tel il se pré-figure (*vorbildet*), se pré-donne. Le soi est abordé [...] de telle manière que c'est lui-même en tant qu'intuitionner du temps qui est le fondement de son être-affecté par le temps[1].

La primauté du temps provient donc du fait que le « laisser-faire-encontre » est d'abord rendu possible par le fait que ce que le sujet laisse venir à soi n'est autre que ce qu'il est d'une certaine manière déjà lui-même. Le sujet se découvre comme sujet transcendantal en tant que l'intuition du temps lui dévoile son ouverture. Mais alors, pour qu'un rapport à l'externalité soit possible, il faudra que l'espace puisse être pour ainsi dire dérivé de cette ouverture – qu'il soit en quelque sorte une modalité de cette auto-affection de prime abord *temporelle* par laquelle le sujet laisse advenir à soi quelque chose.

Comprendre l'espace comme condition transcendantale des phénomènes externes suppose donc de dépasser le niveau esthétique vers celui de la logique transcendantale, et plus particulièrement de l'aperception transcendantale où apparaît le sens véritable de l'auto-affection :

1. M. Heidegger, *Phänomenologische Interpretation ...*, *op. cit.*, p. 151 ; trad. fr., p. 150.

> Tout ce que nous avons interprété phénoménologiquement au sujet de l'espace et du temps – à savoir qu'ils sont des prises de vues pures, préalables, inobjectives sur une totalité, que le temps comme forme de l'intuition interne est en même temps forme universelle et fondamentalement auto-affection – tout cela demeure sans assises, donc sans fondation ni claire détermination aussi longtemps que demeure obscure la signification des expressions d'« esprit » (*Gemüt*), de « soi » et d'« être déjà là tout près de soi »[1].

Ce qui se joue dans l'aperception transcendantale, c'est l'élucidation du sujet comme sujet *fini*, et à travers elle le sens de cette « totalité » sur laquelle le sujet se donne une « prise de vue » préalable, non empirique. Ce qui apparaît alors, c'est le caractère nécessairement ek-statique du *Dasein*, le fait qu'il est à la fois essentiellement sortie de soi et embrassant, qu'il peut sortir de soi parce qu'il est essentiellement temporel (donc au-devant de soi) et qu'il peut embrasser parce que, grâce au temps, « il embrasse précisément l'horizon de coappartenance du temps uni et de ses moments purs ouverts dans les ek-stases »[2]. Dans l'aperception transcendantale, le sujet se découvre donc comme sujet fini, et en tant que tel comme devant « se comporter par rapport à un autre étant pour autant que celui-ci lui est donné »[3].

Or, dans l'*Interprétation phénoménologique de la* Critique de la raison pure *de Kant*, ce constat est davantage utilisé pour expliquer la « doctrine du schématisme » et la fonction des catégories que pour

1. *Ibid.*, p. 161 ; trad. fr., p. 158.
2. *Ibid.*, p. 390 ; trad. fr., p. 340.
3. *Ibid.*, p. 391 ; trad. fr., p. 341.

rendre compte de l'espace en tant que tel. La raison en est double : tout d'abord, parce que Kant lui-même approfondit finalement peu le rapport de l'espace au temps, faute d'avoir pensé jusqu'au bout la fondation du premier dans le second; ensuite, parce que la manière dont Kant conçoit le rapport de l'espace au temps doit être dépassée pour laisser place à l'analyse existentiale-temporelle de l'espace dans laquelle l'auto-affection doit être comprise à partir de la *Sorge*; enfin, et surtout, en vertu des problèmes majeurs que la tentative de « dériver » l'espace du temps pose en elle-même et que Heidegger aura mesurés dans les chapitres consacrés à l'espace dan *Être et temps*.

C'est donc vers l'ouvrage de 1927 qu'il nous faut nous tourner pour élucider le rapport de l'espace au temps. Or, dans le § 70 où Heidegger expose la « temporalité (*Zeitlichkeit*) de la spatialité (*Raümlichkeit*) propre au *Dasein* », ce rapport est davantage suggéré que développé, Heidegger renvoyant à des « analyses ultérieures ». Dans ce texte, l'espace est présenté à la fois comme indépendant du temps et comme fondé dans la temporalité du *Dasein* – comme, d'une certaine manière, sa *limite*. La spatialité se présente en effet d'emblée comme une limite (*Grenze*) à laquelle se heurte l'analyse temporalo-existentiale, et qu'elle doit cependant franchir ou au moins atteindre puisque toutes les « guises d'être » du *Dasein* ne sont possibles que sur le fondement de la temporalité. Ainsi, l'espace intramondain (*innerweltlicher Raum*) est fondé sur la spatialité, laquelle dérive de la temporalité sans se réduire à elle ni pouvoir être déduite à partir d'elle : « du fait que la spatialité n'est existentialement possible qu'à travers la temporalité, on ne peut pas conclure que l'espace se déduise du temps, ni qu'il se dissolve (*auflösen*) en pur temps »[1]. Il y a là, pour le moins, un paradoxe, qui ne reçoit de solution que d'un contournement du problème : ce ne sera pas l'espace lui-même qui sera fondé sur le temps, mais bien la spatialité, c'est-à-dire la guise d'être du *Dasein* à travers laquelle ce dernier n'est pas *dans* un espace auquel il accéderait empiriquement, mais à travers laquelle il *occupe* l'espace, *prend place* en lui (« *Das Dasein nimmt Raum ein* »[2]). La spatialité peut être fondée dans la temporalité parce qu'elle désigne une certaine manière d'être, l'aménagement (*Sicheinräumen*) d'un espace, et cet aménagement prend bel et bien la forme de ce qui nous est apparu comme le pré-espace dévoilé par la réduction phénoménologique, puisqu'il est « constitué par orientation et é-loignement (*durch Ausrichtung und Ent-fernung*) »[3].

Mais l'orientation et l'é-loignement en question ne correspondent pas à ce que nous avons décrit précédemment sous les termes d'« orientation » et de « distance », précisément parce qu'ils correspondent à des modalités de l'être-au-monde et désignent donc un certain rapport du *Dasein* à l'étant à-portée-de-la-main qui se rapporte au *souci* (*Sorge*) et non pas directement à l'espace. L'é-loignement par lequel le *Dasein*, tendant la main, rapproche l'étant auquel il se rapporte *constitue* l'espace comme espace, alors que notre analyse consistait précisément à *saisir* l'espace comme déjà présent, sous

1. M. Heidegger, *Sein und Zeit*, Tübingen, Niemeyer, 1973, § 70, p. 367 ; trad. fr. E. Martineau, *Être et temps*, traduction hors commerce, p. 278 ; trad. fr. F. Vezin, Paris, Gallimard, 1986, p. 430.

2. *Ibid.*, p. 368 ; trad. fr. E. Martineau, p. 279 ; trad. fr. F. Vezin, p. 431.

3. *Ibid.*

forme indéterminée de *chôra* spatiale, partout où un rapport à l'extériorité est établi, y compris dans l'objet prétendument temporel. Or, ce point est essentiel dans la mesure où, pour Heidegger, l'espace se constitue d'abord, en lien avec le souci, comme *espace de jeu*[1], espace, donc, en un sens non intuitif, bien loin de ce que la géométrie nomme « espace ».

Il y a là une difficulté réelle : comment « l'espace de jeu » dans lequel le *Dasein* soucieux se rapporte à l'étant (et qui, certes, ouvre une forme d'extériorité) peut-il prendre la forme de l'espace à proprement parler ? Le risque est le suivant : à poser la question transcendantale indépendamment de la question des conditions de possibilité de la connaissance objective et en se tournant vers la question des conditions de l'expérience[2], en s'éloignant de l'assimilation kantienne de l'espace en tant que fondement de l'externalité avec l'espace en tant que fondement des axiomes géométriques, et en lui préférant une fondation de l'espace directement dans la temporalité, le souci et, plus généralement, l'être-au-monde, n'a-t-on pas perdu la fonction que devait précisément remplir cette fondation, et qui n'est autre que la fondation de la géométrie ?

Car comment, depuis la temporalité ainsi entendue, fonder un espace proprement dit, sur lequel puissent

1. M. Heidegger, *Sein und Zeit*, *op. cit.*, p. 369 ; trad. fr. E. Martineau, p. 279 ; trad. fr. F. Vezin, p. 432.

2. Nous nous référons ici à une distinction opérée par Alan Richardson, déjà citée p. 38, entre la « question transcendantale kantienne » et la « question transcendantale néo-kantienne », la première étant la question des conditions de possibilité de l'expérience, la seconde celle des conditions de possibilité de la connaissance objective (« Logical Idealism and Carnap's Construction of the World », *Synthese* 93, 1992, p. 59-92).

s'édifier des axiomes? La voie est suggérée par Heidegger : l'espace doit pouvoir s'analyser comme résultat de la perte de la temporalité dans le présent :

> Essentiellement échéante (*verfallend*), la temporalité se perd dans le présentifier (*Gegenwärtigen*) et elle ne se comprend pas seulement circon-spectivement à partir de l'à-portée-de-la-main, mais elle emprunte à ce que le présentifier y rencontre constamment comme présent, c'est-à-dire aux relations spatiales, les fils conducteurs pour l'articulation de ce qui est compris et explicité dans le comprendre en général[1]

L'espace doit donc être compris à partir de l'échéance (*Verfallen*) du *Dasein* : il est le résultat de la perte de la temporalité dans le « présentifier ». L'espace est donc fondamentalement *limite* – limite de l'analyse temporalo-existentiale parce qu'il est limite de la déchéance du *Dasein*, limite de l'abolition de la temporalité. L'espace pensé à partir du temps ne peut être pensé que comme frontière, dé-temporalisation; mais alors il ne peut plus satisfaire directement aux exigences kantiennes : il ne peut plus ni être *immédiatement* le fondement de la géométrie, ni être cet « infini donné » au sens de la pure *syndosis* que dévoilait le cours sur *L'interprétation phénoménologique*. Ce que Kant présentait comme un rapport direct du temps comme forme du sens interne à l'espace comme forme du sens externe devient un rapport double, médiat, entre la temporalité, la spatialité comme espace de jeu et l'espace à proprement parler. Loin de résoudre la difficulté, l'analytique du *Dasein* ne fait donc que la renforcer. L'enjeu est clair : d'un côté, donc,

1. M. Heidegger, *Sein und Zeit*, *op. cit.*, p. 369; trad. fr. E. Martineau, p. 280; trad. fr. F. Vezin, p. 432.

comme le remarque Heidegger lui-même dans un texte plus tardif, « la tentative, dans *Être et temps*, de ramener la spatialité à la temporalité n'est pas tenable »[1] ; mais d'un autre côté, la possibilité d'une fondation de l'espace dans le temps possède une nécessité transcendantale car l'appropriation par le sujet de l'espace est la condition de son rapport à l'extériorité ; et cette appropriation requiert que l'espace soit *phénoménologiquement* mis en rapport avec le temps.

Or, n'est-ce pas un tel rapport que nous avons vu s'établir, au cours de nos analyses, autour de cette autre forme d'espace qu'est l'espace auditif, et ce dernier ne permet-il pas d'entrevoir un lien entre le temps et l'espace – un lien qui s'attesterait aussi bien phénoménologiquement qu'empiriquement ? Ici encore, les travaux sur le son binaural peuvent nous servir de fil directeur. En effet, l'acoustique distingue au moins trois rôles différents pour le temps dans la constitution de l'espace auditif. Nous avons déjà souligné le premier dans le chapitre précédent : la binauralité, en tant que constitutive de l'espace, repose de prime abord sur les différences temporelles et de phase entre les ondes reçues par l'oreille ipsilatérale et l'oreille controlatérale. Mais si le temps joue ici un rôle indéniable, il faut bien reconnaître qu'il le fait à un niveau inaccessible à la description phénoménologique.

Il en va de même pour le deuxième niveau, à savoir l'articulation de différences qualitatives à ces différences temporelles, et il ne faudrait pas

1. M. Heidegger, « Zeit und Sein », in *Zur Sache des Denkens*, GA 14, p. 32 ; trad. fr. F. Fédier, « Temps et être », dans *Questions IV*, Paris, Gallimard, 1976, p. 224.

confondre cette articulation avec celle, mise au jour phénoménologiquement, entre la fluance des vécus et leurs qualités. Nous touchons ici une *frontière fragile entre l'empirique et le transcendantal* : le temps apparaît comme constitutif de l'espace auditif, mais cette fonction constitutive ne peut s'attester ni dans un mouvement à rebours vers les conditions de possibilité de l'espace auditif (puisque rien en celui-ci, une fois constitué, ne porte la marque de cette temporalité), ni dans le vécu sonore lui-même (au sens où le décalage temporel en question pourrait se donner dans une « intuition donatrice originaire »). Le temps agit donc bien à ce niveau comme condition de l'espace auditif, mais une condition infra-transcendantale, c'est-à-dire en dehors ou plutôt à la limite de la sphère d'expériences que Husserl, précisément, qualifie de transcendantales.

Il n'en va pas de même pour le niveau supérieur de constitution temporelle de l'espace. Ce dernier concerne la constitution de la « profondeur » et de la « distance » sur le fondement du délai entre le « son direct » et le son réfléchi[1]. Ainsi, dans l'église où retentit le son de l'orgue, la distance des objets se marque au temps de réverbération, lequel peut être réduit, auditivement, à un certain écart de temps entre la première réception du son (le « champ direct ») et la réception des premières réflexions (« champ réverbéré »). Il est cependant essentiel de remarquer que, pour être constitutive de l'espace, cette différence temporelle doit être articulée à la relation que nous avons définie comme la *relation fondamentale de la constitution de l'espace*, à savoir l'ITD, différence de

1. B. Périaux, J.-L. Ohl, P. Thévenot (dir.), *Le son multicanal*, *op. cit.*, p. 128.

temps de réception des sons entre l'oreille ipsilatérale et l'oreille controlatérale. Le son déjà déterminé quant à son *orientation* peut donc être déterminé quant à sa distance par analyse des réverbérations, et la confrontation du spectre du son réfléchi (modifié par l'air traversé par les ondes) avec celui du spectre reçu directement augmente la précision de l'évaluation de la distance. Mais il s'agit là, contrairement à ce qui se passait au niveau inférieur, d'une différence *effectivement audible* : les phénomènes de réverbération, de prolongement du son, ou encore les phénomènes d'écho, peuvent parvenir à la conscience et, ainsi, résister à la réduction et faire l'objet de l'intuition donatrice originaire sur laquelle seule peut se fonder la description phénoménologique. C'est à ce niveau donc, pour ainsi dire, que la phénoménologie « rattrape » les données empiriques.

On peut donc, pour décrire la fonction du temps dans la constitution de la profondeur, mener conjointement une étude acoustique empirique et une analyse phénoménologique, la première reconnaissant comme relation fondamentale la relation définie par l'ITD, la seconde s'appuyant directement sur la constitution du temps dans la fluance même de la conscience.

Du premier point de vue, acoustique, la constitution d'une distance (et non pas seulement d'un *analogon* de distance comme permettaient de le faire les seules différences d'intensité et de timbre du son) ouvre de nouveaux niveaux constitutionnels. Ainsi, dans une salle donnée, la distance maximale perçue définira la *profondeur* de l'espace, à savoir la limite au sein de laquelle tous les événements sonores ont lieu et au-delà de laquelle rien ne peut être perçu. Dans cette profondeur se constituent en outre :

– Le *relief sonore* : sur l'axe de profondeur (qui relie le sujet au point le plus distant perçu) viennent se disposer les objets en cercles concentriques constituant autant de couches sonores. La notion de « couche sonore » perd donc ici sa valeur purement qualitative – celle qu'elle reçoit dans l'analyse harmonique ou en prenant en compte les différences de timbre – et les « plans » sonores reçoivent au contraire leur sens pleinement spatial.

– La manière dont s'articulent les « champ direct » et « champ réverbéré » définit la *diffusion* du lieu (l'église, la salle de concert, etc.) dans lequel est émis le son. Ainsi, le profil hylétique du son sera différent selon la taille de la salle et sa forme géométrique : certains espaces réfléchissant fortement le son produiront un effet de champ diffus et homogène, d'autres, moins réfléchissants, constitueront au contraire un espace plus discret, hétérogène, mais où les sons recevront une position plus déterminée[1].

– La diffusion du lieu (correspondant plus ou moins à ce qu'on appelle couramment son « acoustique ») définit l'*ambiance* de la salle – cette ambiance, éminemment spatiale, que nous avons décrite comme co-constituant le *concretum* sonore lui-même en l'investissant d'un « profil » ou d'une « qualité spatiale » propres[2].

1. B. Périaux, J.-L. Ohl, P. Thévenot (dir.), *Le son multicanal*, *op. cit.*, p. 175.

2. Aussi pourrions-nous, à l'ultime étape de la constitution de l'espace auditif, corriger une approximation de nos premières analyses (voir *supra* p. 99-101) : la notion de *contexte* reçoit avec le concept acoustique d'ambiance un sens pleinement auditif. L'analyse de la réverbération des sons, ultimement fondée dans leur déploiement temporel, semble effectivement permettre de définir une ambiance caractéristique d'un lieu dans lequel le son est émis. Certes,

Or, si les derniers niveaux de cette constitution sont accessibles à la description phénoménologique, il est nécessaire, pour affermir le parallélisme que nous avons établi précédemment entre les différentes approches du son, d'accomplir une dernière fois la réduction. On peut, pour ce faire, partir de l'espace auditif entièrement constitué pour redescendre jusqu'aux couches constitutivement premières, « ultimes » au sens dégagé plus haut, à savoir jusqu'aux limites de l'intuitionnabilité. Aussi prendrons-nous pour point de départ le point où l'espace auditif est perçu en lui-même, de manière holistique, et non pas seulement à partir de l'objet sonore (comme ce qui se co-constitue avec lui comme « place »). Plus précisément, avec le son perçu comme orienté s'ouvre à un premier niveau un système de places constituant un champ, mais à un second niveau, les qualités du son présentent une « ambiance » qui n'apparaît pas comme une propriété du son, mais s'avère au contraire constitutive de l'espace dans lequel le son est produit. Aussi le son est-il à la fois porteur de *son* espace (de sa manière de s'orienter dans l'espace et de se déployer en lui) et de *l*'espace (tout au moins de l'espace restreint dans lequel il est produit, celui de la salle, ou, dans notre exemple précédent, de l'église ; mais idéalement aussi de l'espace illimité dans lequel tout son retentit). L'« ambiance » trahit donc cette co-présence de

cette caractérisation ne pourra aucunement recevoir le même degré de précision que dans la perception visuelle, mais elle n'en permet pas moins de définir un contexte, et donc de donner une certaine teneur à la notion d'*individu* sonore – ce dernier étant le son possédant un certain profil spatial et un certain profil spectral (les deux, avons-nous vu, étant intimement liés) *dans un certain contexte sonore* identifiable.

l'espace dans le phénomène sonore, mais d'un espace qui déborde ce dernier et en constitue l'horizon.

Or, comment cette « ambiance » se manifeste-t-elle phénoménalement? Comment, par exemple, puis-je percevoir auditivement l'église dans laquelle le son de l'orgue retentit? Ce qui se manifeste ici, c'est ce qu'on pourrait appeler, en détournant le concept du sens sémiologique que lui prête Derrida, une *différance*[1]. J'entends l'espace (au sens de ce qui se constitue dans la distance de l'objet par rapport à moi) dans la manière dont le son se prolonge, dont les réverbérations à la fois en diffèrent la pleine donation et le font se transformer. Acoustiquement parlant, la résonance du son n'est pas identique au son direct, son spectre est modifié par le trajet qu'il a parcouru, par les pertes dues aux changements de milieu, aux réverbérations, et cette différence, contrairement à l'ITD ou l'ILD, accède au seuil de l'expérience phénoménologique. J'entends, à proprement parler, le caractère de résonance de la résonance ou le caractère d'écho de l'écho; j'entends, plus précisément, la différence entre le prolongement du son par réverbération et son prolongement par simple résonance. Lorsqu'un pianiste, par exemple, fait retentir un accord dans une salle de concert, j'entends bien le moment où les étouffoirs retombent sur les cordes et où un autre son apparaît et dure quelques instants : celui même qui définit l'ambiance de la salle, à savoir le son, retardé et différemment timbré, des réverbérations. Ce qui se dessine alors dans ce son nouveau (qui peut compléter

1. Derrida a défini très précisément ce concept, par exemple dans *L'écriture et la différence* (Paris, Seuil, 1967), mais nous n'en retenons ici que deux dimensions essentielles : le retard temporel et la différenciation.

le son direct lorsque celui-ci continue à résonner ou se substituer à lui lorsqu'il disparaît), c'est une *Gestalt* : le profil spatial de la salle. Mais cette dernière apparaît dans un processus temporel, le processus de *différance*, en vertu duquel le son *différé* de la réverbération est aussi *différent. L'espace se constitue donc plus précisément dans le croisement d'un écart temporel et d'une différence qualitative.* Ce qui se produit au niveau de l'expérience phénoménologique ne coïncide donc pas avec ce qui se produit au niveau de l'expérience acoustique, puisque la manière dont s'effectue ce croisement ou cette synthèse est différente dans les deux cas, mais la *structure* révélée au niveau acoustique n'en est pas moins la même qu'au niveau phénoménologique et consiste à ramener une différence qualitative à un processus temporel. Le transcendantalisme faible se contentera de décrire cette structure et d'élucider le sens qu'elle reçoit empiriquement et transcendantalement, sans pour autant trancher entre ces deux interprétations.

Il en va de même au niveau plus profond où se constituent la *profondeur* et le *relief*. Ces notions, dont nous avons défini le sens acoustique, correspondent à certaines dimensions de l'expérience phénoménologique. Avec l'ambiance de la salle et la réverbération, c'est la profondeur de l'espace, au sens de la distance maximale entendue entre moi et les sons, que je perçois. Mais je perçois également les sons comme situés les uns derrière les autres, certains sons pouvant paraître « mis en relief » par rapport aux autres. Or, il est important de constater que *ce « relief » est probablement le point pour lequel la différenciation entre l'espace sonore au sens métaphorique et l'espace auditif au sens proprement spatial est la plus fine*. En effet, une simple différence de timbre est perçue comme différence de *plan*. Par exemple, un instrument soliste (ou plus encore une voix humaine) sera facilement perçu comme situé devant l'orchestre ; aussi les règles de l'orchestration interdisent-elles de traiter une voix humaine comme la basse d'une harmonie tenue par un orchestre : la voix n'étant pas perçue sur le même plan mais au contraire « en avant » peut en effet difficilement tenir ce rôle fondamental[1]. Et cela demeure vrai quelle que soit la position effective, spatiale, du soliste, dans l'orchestre, devant lui ou même derrière lui. À l'inverse, le son d'un instrument situé près de moi sera plus facilement perçu sur un plan sonore (au sens métaphorique) différent que le son d'un instrument situé au loin.

Si ce phénomène s'explique en partie par des conventions ou habitudes culturelles, on peut également en rendre compte en approfondissant le sens que reçoit la notion de plan dans la musique savante et l'intrication de l'espace sonore métaphorique et de l'espace auditif à proprement parler qui s'y fait jour. On peut en effet tout d'abord définir un plan de manière purement idéale, strictement non spatiale, à savoir comme une certaine fonction harmonique. Que ce soit dans le cas d'une mélodie accompagnée ou d'une écriture contrapuntique à quatre voix, il est d'usage de distinguer les voix en les traitant sur des « plans » différents. Cela signifie que chacune doit avoir son identité rythmique (par exemple la mélodie se distinguera de son accompagnement

1. B. Gillet, « La voix humaine – généralités », dans S. Adler, *Étude de l'orchestration*, Paris, H. Lemoine, 2011, p. 787 *sq*.

par son mouvement plus rapide), comporter certaines notes étrangères aux harmonies définies par les autres voix (retards, appoggiatures, notes de passage, etc.), ou adopter un mouvement différent de celui des autres voix (en particulier mouvement contraire, ou également certains mouvements directs) et éviter tout ce qui pourrait provisoirement rendre deux plans indifférenciables, comme les quintes ou octaves parallèles. Ces principes d'écriture bien connus ont pour fonction de maintenir chaque voix sur un plan (idéal) différent des autres. Or, ce qui caractérise un plan ainsi défini (de manière purement idéale et sans aucune référence à l'espace) n'est pas autre chose que la possibilité de le confier à une voix ou un instrument distinct. Un même plan devra être toujours confié au même instrument (ou, en orchestre, au même groupe instrumental) de manière à conserver son identité : une mélodie ne pourrait ainsi passer continument d'un instrument à un autre sans que l'effet de plan soit perdu. L'écriture pour orgue est caractéristique de cette attribution des plans sonores à des « voix » possédant un timbre caractéristique. Ainsi, il est tout à fait possible pour l'organiste de distinguer au moins trois plans : dans une écriture chorale, par exemple, il pourra typiquement jouer le *cantus firmus* au clavier du Récit, en utilisant un jeu clair et fortement timbré, par exemple un jeu d'anche, puis prendre avec sa main gauche les voix intermédiaires au clavier du Grand-Orgue ou du Positif avec des jeux de fonds doux ou des principaux, et enfin confier la basse au pédalier avec des jeux plus graves, typiquement de 16'. Certes, l'organiste peut aussi bien prendre les quatre voix sur le même clavier et ne distinguer les plans que par le toucher, mais *il est essentiel que ce soit pour lui une possibilité idéale de traiter chaque voix sur un clavier séparé.* Un plan sonore peut par principe être attribué à un instrument ou une entité (voix, clavier, etc.) différente, même si pour de nombreuses raisons il peut aussi ne pas l'être effectivement.

Ce fait est essentiel, car cela implique que ce qui caractérise un plan sonore, c'est qu'il est toujours idéalement possible de le traiter dans un plan distinct de l'espace auditif. Si donc il demeure nécessaire de distinguer strictement l'espace sonore (métaphorique, qualitatif, idéalisé) de l'espace auditif (spatial au sens intuitif), on observe pourtant ici une certaine forme de corrélation entre les plans sonores qualitatifs et les plans sonores proprement spatiaux – mais une corrélation seulement idéale, car il demeure toujours possible que des plans qualitativement différents soient attribués au même instrument situé en un unique point de l'espace, et qu'à l'inverse plusieurs instrumentistes éloignés dans l'espace constituent ensemble un même plan sonore, comme lorsque, dans un orchestre, toutes les cordes jouent à l'unisson, à gauche et à droite du chef. Mais on peut aller plus loin en tirant deux conséquences de ce constat. Premièrement, il est possible de relire, à la lumière de cette corrélation idéale entre espace sonore et espace auditif, la distinction si difficile à établir dans le domaine du son entre individu et universel. La note, en tant que pur concretum sensible, est, par rapport aux instruments susceptibles de la « jouer », un universel, dans la mesure où elle peut être incarnée en une infinité de points de l'espace et par une infinité d'individus ; mais la note porte idéalement en elle la possibilité d'être individualisée en un point donné de l'espace, par un instrument ou une « voix » donnés[1]. Plus précisément, cette possibilité est pour la note une nécessité, sans quoi elle ne peut parvenir au statut de phénomène sonore. Pour qu'il y ait son, il est nécessaire que les notes retentissent dans l'espace, en un lieu déterminé. Mais alors, deuxièmement, on pourrait en déduire que, d'une certaine manière et conformément aux résultats de la philosophie transcendantale, la survenue du son dans l'espace serait la condition de son existence, non plus comme objet idéal, mais comme objet individuel. Au niveau de sa temporalité, voire au niveau de l'articulation de sa temporalité et de sa qualité, le son idéal seulement possible ne se distingue pas du son réel, mais il n'y a que dans l'espace qu'il acquiert son statut de réalité. Le passage du temps à l'espace n'est donc pas seulement nécessaire pour conférer une extériorité aux sons, mais pour leur conférer une existence au sens prégnant. Aussi n'y a-t-il de son réel que dans l'espace.

Cependant, du fait que la corrélation idéale entre les plans sonores au sens qualitatif-temporel et les plans dans l'espace auditif implique une certaine forme d'imbrication de l'espace et du temps, on ne peut pas induire qu'un rapport de fondation existerait entre l'espace et le temps et que le premier pourrait être édifié sur le second ou dérivé de lui. Il faut, pour comprendre ce rapport, s'élever à un autre niveau d'analyse, ou

1. Rappelons cependant que le concept de « note » tel que nous l'avons défini précédemment (voir *supra*, p. 148) ne se limite pas aux notes au sens de la musique occidentale savante, mais pourrait aussi bien désigner autre chose que ce qui peut être joué par un instrument ou chanté par une voix.

plus précisément s'enfoncer plus profondément dans la réduction phénoménologique.

Nous avons déjà décrit la manière dont le son se constituait comme objet-de-temps et nous avons alors souligné le fait que, dans la qualité même du son qui se déployait temporellement, une esquisse de spatialité se dégageait, sous la forme d'une orientation. Nous avons également expliqué qu'un premier niveau d'objectivité se manifestait dans l'éloignement (au sens temporel) progressif du son entendu et dans le passage de la donnée présente à sa rétention. Or, nous pouvons maintenant affirmer que la fonction du temps dans la constitution de l'orientation du son demeure *inaccessible à la description phénoménologique et requiert des élucidations empiriques*. C'est donc vers la constitution temporelle de la *distance* spatiale que nous devons nous tourner, si nous espérons donner un sens proprement transcendantal à l'imbrication du temps et de l'espace.

Le travail de Boulez dans le *Dialogue de l'ombre double* peut encore une fois nous éclairer ici. Outre les six haut-parleurs mentionnés plus haut et situés autour du public de manière à ce que les sons de la clarinette se présentent toujours comme *orientés* d'une certaine manière, mais sans jamais que la *distance* entre le spectateur et le haut-parleur entre véritablement en jeu, le compositeur joue sur un dispositif supplémentaire destiné à créer un sentiment auditif de distance, et souligner ainsi la « profondeur » (au sens indiqué ci-dessus) de la salle. Il s'agit d'un septième haut-parleur dans lequel est diffusé, non pas le son de la clarinette lui-même, mais seulement son reflet, à savoir la résonance du son de la clarinette dans un piano situé en dehors de la scène, étouffoirs levés, et dont la résonance des cordes par sympathie est amplifiée et diffusée, avec un très léger retard, sur scène[1]. À première vue, ce dispositif semble ne produire que ce que Strawson décrivait comme un espace – ici, une profondeur – *métaphorique*, ou plus précisément un « plan » de l'espace sonore. Le son n'apparaîtrait pas réellement lointain, mais seulement en écho, « ailleurs » signifiant ici non pas « dans un autre lieu » mais « dans une autre couche ou strate sonore ».

Pourtant, on trouve dans l'analyse husserlienne du son comme objet-de-temps un levier pour saisir cette expérience de l'écho ou de la résonance comme une véritable appréhension spatiale du son et comme sa projection dans une authentique profondeur. Comme nous l'avons vu, et conformément à l'analyse par Didier Franck du § 39 des *Leçons sur la phénoménologie de conscience intime du temps*, la constitution du son reposerait sur une double intentionnalité, « longitudinale » et « transversale »[2]. D'un côté, serait visé le son juste-passé dans une conscience rétentionnelle ; de l'autre côté, le son lui-même dans son identité se confirmant par des expériences toujours renouvelées. Or, le phénomène de la résonance présente une particularité phénoménologique : au moment où se fait entendre la résonance (ici : le son de la clarinette reflété dans le piano ouvert et amplifié), le même son est pour ainsi dire « entendu » deux fois et sous deux formes différentes. D'un côté, j'ai toujours la conscience rétentionnelle du son-origine (celui effectivement produit par la clarinette) certes passé, mais toujours retenu, dans

1. Voir schéma *supra*, p. 139.

2. D. Franck, *La constitution du temps*, *op. cit.*, p. 49.

ce présent, sur le mode du tout-juste-passé ; d'un autre côté, je reçois un *nouveau* son (celui de la résonance), qui se donne bien présentement et en chair et en os, mais qui se présente malgré tout comme *le même son*, quoique sous une forme modifiée, notamment quant à son timbre et son intensité.

Phénoménologiquement, ces expériences, celle de la rétention du son réel et celle de la donation de la résonance, sont simultanées. Mais dans cette simultanéité se creuse un écart, ou plus précisément une différance : le son résonant et la « queue de comète rétentionnelle »[1] dans laquelle perdure le son originel possèdent des caractères phénoménologiques distincts. Le son retenu s'estompe parce qu'il s'éloigne dans la temporalité de la conscience mais il demeure toujours visé dans son identité, comme ayant la même intensité et le même timbre – donc les mêmes qualités. Il se modifie selon sa modalité temporelle mais pas sous son aspect matériel car c'est toujours le même son, avec son intensité originelle, qui est visé rétentionnellement. Parallèlement, la résonance du son est visée selon une modalité temporelle différente puisqu'elle se donne présentement en chair et en os, mais c'est la matière même du phénomène sonore qui subit une modification *hylétique* (puisqu'au moins son timbre, sa durée et son intensité se trouvent effectivement modifiés). Ce chiasme entre *le son qui se perd intentionnellement* et *celui qui se perd hylétiquement* crée ce qu'on pourrait nommer un *effet sonar*.

Car ce qui se mesure entre ces deux modifications parallèles du son originel, et que met en scène le dispositif de mise en résonance du *Dialogue de l'ombre double*

1. *Ibid.*, p. 39.

est bien une distance, l'éloignement de l'objet-source, mais une distance fondée dans le déroulement temporel même de l'objet-de-temps qu'est le son, *une distance spatiale fondée dans l'éloignement temporel.* Le piano-résonance crée ainsi chez Boulez un effet de profondeur et matérialise le retard sur lequel s'appuie toute perception de profondeur sonore. Il ne s'agit bien sûr que d'un effet, dans la mesure où le retard est exagéré par la vibration des cordes du piano par sympathie, si bien que le prolongement de la « queue de comète » de la résonance par rapport à la « queue de comète » rétentionnelle est outré. Mais si ce dispositif peut créer cet effet, c'est bien qu'il s'appuie sur une structure de la perception spatiale du son : la manière dont le son se temporalise, et plus précisément la manière dont s'articule la modification intentionnelle du son avec sa modification hylétique, déterminent l'attribution au son de propriétés spatiales qui ne se réduisent plus à un simple positionnement selon l'axe droite-gauche, mais constituent l'évaluation, certes approximative, d'une distance. En d'autres termes, l'espace auditif se constitue dans un double système de différance : 1. Le son entendu directement (dans ce que l'acoustique nomme le « champ direct ») se prolonge tout en se modifiant hylétiquement (le « champ réverbéré » présente des différences qualitatives avec le champ direct) ; 2. Le son originellement entendu est prolongé rétentionnellement. La confrontation de ces deux différances strictement temporelles à partir d'un même son originaire crée un écart, une distance qualitative et temporelle, qui n'est rien d'autre que la *condition de possibilité de la perception d'une distance spatiale dans l'univers sonore*, donc le fondement, au niveau de la pure temporalité, de la spatialité.

Mais alors, ce qui nous était apparu comme la source même de l'intentionnalité, à savoir l'écart creusé par la rétention, autrement dit la fluance même de la conscience, apparaît également comme la source de la spatialité. En d'autres termes, l'extériorité au sens spatial ne serait pas plus fondée sur l'extériorité au sens intentionnel que cette dernière serait fondée sur la première, mais extériorité et spatialité seraient proprement indistinguables et, *transcendantalement, de même niveau.* Plus encore, si on prend en compte le fait que la confrontation de la résonance et de la rétention permet à l'oreille de faire la différence entre l'éloignement proprement spatial et la pseudo-spatialité que Strawson dénonçait en considérant qu'une différence d'éloignement était auditivement indifférenciable d'une différence d'intensité, alors c'est la triade kantienne objectivité/extériorité/spatialité qui se trouve directement fondée dans une certaine manière pour le phénomène sonore de se déployer dans le temps.

Peut-on véritablement affirmer, cependant, qu'il y ait ici un rapport de *fondation* et que l'espace, comme condition transcendantale de l'extériorité, soit lui-même fondé, comme le voulaient Heidegger et déjà implicitement Kant et même Husserl, dans la temporalité de la conscience ? Il faudrait, pour l'affirmer, sortir autant de la phénoménologie que du transcendantalisme faible dont nous avons fixé les limites. Le rapport du temps à l'espace, qui constitue en un sens la clé de voûte du transcendantal, se situe cependant à sa limite. D'un côté, le phénomène sonore manifeste clairement l'imbrication de la temporalité et de la spatialité, et avec elle la perméabilité de la frontière de l'interne et de l'externe, mais aussi de l'idéalité et de la réalité. Les espaces sonores qui se constituent dans le pur déploiement temporel des qualités du son sont indissociables de l'espace auditif sans pour autant se confondre avec lui. D'un côté, donc, dans le son plus que partout ailleurs, la philosophie transcendantale semble être justifiée dans sa prétention la plus haute – celle de fonder l'espace dans le temps compris comme auto-affection – puisqu'*au moins une corrélation* entre processus temporels et structures spatiales semble s'y manifester. Mais d'un autre côté, pour rendre compte de cette corrélation, pour lui donner son sens proprement transcendantal en élucidant la manière dont la temporalité fonderait la spatialité, la sphère phénoménologique (dans laquelle des expériences « transcendantales » devraient venir clarifier ce processus) demeure muette. La phénoménologie peut bien rendre compte de la manière dont *certaines* propriétés spatiales du son (comme la distance) se constituent ainsi que du rôle du temps dans cette constitution, mais il ne s'agit là que d'un niveau relativement élevé de la constitution de l'espace auditif, puisqu'il fait lui-même fond sur un niveau plus profond dans lequel *l'orientation* du son se constitue et sans lequel nous ne pourrions percevoir aucune distance ni aucune profondeur.

En d'autres termes, la réduction phénoménologique rencontre ici une limite qui pourrait bien être *la limite même du transcendantal* : si nous ne pouvons pas amener à l'évidence phénoménologique le processus ultime dans lequel naissent spatialité et extériorité, c'est que le transcendantal ne suffit pas et que la philosophie transcendantale, qui naît dans la mise en suspens de tout résultat empirique, doit néanmoins ultimement s'y confronter.

Soyons plus précis : la réduction phénoménologique peut nous conduire jusqu'au point de basculement où le transcendantalisme faible (qui se contente donc d'établir un lien entre certains processus temporels et certaines structures spatiales au même titre qu'il établit un lien entre spatialité et extériorité) doit sortir des limites du transcendantal. Mais cette sortie peut être accomplie dans deux directions différentes, qui caractérisent les deux voies que nous avons ouvertes au début de ce livre. La première voie consiste à prolonger la réduction phénoménologique au-delà de ce point de basculement dans ce qui ne peut être alors qu'une voie *spéculative*, puisque non garantie par une véritable intuition phénoménologique. On peut alors s'interroger sur la genèse de l'espace en partant de la pure temporalité, et plus précisément de la pré-immanence dans laquelle l'espace et le temps se constituent, et ainsi espérer donner un fondement *absolu* à la philosophie transcendantale. La seconde voie exige au contraire de renoncer à fonder le transcendantal sinon dans une recherche exclusivement empirique, en l'occurrence acoustique. Dans le cas du son, la réflexion transcendantale sur le rapport entre temps, espace et extériorité (rapport dans lequel nous avons affirmé que se jouait l'objectivité même du son) ne pourrait intervenir que sur le fondement d'une élucidation des processus d'écoute binauraux – processus partiellement accessibles à la description phénoménologique, mais fondamentalement déterminés à un autre niveau, cérébral, physiologique et acoustique. C'est donc bien vers une conception helmholtzienne du transcendantal que nous conduit l'analyse du rapport du son à l'espace, à savoir une conception selon laquelle *le transcendantal ferait toujours fond sur l'empiricité ou au moins s'articulerait toujours à elle.* Mais dans un cas comme dans l'autre, quelque chose est perdu : d'un côté, celui de la voie spéculative, on perd la fondation purement intuitive du transcendantal qui constituait la découverte fondamentale de la phénoménologie husserlienne ; de l'autre, celui de la voie helmholtzienne, l'indépendance pourtant essentielle du transcendantal par rapport à l'empirique. Que cette indépendance ne puisse être absolue n'ôte pourtant rien à l'apport propre du discours transcendantal qui, à côté du discours empiriste et en lien avec lui, permet d'élucider le rapport intime du son à l'espace.

CONCLUSION

CLAIRIÈRES

Nos réflexions semblent nous avoir menés à une hérésie métaphilosophique, à savoir, au mieux, au brouillage de la frontière séparant l'empirique du transcendantal, et au pire, à l'idée d'une fondation des thèses transcendantales sur un sol d'empiricité. De fait, affirmer qu'un tel rapport de fondation existe reviendrait très exactement à nier ce qui fait l'essence même de la philosophie transcendantale, à savoir la mise au jour du fondement transcendantal *de* l'empiricité – de sorte qu'à retourner ainsi les choses, la pensée transcendantale s'enfermerait dans un *cercle fondationnel* dont l'absurdité ne peut que sauter aux yeux. Il faut pourtant bien rendre compte, non seulement de la compossibilité des points de vue empirique et transcendantal, mais de leur *articulation* au sein du phénomène sonore et de son rapport à l'espace, ainsi que du rapport qui s'y fait jour entre spatialité et temporalité. Comme nous l'avions noté dès le départ, *le son défie le transcendantalisme*, le porte à ses limites et en dévoile des failles qui, par ailleurs, semblent largement déborder le seul cas de l'expérience auditive.

Mais ce problème n'existe qu'en vertu d'une exigence inhérente au projet transcendantal même, mais dont nous avons déjà pu constater le caractère excessif : l'exigence d'une fondation *absolue* des formations de connaissance et de l'expérience – absolue au double sens où elle atteindrait un sol au-delà duquel il serait impossible d'accéder, et où elle prétendrait au monopole de la fondation et récuserait donc tout caractère fondationnel à l'empiricité. Au cours de nos analyses, nous avons tenté, à la lumière du système de constitution carnapien et de la refonte helmholtzienne du transcendantal, de revoir à la baisse ces deux exigences sans perdre de vue le principe de la philosophie transcendantale, en envisageant un « transcendantalisme faible ». Or, l'élaboration de ce dernier repose sur la mise au jour, derrière l'exigence fondationnelle de la philosophie transcendantale, d'une autre exigence qui lui serait inhérente, et qui n'est autre que l'exigence de *clarification*. Comme Husserl le souligne, à plusieurs reprises, dans la *Krisis*, la philosophie transcendantale bien comprise (à savoir comme phénoménologie), n'a pas d'autre fonction, à travers le questionnement « à rebours » vers la « source ultime des formations de connaissance » [1], que de jeter la lumière sur le monde de la vie, de mettre à jour le sens qui est toujours déjà prédonné en lui, en remontant à la *Sinnbildung*, à la formation de ce sens dans la conscience pure. La voie cartésienne, d'abord empruntée par la phénoménologie, mettait l'accent sur le pouvoir

1. E. Husserl, *Krisis*, *op. cit.*, § 26, p. 100 ; trad. fr., p. 113 ; notons que cette définition du transcendantal est précisément, aux yeux de Husserl, une définition large, destinée à saisir un mouvement général de la pensée moderne plutôt que quelque chose qui serait spécifique à la *phénoménologie* transcendantale.

fondationnel du transcendantal, alors que la voie mise en place dans la *Krisis*, et qui prend pour point de départ le monde de la vie donné par avance, montre que cet idéal de fondation doit être ramené à l'exigence plus profonde de clarification – cette clarification dont l'absence est la source même de la crise de la conscience européenne dont le diagnostic constitue le point de départ de la *Krisis*. Le discours transcendantal fonde, mais il doit surtout *clarifier*, et il se caractérise précisément par le fait qu'il *clarifie en fondant*. Le mouvement de fondation est précisément ce qui apporte la clarté au monde de la vie, et ce mouvement est lui-même corrélé, comme nous l'avons vu, à l'approfondissement *progressif* de la réduction phénoménologique qui, comme l'affirme Husserl lui-même, dévoile progressivement des couches de sens et éclaire donc ainsi, strate après strate, le monde tel qu'il est toujours donné d'avance. La réduction progressive désigne donc l'effort de fondation transcendantale, et c'est dans cet effort que s'effectue la clarification.

Or, insister sur la dimension clarificatrice de la philosophie transcendantale, irréductiblement liée à l'exigence *critique* dont elle est originairement issue[1],

1. On notera par ailleurs que cette redéfinition du transcendantal (à partir de l'exigence de clarification plutôt qu'à partir de la prétention à une fondation absolue de la connaissance) permet de rendre compte de l'appropriation du terme « transcendantal » et plus généralement du vocabulaire criticiste par des philosophes par ailleurs tout à fait étrangers au kantisme, en particulier Wittgenstein. Élise Marrou, dans son article « Grammatical ou transcendantal ? Le sens du possible sans conditions » (dans J.-B. Fournier et L. Tavernier, *Les limites du transcendantal*, Paris, SUP, 2023, p. 261-303), montre bien que l'interprétation de la philosophie du premier Wittgenstein comme philosophie transcendantale au sens strict est excessive et manque

c'est se placer à un niveau où le discours transcendantal et le discours de la science empirique peuvent coexister, voire s'avérer inséparables. Bien sûr, la philosophie transcendantale n'a jamais prétendu se substituer au discours des sciences mais au contraire lui apporter une fondation, et en ce sens-là, elle est par principe compatible avec lui. Mais il s'agit ici d'encore autre chose : partant d'un phénomène, comme ici du phénomène sonore, et lui appliquant la réduction phénoménologique de manière à en faire apparaître progressivement toutes les couches constitutives dans un effort de *fondation progressive* et par principe inachevée, nous atteignons un point où un même niveau constitutionnel peut recevoir une fondation aussi bien dans des processus empiriques que dans des arguments transcendantaux. Ce niveau critique correspond à ce qu'on pourrait appeler une *clairière métaphilosophique* et constitue précisément ce que prétend dégager le transcendantalisme faible.

Rappelons que le terme de « clairière » désigne ici, par emprunt libre à Michaël Levinas et au domaine de l'analyse harmonique en musicologie, un moment où plusieurs voies (ou, ici, plusieurs choix) demeurent possibles sans qu'aucune soit prédéterminée, plusieurs voies qui ne sont pas compossibles et entre lesquelles il faudra trancher, sans que ce choix soit lui-même

l'essentiel de la démarche wittgensteinienne, orientée vers le langage et la grammaire. Mais en ramenant le transcendantal à sa fonction clarificatrice et en le réarticulant à l'empiricité autrement que par un pur rapport de fondation, il devient possible de mesurer la rigueur de l'usage par Wittgenstein du terme « transcendantal » pour qualifier, en particulier, la logique et plus généralement tout discours qui prendrait pour point d'ancrage les limites mêmes du monde.

déjà effectué ni même préfiguré[1]. Ainsi, ayant atteint le niveau où apparaît, à même le phénomène sonore, le *fait transcendantal* de la dépendance de l'espace par rapport au temps (fait qui, rappelons-le, a été établi après application au son de la réduction phénoménologique et après que nous avons distingué plusieurs strates constitutives dans lesquelles se trouve *fondée* la spatialité du son et son caractère de phénomène externe), nous atteignons une clairière, à partir de laquelle deux voies sont possibles : l'une, transcendantale, qui poursuivrait la réduction en ramenant la spatialité à des processus intentionnels strictement temporels, l'autre, empirique, qui ramènerait le fait de la fondation de l'espace sonore dans la temporalité à des processus cérébraux. Au niveau de cette clairière – la clairière métaphilosophique que dégage le transcendantalisme faible – ces deux voies demeurent possibles et rien ne permet de trancher *a priori* entre elles. Le choix sera nécessairement pragmatique, en vertu du seul critère que nous avons retenu, et qui guide l'effort de fondation (que ce soit dans des processus empiriques ou dans des arguments

1. Michaël Levinas parle ainsi d'un « arrêt sur clairière » (M. Levinas, *Beethoven, toujours. Trente-deux sonates pour quel infini?, op. cit.*, p. 206) et utilise lui-même le concept de *no man's land* à l'aune duquel nous avions tenté, dans un premier temps de notre analyse, de qualifier le statut du son relativement aux distinctions et concepts transcendantaux : « Beethoven a ressenti la nécessité de trouver une échappée au sein même du déroulement formel. J'appelle cela un *no man's land.* Une sorte de non-lieu, qui peut être aussi une clairière. On est perdu, non pas parce qu'on ne sait plus où on est, mais parce qu'on n'est nulle part (…). Ce n'est pas un brouillage. C'est un effet de glissement, de dénivellement d'une hauteur à l'autre, comme un dépaysement […]. Tout d'un coup, on se pose la question : où sommes-nous? Un sentiment d'être arrivé dans une étrange et inquiétante clairière » (*ibid.*, p. 204-206).

transcendantaux) : l'exigence de clarification[1]. Il faudra donc recourir, soit à l'analyse empirique (pour clarifier, par exemple, la capacité que nous avons de situer le son selon l'axe droite-gauche), soit au contraire à l'analyse intentionnelle (pour rendre compte, par exemple, de la « sensation » de profondeur ou de la capacité à « entendre » une distance).

Une question se pose ici, qui déborde largement les limites de ce livre : l'existence d'une telle clairière, à savoir d'un niveau où l'élucidation d'une sphère d'objets peut être poursuivie aussi bien transcendantalement qu'empiriquement, est-elle un fait général de la philosophie transcendantale et vaut-elle pour tous les domaines d'objets, ou bien constitue-t-elle une spécificité du son ? Il faudrait, pour y répondre, élaborer de manière bien plus précise les concepts de phénoménologie pragmatique, de réduction progressive ou de transcendantalisme faible que nous avons évoqués dans ce livre. Mais quoi qu'il en soit de la portée et des limites de ces concepts (et plus généralement des réflexions méthodologiques que nous avons menées), quoi qu'il en soit de leur universalité, nous devons admettre que, s'ils ne se limitent pas au cas du son, *ils s'y appliquent au moins de manière paradigmatique*. Il y a dans le phénomène sonore quelque chose de réfractaire

1. Cette exigence de clarification est bien sûr liée à l'exigence d'intuitivité dont nous avons souligné la primauté plus haut. Notons par ailleurs que la rencontre entre les termes de « clairière » et de « clarification » est quelque peu fortuite, puisque la clairière ne correspond pas véritablement ici, comme chez Heidegger, au lieu où s'effectue la clarification, mais plutôt à celui à partir d'où différentes voies peuvent être empruntées en vue de la clarification. Le jeu de mots ne fonctionne d'ailleurs pas dans la suite de nos analyses.

aux dichotomies souvent issues du paradigme de la perception visuelle, quelque chose qui explique son caractère insaisissable philosophiquement et qui fait du son, de manière éminente, une *clairière* – et cela à plusieurs niveaux.

Tout d'abord, nous avons déjà eu l'occasion de dégager un niveau de l'expérience sonore où le son se présente comme une *clairière intentionnelle*, à savoir celui où le bruit fait irruption dans le flux de l'expérience (ou, pour adopter un autre point de vue, dans le « réel »)[1]. La manière dont le bruit se présente de prime abord rend en effet possibles plusieurs types de prises intentionnelles sur lui, lesquelles s'échelonnent par degrés entre, d'un côté, une saisie du son comme objet spatial extérieur et rapporté à un objet-source matériel lui-même situé dans l'espace, et, de l'autre, une saisie du son comme pur phénomène interne déspatialisé et idéalisé. Entendant le bruit encore indéterminé quant à son statut intentionnel, je peux me tourner vers lui comme pur bruit, portant mon attention sur son statut d'objet *réel*, effectif, situé dans l'espace et dans le temps, ou comme pure note, m'orientant alors vers ses qualités, sa texture ou sa matière (au sens de la *hylè* husserlienne) et me tournant vers l'immanence de ma conscience, ou encore comme

1. Voir *supra* p. 191. Je remercie Quentin Gailhac d'avoir attiré mon attention sur le fait que cette dimension de clairière du son (et notamment quant à son appréhension intentionnelle) trouvait une expression particulièrement frappante dans l'œuvre de G. Scelsi. Ainsi, dans *Quattro pezzi su una nota sola* (Paris, Salabert, 1987), par exemple, le son présente un aspect toujours fluant, de sorte que la visée en est sans cesse réajustée. On comprend d'ailleurs le caractère paradigmatique que joue ce compositeur, et cette œuvre en particulier, dans les analyses de Jocelyn Benoist par exemple dans *L'adresse du réel*, Paris, Vrin, 2017, p. 330-337.

quelque intermédiaire entre le pur bruit et la pure note ainsi définis.

Dire cela, c'est en outre affirmer que le rapport du son à l'espace et à l'extériorité est lui-même indéterminé. Non pas que le son ne soit pas en lui-même spatial ou que son inscription dans l'espace puisse être considérée comme secondaire ou inessentielle – toutes nos analyses ont au contraire montré qu'une forme même minimale de spatialité appartenait en propre au son et que la lui ôter relevait d'un acte d'abstraction. Mais le son se présente à nous de telle sorte que *nous pouvons toujours nous tourner vers lui autrement que comme objet spatial ou externe*. Or, il ne s'agit pas seulement de dire que nous pouvons convertir, comme pour n'importe quel objet, notre attitude naturelle tournée vers l'objet en tant que réalité et adopter l'attitude phénoménologique comprise comme attitude *non naturelle* et destinée à faire apparaître le processus de formation de sens (*Sinnbildung*) à l'œuvre dans la perception de cet objet. Pour le dire autrement, il ne s'agit pas seulement de réaffirmer la possibilité bien connue de jeter sur le monde de la vie un regard phénoménologique pour en faire apparaître, à l'opposé de l'attitude naturelle, les couches constitutives et remonter aux sources ultimes des formations de sens. Dans le cas du son, au contraire, l'attitude consistant à se tourner vers le phénomène pur du son en tant que *concretum* de qualités fait éminemment partie des possibilités *de l'attitude naturelle*, de l'expérience naturelle du son, même si elle recoupe de fait très exactement le mouvement de la réduction transcendantale qui est celui de l'attitude phénoménologique. C'est au sein même de l'attitude naturelle que le son s'ouvre comme *clairière phénoménologique* à partir de laquelle son rapport à l'espace ainsi que son rapport à l'extériorité, *donc sa dimension transcendante*, se trouvent mis en suspens, de sorte que s'ouvre à même l'attitude naturelle (et l'expérience déspatialisée du son comme note) la possibilité de l'attitude proprement phénoménologique. Lorsque j'écoute le son pour lui-même, éliminant abstraitement son rapport à l'espace, lorsque je me tourne vers le son comme *concretum* de qualités produisant un effet sur moi, dans l'immanence de ma conscience, lorsque donc j'expérimente dans l'attitude naturelle le son comme *musique*, j'effectue un mouvement parallèle à celui de la réduction phénoménologique et j'expérimente donc directement ce que cela signifie que se tourner vers le pur phénomène. Le son possède donc un caractère propédeutique pour la phénoménologie dans la mesure où une certaine expérience effective du son prépare la conversion phénoménologique du regard et nous apprend à nous tourner vers les purs phénomènes – et corrélativement, les essences.

On comprend donc le sens du parallélisme que nous avons suggéré entre les différents types de sons réaux, les modalités intentionnelles de l'expérience du son, et les niveaux d'approfondissement de la réduction phénoménologique : car non seulement aux différents types de sons correspondent diverses modalités intentionnelles, mais en outre, une certaine manière d'appréhender le son, non pas comme objet spatial, mais comme pur phénomène, *mime* pour ainsi dire dans l'attitude naturelle le mouvement de la réduction. C'est pourquoi le son se prête aussi bien à des descriptions et différenciations opérées des trois points de vue que nous avons présentés dans ce livre : du point de vue réaliste, du point de vue de la pure phénoménologie descriptive attentive aux différentes modalités intentionnelles, et enfin du point de vue de la phénoménologie transcendantale accomplissant la réduction. Le son constitue encore une fois, relativement à ces points de vue, une clairière. Plutôt qu'un *no man's land* transcendantal, perdu entre le sens interne et le sens externe, entre le temps et l'espace, entre l'empirisme, le réalisme, et la phénoménologie, le son apparaît donc ultimement comme une *clairière transcendantale*.

C'est parce que le son possède éminemment ce caractère de clairière (que d'autres investigations pourraient cependant aussi faire apparaître dans d'autres domaines d'objets) qu'il exige que soient assouplies les méthodes à travers lesquelles il peut être élucidé ainsi que les concepts qui prétendent le saisir, et qui, pour nombre d'entre eux, sont issus de la considération de la réalité matérielle et de l'espace visuel. Ainsi, le changement de paradigme que nous avons accompli en prenant pour fil directeur la perception auditive au lieu de la perception visuelle nous conduit à affaiblir le transcendantal, à remettre en question la prétention de la phénoménologie à atteindre un absolu et à assouplir notre concept d'espace, toujours compris cependant comme condition *a priori* de possibilité de l'expérience externe. Ces reformatages sont la conséquence du double constat que nous espérons avoir établi, selon lequel, premièrement, la spatialité appartient en propre au phénomène sonore, quelle que soit notre manière de le considérer (dans la mesure où nous restons attachés, conformément au principe de tous les principes, au phénomène sonore tel qu'il se donne *concrètement*, sans lui ôter abstraitement telle ou telle de ses propriétés), et deuxièmement, selon lequel la situation du son dans l'espace est inextricablement liée à la temporalité, qu'on se situe du point de vue empirique ou, au fil directeur de la réduction phénoménologique, du point de vue transcendantal.

Rappelons les conséquences de cette description du phénomène sonore libérée du paradigme de la perception visuelle. Tout d'abord, dire que l'espace appartient en propre au phénomène sonore (alors que celui-ci semblait être le meilleur candidat pour étayer l'idée d'une perception externe et néanmoins non spatiale, donc pour fragiliser la thèse kantienne selon laquelle l'espace serait la condition de possibilité de l'externalité des phénomènes) et qu'en même temps l'espace sonore n'est pas superposable à l'espace visuel, c'est imposer un nouveau concept d'espace, celui de *chôra* spatiale. Si l'espace doit pouvoir fonctionner comme la condition nécessaire de *toute* réalité externe, il ne doit pas être d'emblée investi d'une structure déterminée qui aurait pour effet de restreindre le champ des objets qui peuvent s'y donner. Cette thèse, qui rejoint en vérité celle de Helmholtz, impose d'affaiblir le transcendantal pour le préserver des apories dans lesquelles le place le développement des géométries non euclidiennes. Mais ce transcendantalisme faible possède une portée beaucoup plus vaste, et peut se définir de manière générale comme la mise au jour de structures invariantes qui *peuvent* être interprétées comme conditions de possibilités de l'expérience : ainsi, l'universalité du rapport de l'externalité à l'espace qu'indique (sans la prouver néanmoins) le fait que l'expérience sonore soit *aussi* spatiale, malgré une tendance de la tradition philosophique à la traiter de manière purement temporelle – cette universalité, établie descriptivement et de manière pré-transcendantale, peut toujours être ressaisie *transcendantalement* sous la forme d'une thèse qui affirmerait que l'espace vaudrait comme *condition de possibilité a priori* de l'expérience externe.

Mais précisément, se situer au niveau pré-transcendantal (ou s'en tenir au transcendantalisme faible) revient à ne pas accomplir cette saisie et se placer en deçà de la distinction entre réalisme et idéalisme transcendantal. Ce qui est ici nié n'est pas tel ou tel absolu (celui de la « réalité » ou celui de l'immanence voire de la pré-immanence), mais la quête même d'un absolu en général. Le transcendantalisme faible abandonne la prétention de la philosophie transcendantale à remonter jusqu'à une source ou une fondation absolue, mais il ne perd rien de la fonction *clarificatrice* de la marche consistant à remonter en direction de cette source. *L'absolu ne doit pas être l'objet d'une spéculation mais l'idéal régulateur de la clarification du monde et l'asymptote de la réduction phénoménologique.*

Il faut donc enfin établir ce que doit être la réduction (et donc la phénoménologie qui la thématise et la met en œuvre) pour recevoir cette fonction clarifiante, non pas lorsqu'elle atteindrait un sol absolu, mais dans le mouvement même vers lui. *La réduction tend vers l'absolu mais ne l'atteint jamais*, elle est une tâche infinie et jamais accomplie, et dans cette tension elle fait apparaître des strates de sens dans lesquelles les phénomènes (ici sonores) sont clarifiés. Mais la réduction peut aussi ne pas être clarifiante : à partir d'un certain point critique, dépendant de chaque région objectale, la poursuivre implique de perdre contact avec les données intuitives auxquelles pourtant le « principe de tous les principes » lui impose d'adhérer. Le mouvement de la réduction va des objets confusément perçus dans le monde de la vie vers des phénomènes donnés apodictiquement et avec une clarté et une intuitivité maximale, mais passé un certain niveau d'approfondissement ou de retour aux « sources ultimes », elle perd toute intuitivité et ne peut devenir que spéculative. La réduction phénoménologique cesse alors d'être proprement phénoménologique.

Envisager la possibilité d'une phénoménologie *pragmatique* permet donc de mettre en œuvre la réduction *vers* le champ de la conscience pure sans pour autant déterminer en avance ou en général à quel niveau une fondation ultime sera dégagée. Le phénoménologue doit au contraire poursuivre la réduction tant que cette dernière demeure clarifiante, c'est-à-dire jusqu'à ce que soit atteint le niveau où se donne pour ainsi dire « en personne » le phénomène en question, de manière purement *intuitive*. Une fois passé ce seuil, la neutralité de la description phénoménologique – qui pouvait être maintenue rigoureusement jusque-là – n'est plus tenable, et des choix s'imposent : choix métaphysique entre le réalisme et l'idéalisme et choix épistémologique entre le retour aux données empiriques et l'engagement dans le transcendantal à proprement parler, non affaibli.

Ces réflexions ouvrent de nouveaux problèmes : Qu'en est-il donc du son ? Où se situe, pour la région d'objets que constitue l'expérience auditive, le seuil d'intuitivité ? À quel niveau de la réduction phénoménologique doit-on considérer que le son se donne de la manière la plus concrète, pleine, à la fois au plus près des vécus et sans que rien de son essence ne lui ait été ôté ? Il faudrait, pour y répondre correctement, développer une description bien plus vaste du domaine des objets sonores que celle que nous avons consacrée à la seule question de leur rapport à l'espace.

Mais nous pouvons cependant affirmer ceci : au niveau maximal d'intuitivité auquel nous puissions parvenir – celui où le son se donne de la manière la plus riche et concrète possible – *le phénomène sonore est investi de qualités spatiales*. Cela ne signifie pas qu'il soit impossible d'épurer encore le son en lui ôtant tout rapport à l'espace, mais il s'agit là d'une altération abstraite du phénomène tel qu'il se donne en lui-même. Le son strictement déspatialisé n'est pas le résidu de la réduction phénoménologique mais le résultat d'un acte intellectuel (et précisément *réductionniste*) d'abstraction ou d'un prolongement du mouvement de la réduction au-delà des limites de l'intuitivité dans lesquelles elle doit être circonscrite.

Aussi le son comporte-t-il en lui, de manière inextricable, un rapport à l'espace, lequel se trouve fondé dans le niveau ultime auquel puisse parvenir la réduction phénoménologique libérée de la quête de l'absolu. *L'expérience sonore n'est donc pas une expérience non spatiale du monde* : dire d'un son qu'il se situe à droite, à gauche, en haut, en bas ou même à une certaine distance de moi n'est ni dénué de sens, ni seulement métaphorique, mais au contraire conforme à la manière dont le son lui-même se donne à entendre. Ainsi, dans la chanson de Queen citée en exergue de ce livre, peu importe que je saisisse la voix de Freddie Mercury comme émanant du chanteur lui-même ou d'un haut-parleur ou qu'au contraire je mette entre parenthèses ce rapport à l'objet-source pour me concentrer sur le son lui-même : dans un cas comme dans l'autre il demeure vrai que les énoncés « Now I'm here », « now I'm there » renvoient à une expérience purement sonore de l'espace, puisque précisément la voix qui parle ou qui chante ne peut être *vue* (« You won't see me ! »).

Mais réaffirmer le caractère intrinsèquement spatial de l'expérience auditive, ce n'est certes garantir ni le statut d'objet du son, ni la validité de la thèse kantienne selon laquelle espace, extériorité et objectivité seraient inextricablement liés. Comme nous le notions dès le début, le problème de l'inscription du son dans l'espace se limite à un niveau pré-objectif et laisse intact le redoutable problème de son statut ontologique. Sans donc trancher la question de savoir si la voix d'Ulysse est isolable de l'être de chair et d'os qui prend plaisir à se moquer de Polyphème au péril de sa vie et de celle de ses hommes, au moins avons-nous pu établir que si le cyclope peut jeter des rochers en direction de la flotte, c'est qu'avec une précision certes médiocre, il a pu entendre, sans son seul œil mais bien avec ses *deux* oreilles, l'orientation du son ainsi que sa distance.

BIBLIOGRAPHIE

OUVRAGES CITÉS

ABROMONT Claude, *Guide de l'analyse musicale*, Dijon, Éditions Universitaires de Dijon, 2019.

ADLER Samuel, *The Study of Orchestration*, New York, Norton, 2002 ; trad. fr. P. Vernier, *Étude de l'orchestration*, Paris, H. Lemoine, 2011.

AUTHIER Raphaël, « L'idée d'un transcendantal historique a-t-elle un sens ? », dans J.-B. Fournier et L. Tavernier, *Les limites du transcendantal*, Paris, SUP, 2023.

BENOIST Jocelyn, *Kant et les limites de la synthèse*, Paris, Puf, 1997.

– *Le bruit du sensible*, Paris, Cerf, 2013.

– *L'adresse du réel*, Paris, Vrin, 2017.

BOULEZ Pierre, *Penser la musique aujourd'hui*, Paris, Gallimard, 1987.

– *Jalons (pour une décennie) : dix ans d'enseignement au collège de France (1978-1988)*, Paris, C. Bourgeois, 1989.

CANÉVET Georges, « La localisation auditive des sons dans l'espace », dans G. Canévet et L. Demany, *Psychoacoustique et perception auditive*, Paris, INSERM, 1989, p. 43-81.

— et DEMANY Laurent (dir.), *Psychoacoustique et perception auditive*, Paris, INSERM, 1989.

CARNAP Rudolf, *Der Raum. Ein Beitrag zur Wissenschaftslehre*, *Kant-Studien*, Ergänzungsheft 56, 1922, rééd. Vaduz (Lichtenstein), Topos Verlag, 1991 ; trad. fr. P. Wagner, *L'Espace. Une contribution à la théorie de la science*, Paris, Gallimard, 2017.

– « Dreidimensionalität des Raumes und Kausalität. Eine Untersuchung über den logischen Zusammenhang zweier Fiktionen », *Annalen der Philosophie*, IV, p. 105-130

– *Der logische Aufbau der Welt*, Berlin, Springer, 1998 ; trad. fr. T. Rivain, *La construction logique du mond*e, Paris, Vrin, 2001.

CASATI Roberto et DOKIC Jérôme, *Philosophie du son*, Nîmes, J. Chambon, 1998.

CASSIRER Ernst, « Kant und die moderne Mathematik », *Kantstudien* XII, 1907, p. 1-49.

CHION Michel, *Le son*, Paris, Armand Colin, 2018.

COHN Richard, *Audacious Euphony*, Oxford Studies in Music Theory, 2011.

– « Introduction to Neo-Riemannian Theory : A Survey and a Historical Perspective », *Journal of Music Theory* 42, 2 (1998), p. 167-180.

DERRIDA Jacques, *L'écriture et la différence*, Paris, Seuil, 1967.

DUFOURT Hugues, *La musique spectrale. Une révolution épistémologique*, Sampzon, Delatour, 2014.

EULER Leonard, « De harmoniae veris principiis per speculum musicum repraesentatis », *Novi Commentarii academiae scientiarum Petropolitanae* 18, 1774, p. 330-353.

EVANS Gareth, « Things Without the Mind. A Commentary upon Chapter Two of Strawson's Individuals », *in* Z. Van Straaten (ed.), *Philosophical Subject*s. Oxford, Oxford University Press, 1980.

FARGES Julien, FOURNIER Jean-Baptiste et PRADELLE Dominique (dir.), *Édifier un monde : la notion d'*Aufbau *chez Carnap et en phénoménologie*, Paris, SUP, 2022.

FAZAKAS István et SLAMA Paul, *La phénoménologie transcendantale aujourd'hui, Autour du* Clignotement de l'être *d'Alexander Schnell*, Paris, Hermann, 2023.

FICHANT Michel, « Espace esthétique et espace géométrique chez Kant », *Revue de métaphysique et de morale* 44, 4, 2004, p. 530-550.

FOURNIER Jean-Baptiste, *Carnap et la question transcendantale*, Paris, Vrin, 2021.

– « Quel espace pour l'expérience? Helmholtz, Husserl et la possibilité d'une fondation empirique de la géométrie », dans J. Farges et D. Pradelle, *Husserl. La phénoménologie et les fondements des sciences*, Paris, Hermann, 2019, p. 173-192.

– « Mes vécus sont-ils vécus? De quelques faux-amis phénoménologiques de la constitution carnapienne », dans J. Farges, J.-B. Fournier et D. Pradelle (dir.), *Édifier un monde. La notion d'*Aufbau *chez Carnap et en phénoménologie*, Paris, SUP, 2022, p. 215-236.

– « Peut-on penser le transcendantal à partir de ses limites? Sur la recherche d'un absolu phénoménologique », dans P. Slama (dir.), *La phénoménologie transcendantale aujourd'hui*, Paris, Hermann, 2023, p. 31-58.

– « Reformatages et limites empiristes du transcendantal dans la philosophie de la connaissance de Hermann von Helmholtz », dans J.-B. Fournier et L. Tavernier, *Les limites du transcendantal*, Paris, SUP, 2023, p. 191-223.

— et TAVERNIER Laura (dir.), *Les limites du transcendantal*, Paris, SUP, 2023.

— et PRADELLE Dominique (dir.), *Lire les* Recherches logiques *de Husserl*, Paris, Vrin, 2025.

FRANCK Didier, *La constitution du temps*, Paris, Vrin, 2021.

GILLET Bruno, « La voix humaine – généralités », dans S. Adler, *Étude de l'orchestration*, Paris, H. Lemoine, 2011, p. 787-831.

GOLDMAN Jonathan, « Pierre Boulez, théoricien de l'écoute ». *Circuit* 13, 2, 2003, p. 81-92.

HEIDEGGER Martin, *Phänomenologische Interpretation von Kants* Kritik der reinen Vernunft, GA 25, éd. I. Görland, Frankfurt, Klostermann, 1995; trad. fr. E. Martineau, *Interprétation phénoménologique de la* Critique de la raison pure *de Kant*, Paris, Gallimard, 1982.

– *Sein und Zeit* (GA 2), Tübingen, Niemeyer, 1986 ; trad. fr. E. Martineau, *Être et temps*, Paris, Authentica, 1985 ; trad. fr. F. Vezin, Paris, Gallimard, 1986.

– « Zeit und Sein », in *Zur Sache des Denkens*, GA 14, éd. F.-W. von Herrmann, Frankfurt, Klostermann, 2007 ; trad. fr. F. Fédier, « Temps et être », dans *Questions IV*, Paris, Gallimard, 1976, p. 224.

HELMHOLTZ Hermann von, *Schriften zur Erkenntnistheorie*, Berlin, Springer, 1921 ; trad. fr. J.-B. Fournier (dir.), *Théorie de la connaissance. L'édition du centenaire 1821-1921*, Paris, Vrin, 2022.

HOMÈRE, *Odyssée*, t. 2, *Chants VIII-XV*, texte et trad. fr. par V. Bérard, Paris, Les Belles Lettres, 2015.

HUSSERL Edmund, *Cartesianische Meditationen und pariser Vorträge*, Hua I, éd. S. Strasser, Den Haag, Nijhoff, 1950 puis 1963 ; trad. fr. M. Levinas et G. Pfeiffer, *Méditations cartésiennes*, Paris, Vrin, 1947 ; trad. fr. M. B. de Launay (dir.), *Méditations cartésiennes et conférences de Paris*, Paris, Puf, 1994.

– *Die Idee der Phänomenologie*, Hua II, éd. W. Biemel, Den Haag, Nijhoff, 1950 ; trad. fr. A. Lowit, *L'idée de la phénoménologie*, Paris, Puf, 1970.

– *Ideen zu einer reinen Phänomenologie und phänomenologischen Philosophie, Erstes Buch : Allgemeine Einführung in die reine Phänomanologie*, Hua III/1, éd. K. Schuhmann, Den Haag, Nijhoff, 1976 ; trad. fr. P. Ricœur, *Idées directrices pour une phénoménologie et une philosophie phénoménologique pures*, t. 1 : *Introduction générale à la phénoménologie pure*, Paris, Gallimard, 1950 ; trad. fr. J.-F. Lavigne, *Idées directrices pour une phénoménologie pure et une philosophie phénoménologique*, Paris, Gallimard, 2018.

– *Ideen zu einer reinen Phänomenologie und phänomenologischen Philosophie, Zweites Buch : Phänomenologische Untersuchungen zur Konstitution*,

Hua IV, éd. W. Biemel, Den Haag, Nijhoff, 1950; trad. fr. J. Escoubas, *Idées directrices pour une phénoménologie, t. 2, Recherches phénoménologiques pour la constitution*, Paris, Puf, 1982.

– *Die Krisis der europäischen Wissenschaften und die transzendentale Phänomenologie*, Hua VI, éd. W. Biemel, Den Haag, M. Nijhoff, 1976; trad. G. Granel, *La crise des sciences européennes et la phénoménologie transcendantale*, Paris, Gallimard, 1976.

– *Zur Phänomenologie der inneren Zeitbewusstseins (1893-1917)*, Hua X, éd. R. Boehm, Den Haag, Nijhoff, 1966; trad. fr. partielle H. Dussort, *Leçons pour une phénoménologie de la conscience intime du temps*, Paris, Puf, 1964; partie B traduite par J.-F. Pestureau, *Sur la phénoménologie de la conscience intime du temps*, Grenoble, Millon, 2003.

– *Ding und Raum, Vorlesungen 1907*, Hua XVI, éd. U. Claesges, Den Haag, Nijhoff, 1973; trad. fr. J.-F. Lavigne, *Chose et espace, Leçons de 1907*, Paris, Puf, 1989.

– *Logische Untersuchungen*, I, *Prolegomena zur reinen Logik*, Hua XVIII, éd. E. Holenstein, Den Haag, Nijhoff, 1975; trad. fr. H. Élie, A.-L. Kelkel, et R. Schérer, *Recherches logiques*, t. 1, *Prolégomènes à la logique pure*, Paris, Puf, 1969.

– *Logische Untersuchungen*, II, Erste bis fünfte Untersuchung, Hua XIX/1, éd. U. Panzer, Den Haag, Nijhoff, 1984; trad. fr. H. Élie, A.-L. Kelkel, et R. Schérer, *Recherches logiques*, t. 2, première partie (Recherches I et II) et deuxième partie (Recherches II à V), Paris, Puf, 1969 et 1972.

– *Logische Untersuchungen*, VI. Untersuchung, Hua XIX/2, éd. U. Panzer, Den Haag, Nijhoff, 1984; trad. fr. H. Élie, A.-L. Kelkel, et R. Schérer, *Recherches logiques*, t. 3 : *Éléments d'une élucidation phénoménologique de la connaissance*, Paris, Puf, 1974.

– *Vorlesungen über Ethik und Wertlehre (1908-1914)*, Hua XXVIII, éd. U. Melle, Dordrecht-Boston-London, Kluwer Academic Publishers, 1988 ; trad. fr. P. Ducat, P. Lang, C. Lobo, *Leçons sur l'éthique et la théorie de la valeur (1908-1914)*, Paris, Puf, 2009.

– *Natur und Geist, Vorlesungen Sommersemester 1927*, Hua XXXII, éd. M. Weiler, Dordrecht-Boston-London, Kluwer Academic Publishers, 2001 ; trad. fr. J. Farges, *Nature et esprit, Cours du semestre d'été 1927*, Paris, Vrin, 2017.

JANKÉLÉVITCH Vladimir, *La musique et l'ineffable*, Paris, Seuil, 2015.

KANT Immanuel, *Kritik der reinen Vernunft*, *Kants gesammelte Schriften, herausgegeben von der Königlich Preussischen Akademie der Wissenschaften*, Ak III-IV, Berlin, Reimer, 1900, rééd. Berlin, De Gruyter, 2010 ; trad. fr. A. Delamarre et F. Marty, *Critique de la raison pure*, dans *Œuvres philosophiques*, t. 1, Paris, Gallimard, 1980, p. 705-1470.

– *Anthropologie in pragmatischer Hinsicht*, Ak VII, Berlin, De Gruyter, 1907 ; trad. fr. P. Jalabert, *Anthropologie d'un point de vue pragmatique*, dans *Œuvres philosophiques*, t. 3, Paris, Gallimard, 1986, p. 931-1144.

– *Was heißt : sich im Denken orientieren* ? , Ak VIII, Berlin, De Gruyter, 1928, p. 131-148 ; trad. fr. P. Jalabert, *Qu'est-ce que s'orienter dans la pensée*, dans *Œuvres Philosophiques*, t. 2, Paris, Gallimard, « Bibliothèque de la Pléiade », 1985, p. 521-545.

– *Zur Rezension von Eberhards Magazin*, « Über Kästners Abhandlungen », Ak XX, Berlin, De Gruyter, 1971, p. 410-423 ; trad. fr. M. Fichant, « Réponse à Kästner », *Philosophie* 56, 1997, p. 9-21.

LEVINAS Michaël, *Beethoven, toujours. Trente-deux sonates pour quel infini* ? , Paris, Cerf, 2021.

LEWIN David, *Generalized Musical Intervals and Transformations*, New Haven, Yale University Press, 1987.

MARROU Élise, « Grammatical ou transcendantal ? Le sens du possible sans conditions », dans J.-B. Fournier et L. Tavernier (dir.), *Les limites du transcendantal*, Paris, SUP, 2023, p. 261-303.

MÉEUS Nicolas (dir.), *Vecteurs harmoniques*, *Musurgia* X, 3-4, 2003.

– « Vecteurs harmoniques », dans N. Méeus (dir.), *Vecteurs harmoniques*, *Musurgia* X, 3-4, p. 7-34.

– « Théorie des vecteurs harmoniques et théorie néo-riemannienne » (article disponible en ligne : http://nicolas.meeus.free.fr/NMVecteurs/VHDublin.pdf).

NADRIGNY Pauline, *Le voile de Pythagore. Du son à l'objet*, Paris, Classiques Garnier, 2021.

NATORP Paul, « Husserls *Ideen zu einer reinen Phänomenologie* », *Logos* VII, 1917-1918, p. 224-246 ; trad. fr. J. Servois, « Les *Idées directrices pour une phénoménologie* de Husserl », *Philosophie* 74, 2002, p. 15-39.

PÉRIAUX Bergame, OHL Jean-Luc, THÉVENOT Patrick (dir.), *Le son multicanal : de la production à la diffusion du son 5.1., 3D et binaural*, Paris, Dunod, 2015.

PRADELLE Dominique, *Par-delà la révolution copernicienne*, Paris, Puf, 2012.

– *Intuitions et idéalités. Phénoménologie des objets mathématiques*, Paris, Puf, 2020.

– « La constitution des idéalités mathématiques est-elle transcendantale ? », dans J.-B. Fournier et L. Tavernier, *Les limites du transcendantal*, Paris, SUP, 2023, p. 225-257.

RAYLEIGH Lord John William Strutt, « On our perception of sound direction ». *Philosophical Magazine* 13, 1907, p. 214-232.

RICHARDSON Alan, « Logical Idealism and Carnap's Construction of the World », *Synthese* 93, 1992, p. 59-92.

RIEMANN Bernhard, *Über die Hypothesen, weche der Geometrie zu Grunde liegen*, Habilitationsschrift du 10 juin 1854, publié à titre posthume dans *Abhandlungen der königliche Gesellschaft zu Göttingen* 13, 1867 ; trad. fr. L. L'Autel, « Sur les hypothèses qui servent de fondement à la géométrie », *Œuvres mathématiques*, Paris, Gauthier-Villars, 1898, rééd. Paris, J. Gabay, s. d., p. 280-299.

RIEMANN Hugo, *Skizze einer neuen Methode der Harmonielehre*, Leipzig, Breitkopf und Härtel, 1880.

SCHNELL Alexander, *Temps et phénomène. La phénoménologie husserlienne du temps, 1893-1918*, Zücich, Olms, 2004.

– *Qu'est-ce que la phénoménologie transcendantale?* , Grenoble, Millon 2020.

– *Le clignotement de l'être*, Paris, Hermann, 2021.

STRAWSON Peter F., *Individuals*, London, Routledge, 1959 ; trad. fr. A. Shalom et P. Drong, *Les individus*, Paris, Seuil, 1973.

STUMPF Carl, *Tonpsychologie*, Cambridge, Cambridge University Press, 2013.

WITTGENSTEIN Ludwig, « Logisch-philosophische Abhandlung », *Annalen der Naturphilosophie* 14, 1921 ; trad. fr. G.-G. Granger, *Tractatus logico-philosophicus*, Paris, Gallimard, 1993.

ŒUVRES MUSICALES CITÉES

BARTOK Béla, *Concerto for orchestra*, London, Boosey and Hawkes, 1997.

BIZET Georges, *Carmen, Opéra en quatre actes*, Leipzig, Peters, 1905.

BOULEZ Pierre, *Le Marteau sans maître*, pour voix d'alto et six instruments, New York-Wien, Universal, 1955.

– *Rituel in memoriam Bruno Maderna*, pour orchestre en 8 groupes, New York-Wien, Universal, 1974-1975.

– *Répons*, pour six solistes, dispositif électronique et ensemble, New York-Wien, Universal, 1981-2005.

– *Dialogue de l'ombre double*, pour clarinette/première sur scène et clarinette/double enregistrée, Version aux chiffres romains et version aux chiffres arabes, New York/Wien, Universal, 1984.

CENDO Raphaël, *In vivo, Quatuor à cordes n° 1*, Paris, Lemoine, 2007.

DEBUSSY Claude, *Préludes pour piano*, München, G. Henle Verlag, 2018.

GRISEY Gérard, *Partiels*, Milano, Ricordi, 1975.

LACHENMANN Helmut, *Pression (für einen Cellisten)*, Leipzig, Breitkopf und Härtel, 1970

LATRY Olivier, *Bach to the future*, Milano, La Prima Volta, 2019.

MAHLER Gustav, *Zweite Symphonie « Auferstehung »*, New York/Wien, Universal, 1910.

SCELSI Giacinto, *Quattro Pezzi su una nota sola*, Paris, Salabert, 1959.

SCHUMANN Robert, *Papillons*, op. 2, München, G. Henle Verlag, 2002.

WAGNER Richard, *Tannhäuser und der Sängerkrieg von Wartburg, Paris Version*, Leipzig, Peters, 1920, réimpr. Mineola, Dover, 1984, « Ouvertüre ».

INDEX DES NOMS

ABROMONT Claude, 77, 79
ADLER Samuel, 245
AUTHIER Raphaël, 218

BACH Johann-Sebastian, 183-184
BARTOK Béla, 133
BENOIST Jocelyn, 105, 150, 263
BIZET Georges, 124
BOULEZ Pierre, 80, 121, 132, 134-139, 154, 174, 176, 193, 249, 252

CANÉVET Georges, 203
CARNAP Rudolf, 20-23, 38, 52, 74, 82-92, 126, 146, 195-196, 221, 236
CASATI Roberto, 8
CASSIRER Ernst, 34
CAVAILLÉ-COLL Aristide, 184
CENDO Raphaël, 163
CHION Michel, 215
COHN Richard, 77, 79

DEBUSSY Claude, 124, 152
DERRIDA Jacques, 16, 243
DOKIC Jérôme, 8
DUFOURT Hugues, 138

EULER Leonard, 77
EVANS Gareth, 14, 61, 67, 69-70, 72, 97

FARGES Julien, 21, 44, 82, 149
FICHANT Michel, 34, 41-42
FOURNIER Jean-Baptiste, 12, 15, 18, 21, 27, 66, 82-83, 93, 111, 218, 221, 259
FRANCK Didier, 105-106, 217, 250

GILLET Bruno, 245
GOLDMAN Jonathan, 139
GRISEY Gérard, 138

HEIDEGGER Martin, 31, 40, 152, 228, 230, 232, 234-238, 253, 262
HELMHOLTZ Hermann von, 12, 15-16, 43-46, 51, 54, 66, 92-96, 217-218, 222-223, 267
HOMÈRE, 7

HUSSERL Edmund, 9-10, 17-18, 20, 24-25, 29, 38-39, 44, 65, 82, 105, 107, 109-112, 114, 116, 118-125, 127-128, 131, 142, 146, 149, 154, 158, 160, 167, 171-172, 180-181, 188, 190, 192-196, 200, 214-215, 219, 221, 239, 253, 258-259

JANKÉLÉVITCH Vladimir, 159

KANT Immanuel, 9-11, 15, 29, 31, 33-45, 47-52, 54-57, 63, 105, 109, 181, 185, 191, 198-199, 218-219, 225, 228, 230-231, 233-234, 237, 253

LACHENMANN Helmut, 163
LATRY Olivier, 183-184
LEVINAS Emmanuel, 149
LEVINAS Michaël, 151, 260-261
LEWIN David, 77, 108

MAHLER Gustav, 133
MARROU Élise, 259
MÉEUS Nicolas, 77

NADRIGNY Pauline, 8
NATORP Paul, 25

OHL Jean-Luc, 185, 202-204, 207-209, 212, 239, 241

PÉRIAUX Bergame, 185, 202-204, 207-209, 212, 239, 241
PRADELLE Dominique, 18, 21, 26-27, 44, 46, 82, 111, 172, 221

QUEEN, 7, 270

RAYLEIGH Lord John William Strutt, 202
RICHARDSON Alan, 38, 236
RIEMANN Bernhard, 44, 66
RIEMANN Hugo, 77

SCELSI Giacinto, 263
SCHNELL Alexander, 19, 108, 146, 159
SCHUMANN Robert, 114
SERBAN Claudia, 111, 121
STRAWSON Peter F., 11, 13-14, 29, 55-67, 69-70, 79, 83, 86, 92, 96-98, 101-102, 105, 121-122, 124-126, 144, 189, 197, 214, 250, 253
STUMPF Carl, 73-75, 85-87, 92, 148

THÉVENOT Patrick, 185, 202-204, 207-209, 212, 239, 241

WAGNER Richard, 87, 213
WITTGENSTEIN Ludwig, 259-260

TABLE DES MATIÈRES

INTRODUCTION : ESPACE AUDITIF ET PHÉNOMÉNOLOGIE TRANSCENDANTALE 7

CHAPITRE PREMIER : LE PROBLÈME TRANSCENDANTAL DES LIMITES DU SENS EXTERNE 33

CHAPITRE II : ESPACE SONORE ET ANALOGIE D'ESPACE . 69

CHAPITRE III : APPRÉHENSION TEMPORELLE ET APPRÉHENSION SPATIALE DU SON 103

CHAPITRE IV : DEGRÉS DE SPATIALITÉ DU SON 131

CHAPITRE V : *CHÔRA* SPATIALE : COMMENT LE SON REMPLIT L'ESPACE 179

CHAPITRE VI : L'ESPACE ET LE TEMPS, L'EXTERNE ET L'INTERNE 227

CONCLUSION : CLAIRIÈRES 257

BIBLIOGRAPHIE 273

Ouvrages cités 273

Œuvres musicales citées 280

INDEX DES NOMS 283

TABLE DES MATIÈRES 285

Achevé d'imprimer en novembre 2025
sur les presses de
La Manufacture - Imprimeur – 52200 Langres
Tél. : (33) 325 845 892
N° imprimeur 250803 – Dépôt légal : novembre 2025
Imprimé en France